AF241098

BIBLIOTHÈQUE NATIONALE
R.F.

VIE DE MME D'HERCULAIS

TYPOGRAPHIE FIRMIN-DIDOT ET Cie. — MESNIL (EURE).

DÉPÔT LÉGAL
Eure
N° 266
12

LA DÉVOTION AU SACRÉ-COEUR AVANT LA BIENHEUREUSE MARGUERITE-MARIE

VIE DE MME D'HERCULAIS

NÉE MARIE DE VALERNOD

1619-1654

PAR

l'Abbé F^d TOURNIER

PARIS

LIBRAIRIE VICTOR LECOFFRE

RUE BONAPARTE, 90

223

# MARIE DE VALERNOD DAME D'HERCULAIS

d'après une gravure du XVII.e Siècle Conservée au cabinet des estampes de la Bibliothèque Nationale

LA DÉVOTION AU SACRÉ-CŒUR AVANT LA BIENHEUREUSE
MARGUERITE-MARIE

VIE DE Mme D'HERCULAIS

NÉE MARIE DE VALERNOD

1619-1654

PAR

l'Abbé F^d TOURNIER

PARIS

LIBRAIRIE VICTOR LECOFFRE

RUE BONAPARTE, 90

Ln²⁷
50048

L'auteur, en conformité avec les décrets du Souverain Pontife Urbain VIII, déclare que ni dans sa pensée ni dans ses expressions il n'a voulu prévenir les jugements de la sainte Église.

IMPRIMATUR

Parisiis, die 14 aprilis 1903.

H. ODELIN, v. g.

PRÉFACE

On compte déjà dans la seconde moitié du dix-septième siècle deux biographies de Mme d'Herculais[1], très incomplètes, il est vrai, l'une et l'autre, mais précieuses par leur ancienneté même. La première est toute renfermée dans l'oraison funèbre, car ce genre d'éloquence, selon les idées du temps, embrassait la carrière entière du héros et descendait parfois dans les moindres particularités, comme on en vit un exemple dans l'oraison funèbre de la duchesse de Longueville. Les documents de ce genre, il faut l'avouer, inspirent peu de confiance, et ce n'est qu'avec de grandes

---

1. Dans les documents du XVIIe siècle, imprimés ou manuscrits, elle est appelée presque constamment : Marie de Valernod, ou pour la distinguer d'une autre dame d'Herculais (née Marie Pourroy), ou bien pour suivre un usage du temps, le nom de famille, accompagné du nom de baptême, étant assez souvent employé au lieu du nom de seigneurie, acquis par le mariage. On trouve aussi les deux noms réunis : Marie de Valernod, dame d'Herculais.

a.

précautions, et à la suite d'une double épreuve, qu'il en a été fait usage dans la présente biographie.

La première garantie est fournie par l'orateur lui-même, au commencement de son discours, où il prévient, en termes énergiques, l'objection commune à laquelle, il le sait bien, aucun éloge historique ne saurait échapper. « Je n'ai besoin, en cette occasion, dit-il, ni des remarques de l'étude, ni des ornements de l'éloquence; et je ne puis employer, dans le récit que j'ai entrepris, que la simplicité toute pure et toute naïve de l'Évangile. Je serai historien, et non orateur; et ayant à parler d'une vertu qui passe tout ce que la plus haute exagération en peut dire, je suis réduit, autant par nécessité que par choix, à ne pouvoir employer pour embellissement que la vérité toute seule. C'est de quoi je fais une protestation solennelle au commencement de cette action; j'y satisferai aussi religieusement, que si je répondais à un interrogatoire juridique; et vous agréerez que je vous assure dès ce moment, avec autant de fidélité que si j'avais la main sur les Évangiles, que quelque grandes et quelque nombreuses que soient les choses que j'ai à dire; il en restera toujours plus que je n'en dirai dans ce discours. »

Des promesses si solennelles, prononcées devant une foule immense d'auditeurs, qui furent tous les témoins de la vie de Mme d'Herculais, et pouvaient par conséquent se porter garants des paroles de l'orateur, peuvent satisfaire les lecteurs les plus scrupuleux. En surcroît de preuves, voici maintenant une seconde biographie de Mme d'Herculais, publiée en 1687, par le P. Bertal[1]. Celle-ci n'a rien des défauts qui rendent l'histoire suspecte, quand elle prend la forme du panégyrique. L'auteur, le P. Bertal, de la Compagnie de Jésus, n'a point le tempérament oratoire du P. Morin, qui a prononcé l'oraison funèbre. Esprit froid, géométrique, comme on disait alors, il ne peut être soupçonné d'avoir cédé à un entraînement d'imagination. Il ne subit point l'excitation d'un brillant auditoire. Il n'écrit point au lendemain de la mort de son héroïne, mais de sens rassis, à un tiers de siècle de distance. Or en confrontant ces deux documents, on remarque leur parfaite conformité dans

---

1. Cette biographie parut très incomplète, et ne satisfit pas le public. Un recueil de la fin du xviie siècle porte cette note : « Ces mémoires ont été écrits, pour donner dans la suite une instruction plus entière de sa vie, que celle qu'a laissée un Révérend Père de la Compagnie de Jésus, et qu'il a fait imprimer à Lyon. » (Bibl. de l'Arsenal, ms. 2735, f. 1.)

Le P. Étienne Bertal, né à Vienne, en 1625, mort à Lyon au collège de la Trinité, en 1694, laissa la réputation d'un religieux modeste, laborieux, d'une grande droiture de jugement, et d'une aimable piété. Une notice nécrologique rend de lui ce témoignage : « Cujus approbares ingenium, pietatem amares. » *Litt. ann. S. I.*

la substance des faits, et nulle autre différence que celle du style. La biographie enveloppée dans l'oraison funèbre est plus large, plus complète; la seconde, du P. Bertal, plus froide, plus abrégée; mais chaque fois qu'elles se rencontrent, elles disent exactement la même chose, bien qu'elles ne la disent pas de la même manière. Ainsi l'abrégé biographique du P. Bertal sert à l'oraison funèbre de confirmation et d'épreuve perpétuelle[1].

On trouvera dans la bibliographie, à la fin du volume, les autres éléments qui ont servi à écrire la vie de Mme d'Herculais. Beaucoup d'anciens mémoires sont perdus. Ceci explique pourquoi, malgré la bonne volonté de l'auteur, la biographie qu'il a écrite, présente quelques lacunes, et de grandes inégalités; quelques parties étant plus développées, et d'autres laissées dans l'ombre. Ce qui reste pourra paraître suffisant, pour faire connaître et aimer de grands exemples de générosité dans la vie chrétienne.

Ces exemples, il faut en convenir, sont souvent plus admirables qu'imitables. Déjà, il est vrai de dire, qu'il n'y a pas deux vies qui se ressemblent tellement qu'on puisse les superposer, et que

---

1. Dans cet ouvrage, tous les passages entre guillemets et cités sans référence sont tirés de ces deux biographies; le texte a été conservé, mais on a supprimé les redites et traduit en français moderne quelques passages de forme archaïque.

l'une soit le calque parfait de l'autre ; tant il y a de variété dans les tempéraments, et dans les milieux où la vie se développe. La grâce divine qui s'harmonise avec la nature, varie dans les mêmes conditions ; elle sollicite et conduit les hommes vers une même fin, mais par des voies infiniment diverses. Il y aurait donc parfois une grave imprudence dans l'imitation matérielle des actes de vertu qu'on lit dans les vies des saints et des serviteurs de Dieu ; et il faut souvent se contenter de s'approprier l'esprit qui les a inspirés.

Ceci est encore plus vrai quand il s'agit des voies extraordinaires, où la Providence engage des âmes de choix. Il semble parfois qu'elle les jette en dehors de leur vocation, et des devoirs de leur état. Saint Antoine abandonne sa solitude pour voler au secours des chrétiens d'Alexandrie, dont la foi est menacée par la persécution. Saint Bernard quitte le cloître pour prêcher la croisade. Sainte Catherine de Sienne se charge de missions diplomatiques et donne des conseils au souverain Pontife. Une bergère, la vénérable Jeanne d'Arc, se met à la tête des armées. Le bienheureux Gérard Maiella, frère laïque, s'adonne aux exercices de zèle réservés aux prêtres. Qui oserait les condamner, quand l'Église a loué leurs vertus ? Comment seraient-ils infidèles à leur vocation et aux devoirs de leur état, quand la même voix qui les a appelés à la perfection, les invite encore à ces missions extraordinaires. Mais aussi qui serait assez téméraire pour les imiter, sans avoir la preuve de l'appel divin?

Les mortifications de Mme d'Herculais paraîtront excessives, surtout si l'on songe à l'état dans lequel elle était engagée. « La haire matte puissamment le corps, dit saint François de Sales, mais son usage n'est pas, pour l'ordinaire, propre ni aux gens mariés; ni aux délicates complexions. Il est vrai, qu'ès jours plus signalés de la pénitence on la peut employer, avec l'advis d'un discret confesseur [1]. » Mais ici encore, il ne répugne pas que Dieu appelle, dans cet état, à une vie très mortifiée, pourvu que cette vocation soit éprouvée, et ne blesse ni l'obéissance, ni aucune autre vertu. Saint Louis dans sa prison continue ses jeûnes et ses pénitences. Sainte Françoise Romaine, mariée à l'âge de douze ans, reste quarante ans dans l'état de mariage, et ne survit que de quatre ans à son époux. Or, on pourra lire dans la bulle de canonisation, avec quelle sévérité elle châtiait son corps par les jeûnes et les disciplines sanglantes. « *Admirabilem in modum castigavit corpus suum* »; mais on y verra aussi que cet amour de la pénitence était réglé par l'obéissance à ses directeurs, qui

---

1. *Introduction à la vie dévote*, préface.

avaient reconnu en elle un appel supérieur de Dieu[1]. Une telle vocation dans un tel état est rare, il faut le reconnaître, et la vie des saints en offre peu d'exemples. Celui que présente l'histoire de sainte Françoise Romaine, aura ici d'autant plus d'à-propos, qu'il y a plus d'un reflet de la vie de cette sainte femme dans celle de Mme d'Herculais. Toutes les deux entrent très jeunes dans l'état de mariage, par condescendance à la volonté de leurs parents; une grave maladie, suivie d'une guérison miraculeuse, devient pour l'une et pour l'autre l'occasion de grâces extraordinaires et le commencement d'une nouvelle vie[2], signalée surtout par l'amour de la pénitence; enfin l'une et l'autre mé-

1. « Non illi etiam dum in conjugio... vixit, serica, non auro contexta, sed vilis et lanea vestis..., cibum illi semel in die herbæ et legumina, aquæ potum præbuerunt. Sive vigilaret, sive dormiret, asperum laneum indusium non exuebat, duroque cilicio ac ferreo cingulo super nuda membra mortificabat. Accedebant flagella ferreis aculeis aspera, quibus corpusculum quamquam aliunde attritum, severissime atterebat. Sed quoniam tanta illi erat obedientia, ut jussa ageret quod nolebat, confessarii mandato, ab hujusmodi corporis cruciatibus modice temperavit. » Bulla canonis.

2. « Ancorchè fosse nello stato conjugale, conservò sempre le prime sue inclinazioni per la vita religiosa; di modo che ne praticò le virtù, in quanto fossero compatibili colla sua conditione, principalmente la penitenza... Viveva nella casa del marito si staccata dal mondo, e si contraria alle massime del secolo, come se fosse stata nella disciplina di un chiostro. » Vita di S. Francesca Romana. *I fasti della Chiesa*, III, p. 289.

ritent par leur humilité et leur mortification, la grâce de contempler à découvert le Sacré-Cœur de Jésus[1].

Mais est-il nécessaire de recourir à ces exemples, pour justifier ce qui nous semble un excès, dans les mortifications de Mme d'Herculais. Il y a dans cette vie un fait très important, et sur lequel on ne saurait trop attirer l'attention. Sans qu'il y eût de sa faute, et par une disposition particulière de la Providence, Mme d'Herculais a vécu dans le monde, mais hors du monde, chassée du monde par les maladies, et plus encore par la malice de ceux qui l'ont persécutée. Elle est renvoyée auprès de sa mère, et elle passe de longues années dans cet exil involontaire. Elle revient au foyer conjugal, mais pour y être abandonnée et l'objet de la risée universelle. Ainsi, par l'isolement auquel elle est condamnée pendant une grande partie de sa vie, aussi bien que par ses aspirations continuelles à la vie cachée et retirée en

1. « Stando affacciata a quella piaga dell' Agnello divino, e bramando ardentemente di entrarvi dentro, si senti alquanto respingere da una forza invisibile; e tuttavia vide entro quel pelago di luce, il Cuore amantissimo del Salvatore, ferito da una parte, e che tramandava fiamme accesissime, ed udi una voce che diceva : « Io sono l'amore che chiamo ad alta voce : chi a sete venga a bere, e bramo satiare tutti gli nomini; e tengo aperto il mio cuore per darvi loro albergo ». Vita di S. Franc. Romana, Ponzileoni, p. 147.

Dieu, cette femme du monde se transforme, en quelque manière, en religieuse vivant dans le cloître ; et nous n'avons plus à juger de sa vie extraordinairement pénitente, que selon les règles ordinaires de la prudence.

Benoît XIV, dans son traité sur la canonisation des saints [1], ne veut pas que les juges qui examinent la vie des serviteurs de Dieu, soient trop prompts à condamner d'excès les austérités auxquelles ils se sont livrés ; et saint Jérôme, parlant des mortifications de sainte Paule, donne la raison de cette sage réserve. « J'ai rapporté, dit-il, les excès de sa pénitence ; non pas que j'approuve, en général, ceux qui entreprennent des mortifications au-dessus de leurs forces, mais parce que j'y vois une preuve des ardeurs de sa charité, et des désirs impétueux de son âme, qui s'écriait comme le prophète : « Mon âme et ma chair ont soif de vous, ô mon Dieu [2]. »

Ce n'est pas assez : les Saints ont une mission dans la société ; ils se consument dans la charité,

---

[1]. Liv. III, ch. xxix.

[2]. *In epitaph. Paulæ*, n. 20. Cf. Jacques Alvarez, *De perfecta Contempl.*, III, c. ii : « Aliquos etiam invenies, ad extraordinarium vitæ modum et ad magnas corporis afflictationes vocatos, qui per gratiam multum supra naturam et supra communes homines possunt, quos oportet suscipere, et regulis communibus non alligare, sed potius, ut Deum vocantem sequantur, illis habenas laxare, et in sua vocatione relinquere. »

mais ils sont en même temps, selon la comparaison de l'Évangile, semblables à une lampe ardente et lumineuse (*Lucerna ardens et lucens*).
Ils éclairent par leurs exemples, et nous encoura-
gent à la pratique de vertus, qui nous semblent
au-dessus de nos forces, et effraient notre lâcheté.
Dans sa vie de saint Charles Borromée, le Cardinal de Vérone reconnaît que ce grand saint
châtiait son corps avec excès; mais, ajoute-t-il,
« la sainte Église avait sans doute besoin de ce
modèle de mortification à offrir à ce siècle relâ-
ché. Hélas! combien aujourd'hui sont ensevelis
dans la mollesse et les délices, auxquels cet exemple servira de remords et d'aiguillon, et fera ouvrir les yeux à la contemplation des choses divines ».

C'est d'après ces réflexions que nous pouvons
apprécier et justifier au besoin les austérités excessives, en apparence, dont on verra le tableau
dans cette biographie. En effet, outre les raisons
providentielles qui seront développées plus tard,
et qui semblent expliquer la vocation particulière de Mme d'Herculais à une vie de pénitence,
il en est une qu'on peut déjà remarquer ici, à
l'exemple de l'historien de saint Charles Borromée. Lorsque Mme d'Herculais fait son entrée à
Grenoble, il y a quinze ans à peine que saint
François de Sales y est venu prêcher le carême;

or, en dehors de ses controverses avec les protestants, ce qu'il y prêche surtout, c'est le renoncement aux vanités et la pratique de la mortification ; c'est sur ce thème qu'il parle de l'abondance de son cœur, et qu'il fait ses plus grandes conquêtes [1]. Le zèle qui l'anime, nous révèle indirectement le mal dont souffrait la société mondaine, qui se pressait autour de sa chaire. L'austère calvinisme importé de Genève, a introduit à Grenoble une effrayante corruption de mœurs. « Ville de délices », disent les contemporains, « ville où on se réjouit autant qu'en lieu du monde », et où la pudeur est offensée publiquement par des modes scandaleuses. C'est dans ce milieu, que doit entrer un moment Mme d'Herculais, mais c'est là aussi que la Providence l'appelle à donner par ses austérités et son mépris des vanités du monde, une leçon vivante de la grande loi de la mortification promulguée par N.-S. Jésus-Christ : « Si quelqu'un veut être mon disciple, qu'il se renonce à lui-même, qu'il porte sa croix et qu'il me suive. » Loi immuable, que le monde s'efforcera en vain d'effa-

---

1. On cite en particulier dans la vie du Saint deux gentils-hommes de Grenoble « qui renoncèrent à la vanité de leurs habitudes pour embrasser une vie désormais édifiante ». — Saint François de Sales écrivait lui-même, plus tard : « Je ne vis jamais un peuple plus docile que celui-ci, ni plus porté à la piété. » Lettre 562.

cer de l'Évangile, loi de tous les temps et de tous les lieux, et qui durera aussi longtemps que l'Eglise aura à combattre, sur la terre, contre l'inclination au mal qui est l'héritage du péché originel.

Ce sera au lecteur de juger si de grands exemples de mortification sont chose superflue de nos jours, et si, au contraire, il n'y a pas quelque utilité à en renouveler le souvenir.

Poppi, Colle dell' Ascensione,
15 août, 1902.

VIE DE MME D'HERCULAIS

CHAPITRE PREMIER

NAISSANCE. — LES PARENTS CHRÉTIENS.

A Saint-Vallier, entre Vienne et Valence, sur la rive gauche du Rhône et tout proche du grand fleuve, s'élève le château des Rioux qui vit naître Marie de Valernod. Grande et large demeure, malgré ses tours abattues, malgré l'effacement des souvenirs — toute l'histoire de son passé réduite aujourd'hui à deux lignes de la prose banale des Bœdekers, — elle garde encore noblement un air de grandeur déchue ; à côté, le château seigneurial de Saint-Vallier, ancienne maison forte, qui, à l'époque où naquit Marie de Valernod, dans les premières années du XVIIe siècle, retentissait encore d'un nom bruyant et tristement célèbre. Diane de Poitiers, duchesse de Valentinois et comtesse de Saint-Vallier en fut la châtelaine, et peut-être y vit-elle le jour. Diane de Poitiers, Marie de Valernod : deux noms déjà étrangement associés dans les actes les plus anciens qui existent sur la famille de notre héroïne[1], deux vies dont le contraste est déjà une leçon au commencement de cette histoire.

Les Rioux n'ont point la magnificence du grand château des Poitiers; sorte de maison des champs, entre bois et prairies, adossée, blottie dans un pli de vallée, au pied d'une montagne verdoyante qui la couvre d'ombre, l'horizon brusquement fermé par l'autre versant de la vallée du Rhône, la grande muraille désolée des Cévennes, ils rappellent par leur charme de solitude les anciens couvents que les fils de Saint-Benoît élevaient de préférence dans les vallons solitaires, près des sources d'eau vive. Ici les sources, deux « Rioux », descendus en courant de deux combes voisines : « Combe blanche et Combe Scize, » mêlent leurs eaux au pied de la montagne, arrosent les bois et les prairies du château qui garde leur nom, et vont se perdre dans le Rhône qui coule à peu de distance, en contre-bas des terrasses.

C'est dans cette retraite que naquit, en 1619[2],

1. Le 11 et le 12 février 1451. Concession de droits féodaux faite aux Valernod par Diane de Poitiers. Arch. du château de Saint-Vallier.

2. Le jour de la naissance est inconnu. Les registres de catholicité de la paroisse de Saint-Vallier, actuellement aux archives de la mairie, commencent en 1568 et se terminent à la grande révolution; malheureusement, il existe des lacunes, et la collection n'est complète qu'à partir de 1630. Cf. Append. II.

Marie de Valernod, c'est dans ce lieu presque désert que s'écoula son enfance et sa première jeunesse. La Providence la préparait de loin, par ces impressions de solitude, à cet éloignement du monde et à ce recueillement des sens, d'où naîtra plus tard la vie intérieure et cachée en Dieu.

Marie fut la troisième des quatre enfants de Jean de Valernod et de Louise de Lionne. Jean de Valernod était officier dans les armées du roi, seigneur des Rioux et de Fay ; Louise de Lionne était fille de Sébastien de Lionne, receveur général des finances à Grenoble et intendant de l'armée royale : l'un et l'autre, attachés par leur naissance ou leurs alliances aux plus nobles familles du Dauphiné, recommandables l'un et l'autre par leur probité, leur amour des pauvres et leur attachement à la foi catholique [1].

Il n'était point rare alors de voir l'hérésie protestante faire des conquêtes jusque dans les rangs de la noblesse, et la famille où Marie de Valernod entrera plus tard par le mariage, avait déjà offert ce douloureux spectacle. On ne trouve point cette tache dans l'histoire des châtelains des Rioux ; bien au contraire, lorsque les protestants s'emparent de la ville de Saint-Vallier et livrent l'église au pillage, un ancêtre de Marie, Jean de Valernod, se trouve au premier rang parmi les catholiques qui défen-

---

1. Sur la famille de Lionne, Cf. Ulysse Chevalier, *Lettres inédites de Hugues de Lionne*, Introduction.

dent le prieur de cette église, maltraité par les hérétiques [1].

Plus tard, une pieuse confrérie de charité s'établit à Saint-Vallier. Elle devait son origine à une institution du même genre, dont saint Vincent de Paul avait fait le premier essai dans sa cure de Châtillon, et qui de là avait gagné de proche en proche tout le royaume. En Dauphiné elle fit merveille, si bien que les missionnaires, envoyés par le saint pour la propager, eurent peine à se séparer d'un pays où Dieu avait si visiblement béni leurs travaux. La Confrérie de la charité établie à Saint-Vallier fut un des fruits de cette mission ; or, un des premiers noms inscrits sur la liste dans l'acte de fondation est celui de Louise de Lionne, mère de Marie de Valernod ; elle fut la première supérieure de cette confrérie, « instituée pour honorer Notre-Seigneur Jésus-Christ patron d'ycelle, et pour assister les pauvres [2] ». Heureuse mère, qui attirait sur sa famille les bénédictions promises aux cœurs compatissants !

Pendant l'année 1621, de tristes événements vinrent jeter le trouble dans la paisible demeure des Rioux. Les protestants du Dauphiné, profitant de l'absence de Lesdiguières et de l'échec de l'armée française devant Montauban, venaient de se ré-

---

1. Arch. de la préf. de Valence, fonds St Ruf. Pillhement du prieuré de Saint-Vallier, le 14 avril 1568.

2. Règlement de la confrérie de la charité. Arch. de l'hôpital de Saint-Vallier.

volter une fois de plus. A l'annonce du péril, Lesdiguières rentrait en Dauphiné pour réduire les bandes de Montbrun, « déclaré criminel de lèse-majesté et perturbateur du repos public »; et dans les premiers rangs de l'armée catholique, Jean de Valernod vint prendre sa place. Le 8 décembre de la même année, il s'arrachait aux joies tranquilles du foyer domestique, à la tendresse de son épouse, aux caresses de ses enfants et partait à la tête d'une compagnie de cavaliers.

On aime à le voir au moment de la séparation, prenant dans ses bras sa fille Marie qui n'est alors âgée que de deux ou trois ans, et ne répond que par des sourires aux adieux de son père; toute petite enfant qui n'oubliera point le sang auquel elle appartient, le jour où elle offrira sa propre vie pour la même cause sainte que son père va défendre les armes à la main.

Au bout d'une année, le calme rendu un moment au royaume par la paix de Montpellier, Jean de Valernod revint au château des Rioux. Peu d'années lui restaient à vivre sur la terre. Épuisé sans doute par les fatigues d'une longue et pénible campagne, il mourait au commencement de janvier 1626. Il vit venir son heure dernière avec le calme et la confiance d'un soldat chrétien. « S'estant muni en premier lieu du signe de la sainte croix, est-il dit dans son testament, il recommanda son âme à Dieu, le Père tout puissant, le priant par l'intercession de la bienheureuse Vierge Marie et de tous les saints, que lhorsque son âme se séparera de son corps, icelle recepvoir au royaulme céleste et au nombre des bienheureux. » Il veut que son corps soit enseveli dans l'église de Saint-Vallier; il laisse une partie de ses biens « aux pauvres de Dieu », et ses dernières pensées sont pour Jésus en croix et la Très Sainte Vierge, ces deux grandes dévotions des anciens chevaliers : « Veut de plus icelluy testateur et recommande expressément à ses héritiers, de faire dire à la chapelle des Rioux une messe en l'honneur de la Saincte-Croix avec la passion, chascun jour de vendredi, et chascun jour de samedi aultre messe à l'honneur de la Vierge Marie[1]. »

Ainsi mourait Jean de Valernod, fortifié par sa foi et l'espérance d'une meilleure vie, laissant à sa famille les souvenirs et le modèle d'une vie chrétienne; et c'est sans doute ce que signifie ce tableau, dont il est fait mention dans les archives du château de Moidère, et qui représente Mme de Lionne tenant le portrait de son mari qu'elle montre à ses enfants.

Dieu s'était plu à le consoler avant sa mort, en lui révélant par deux voix prophétiques les hautes destinées réservées à son enfant de prédilection.

1. Test. de Jean de Valernod. Arch. de la Drôme, E. 1844.

CHAPITRE II

Au moment même où Jean de Valernod quittait
le château des Rioux pour aller combattre les hérétiques du Dauphiné, son oncle, Pierre de Valernod,
évêque de Nîmes [1], se trouvait engagé, lui aussi, au
plus fort de la mêlée contre ces mêmes hérétiques,
qui préparaient à son église les horreurs d'une nouvelle « Michelade ». On revit en effet ces jours de
sang : les églises pillées et détruites, les vases sacrés
profanés, les croix abattues et traînées dans les
rues, des prêtres et des fidèles martyrs de leur foi,
et les catholiques survivants obligés de prendre la
fuite pour échapper à la fureur de leurs ennemis.
Le 10 décembre 1621, Mgr de Valernod s'éloignait
de la ville de Nîmes et accompagnait ses ouailles
dans l'exil [2]. Un an plus tard, il rentrait dans sa
ville épiscopale, mais les émotions du passé, le spectacle de son église désolée — tant d'œuvres édifiées

---

1. Cf. appendice III.

2. Dr Puech, *Un évêque de Nîmes au commencement du*
xviie siècle, Bulletin du com. de l'art chrétien, 1887, p. 65. —
Germain, *Hist. de l'Église de Nîmes*, II, ch. ix.

de ses mains et dont il ne voyait plus que les ruines — avaient achevé d'épuiser ses forces.

Le 14 janvier 1623, il résignait son évêché, et l'année suivante [1], il choisissait pour retraite de sa vieillesse le château des Rioux. Là, il pourrait goûter quelque repos, après les fatigues d'un épiscopat de trente années de persécutions, et il aurait la consolation de retrouver son neveu fidèle aux traditions de famille, comme un frère d'armes dans la même cause pour laquelle lui-même avait combattu toute sa vie.

Ce saint évêque, écrivent les contemporains, fut « favorisé de plusieurs visions célestes [2] », et « même honoré du don de prophétie [3] ». Un jour, entre autres, étant à genoux devant le Saint Sacrement exposé, et sur le point de donner la bénédiction au peuple, il vit apparaître la face de Notre-Seigneur dans la Sainte Hostie, pendant que le chœur chantait ces paroles de l'Évangile : « Le pain que je don

---

1. Il fut retenu encore une année entière à la tête de son église et ne put songer au départ que vers la fin de mars 1624. Dans un mémoire inédit, on raconte que « les Huguenots lui firent escorte jusqu'à Pierrelatte, et témoignèrent assez par cette marque de respect (quoiqu'ils n'eussent rien oublié d'ailleurs pour l'obliger à leur céder la place) l'estime qu'ils faisaient de ce grand homme ». (Bib. de l'Arsenal, mss. 2735, fol. 106.) On ne sait à quelle époque il arriva aux Rioux, mais il y est déjà en sept. 1624, puisqu'il y fait des ordinations aux Quatre-Temps, dans la chapelle du château. (Arch. du château de Moidière, l. 72, n° 8.)

2. Bertal, *Disc. choisis.*

3. *Année sainte de la Visitation*, III, p. 43.

nerai est ma chair. Celui qui mange ma chair et boit mon sang aura la vie en lui [1]. »

Quelque temps avant sa mort, entouré des petits fils de son frère, Hugues, Humbert, Marie et Sébastienne, de cette couronne d'enfants qui se pressaient autour du vieil évêque pour recevoir ses bénédictions et ses caresses, il fut saisi une dernière fois de l'esprit prophétique, et dans une lumière d'en haut qui frappait d'un rayon une de ces jeunes têtes, il reconnut en sa petite nièce Marie, une enfant prévenue de l'abondance des bénédictions divines. « Ce grand prélat, dira un jour l'orateur qui prononça l'éloge funèbre, se faisait amener cette enfant, et baisant le front de cette innocente, cette bouche sacrée qui avait si souvent défendu la foi, prophétisait qu'il y aurait un jour en cette petite créature une épouse bien fidèle de Jésus-Christ. « Qu'on ait grand soin de son éducation, disait-il, car on verra un jour des merveilles. Il parlait, Messieurs, de Marie de Valernod; jugez, après trente ans, si la prédiction a été trompeuse. »

Une autre voix prophétique vint confirmer la première. Un jour, un pèlerin grossièrement vêtu se présentait à la porte du château des Rioux. C'était Antoine Flandin, plus connu sous le nom de frère Antoine que lui avait donné la vénération populaire. Ce saint personnage que l'on peut considérer comme un des précurseurs de saint Benoît Labre au

____

1. Cf. appendice IV.

xviie siècle, s'en allait, à travers les campagnes et de ville en ville, mendiant son pain et un toit pour passer la nuit. Il payait cette charité par d'ardentes exhortations au détachement et à l'amour de la croix dont il était lui-même par sa pauvreté et sa patience une prédication vivante.

La reine Marie de Médicis avait voulu le voir. Saint Vincent de Paul et la Vénérable de Marillac le tenaient en grande estime, et recueillaient pieusement ses paroles comme des oracles du Saint-Esprit. « C'était, dit un biographe de Marie de Valernod, une des plus hautes saintetés du siècle, alliée à la plus basse roture », et saint Vincent de Paul ne parle pas autrement [1]. « J'estime, disait-il, que ce bon frère est un des plus saints personnages que nous ayons vus de notre temps; il avait en abondance l'esprit de Dieu. »

Un jour il se présenta à la porte du château des Rioux. Au premier abord, on fut peut-être étonné du costume étrange de ce mendiant inconnu, et peut-être l'aurait-on repoussé comme un vagabond; mais il y avait en lui un tel rayonnement de sainteté qu'on n'hésita point à l'accueillir. Il revint plusieurs fois, comme si un attrait mystérieux le conduisait vers cette maison hospitalière [2]. « Frère Antoine, soyez le bienvenu. » « Je n'ai ni or ni argent, pouvait-il répondre comme l'Apôtre, mais ce que j'ai,

---

1. Cf. appendice VI.
2. « Il allait très souvent chez Mme de Valernod. » *Disc. ch.*

je vous le donne au nom du Seigneur. » Un jour ses regards s'arrêtèrent sur Marie, toute petite enfant encore, et dont rien autre que l'aimable douceur de visage ne trahissait les dons du ciel qu'elle avait reçus en naissant. « Celle-ci est ma mignonne, dit-il, mon enfant chérie : elle sera un jour un tableau bien achevé de perfection, en qui le Maître aura ses complaisances et dont il tirera beaucoup d'honneur [1]. »

« Que pensez-vous que sera cette enfant » privilégiée? Qu'est-ce donc que les deux prophètes avaient découvert dans son avenir, et quelles seraient ces merveilles qu'ils annonçaient? S'ils ne purent pénétrer ce mystère, les parents de Marie gardèrent pieusement dans leur cœur ces promesses du Ciel. Elles furent la consolation des derniers jours de Jean de Valernod, et c'était Louise de Lionne, son épouse, qui allait en voir la réalisation. Son amour maternel ne les concevait pas sans doute, comme on le vit par la suite, à la manière de Dieu. Elle ne savait pas encore que ces merveilles dont la pensée flattait peut-être secrètement son orgueil de mère, seraient les grandes merveilles de la croix, et que le « tableau achevé » qu'on verrait un jour en sa fille Marie serait l'image même de Jésus crucifié.

---

1. Le P. Bertal (*ibid.*) rapporte cette prédiction en d'autres termes : « Un autre excellent homme, fort signalé par les faveurs du ciel, fit la même prédiction et dit que cette petite fille serait un jour un des plus grands miracles de son siècle. »

Voici déjà le premier gage de ces promesses. Aux premières lueurs de sa raison, cette enfant se tourne vers Dieu qui s'empare à jamais de son âme [1]. Plus tard, elle n'a pas onze ans encore, quand elle consacre cette première union avec Dieu par l'offrande de toute elle-même. Elle venait par une confession de toute sa vie, de se préparer à recevoir son Dieu pour la première fois. Sans doute, il n'y avait point de crime à expier dans cette conscience d'enfant, dont les années s'étaient écoulées jusqu'à ce jour dans le pieux recueillement de la maison paternelle, à l'ombre de la chapelle domestique, où elle aimait à se retirer pour prier, près de l'autel où elle avait reçu les bénédictions de son oncle, le saint évêque de Nîmes. Tant de bons exemples, tant de leçons de vertu avaient protégé cette enfant dès son entrée dans la vie, qu'il est bien à croire qu'elle apporta au saint tribunal l'innocence de son baptême; mais il y a aussi une telle clairvoyance dans les âmes d'enfants prévenus des bénédictions de la grâce, une si grande délicatesse de sens moral, jointe à une pudeur inexpli-

---

1. « S'il faut satisfaire à la demande que vous me faites tacitement, en quel temps elle commença d'être à Dieu, permettez que je m'oppose à une opinion que j'ai remarquée parmi ceux qui l'ont connue familièrement, et que je vous dise avec vérité, comme je le sais assurément, que ce n'est pas seulement depuis douze ans, [c'est-à-dire depuis le temps de sa conversion à une vie parfaite], mais depuis qu'elle a été raisonnable, et il semble qu'elle l'a été beaucoup plus tôt que les autres enfants, que Dieu a pris pleine possession de son cœur. » Or. fun.

cable au moindre souffle du mal, un tel sentiment de l'infinie grandeur de Dieu, offensée par le péché, que les seules apparences du mal leur arrachent quelquefois des larmes. Cette confession « achevée avec un soin extraordinaire », cette conscience pure, investie par la présence du Dieu de l'Eucharistie, tels furent, à vrai dire, les fondements solides d'une vertu qui semblait alors ne donner que les tendres et premières fleurs de la piété. Au Dieu qui se donnait tout à elle, elle répondit par le don de toute elle-même : « J'offris mon cœur et me donnai simplement à sa divine majesté, écrivait-elle plus tard » et ce n'étaient point de vaines paroles dont elle ignorait la portée. Le reste de sa vie ne fut en effet que l'accomplissement fidèle de ce contrat. Cette enfant de onze ans est déjà transformée au contact de l'Eucharistie, au point de comprendre déjà quel est l'acte parfait de la vie chrétienne et le fruit de la maturité dans la perfection : l'union, le don mutuel de Dieu et de sa créature. « Une première communion bien faite, a dit le P. Lacordaire, est d'une portée incalculable dans la vie d'un enfant. »

Cette précocité dans la perfection a paru aux contemporains un signe certain de la présence dans cette âme d'une grâce abondante du Saint-Esprit, et le premier biographe n'a point assez de termes ni assez de figures pour la faire comprendre. Mais une tendre piété, la générosité même, étonnent moins à cet âge ; ce qu'ils admirèrent le plus, ce fut l'amour

de cette enfant pour la mortification, et l'intelligence
que Dieu lui donna de la vertu cachée dans la souffrance volontaire, alors que les sens ne s'éveillent
que pour s'ouvrir aux sollicitations du plaisir. Ainsi,
elle commença de bonne heure cette vie mortifiée
dont elle devait donner plus tard de si rares exemples; elle apprit à affliger son corps par les privations et, comme récompense de ces premières vic-
toires, Dieu lui inspirait le goût de la prière et la
retenait à lui par l'attrait de ses consolations.

« C'est moi qui t'ai choisie enfant, dira Notre-
Seigneur à la Bienheureuse Marguerite-Marie, c'est
moi qui t'ai remise entre les mains de ma mère [1]. »
La Très Sainte Vierge fut aussi pour cette enfant
la gardienne de la grâce de choix qui l'avait appelée
dès le berceau à une vie parfaite. Marie de Valernod lui avait été consacrée le jour de son baptême,
et les premières affections de son cœur furent pour
celle qu'elle aimait comme sa mère et sa patronne.
« Je prenais déjà un grand plaisir, écrit-elle, à la
lecture des livres qui traitaient de ses vertus; je
m'adressais à elle dans mes besoins et je ne me souviens pas de l'avoir invoquée sans avoir été exaucée.
Je ressentais beaucoup de dévotion à la prier, en
lui donnant le nom de mère. Je jeûnais tous les
samedis et s'il m'arrivait quelque affliction, c'est en
elle que je mettais mon recours [2]. »

1. *Vie de la Bienheureuse Marguerite-Marie*, II, p. 354.
2. Recueil des grâces que mon âme a reçues de son créateur. Cf. *Mme d'Herculais*, par Mlle de Franclieu, p. 10.

Ainsi grandissait devant Dieu cette enfant de bénédiction. Le moment arriva bientôt où elle allait être montrée au monde, et où cette vertu qui n'avait connu jusqu'alors que les douceurs de la prière et le calme de la solitude, devait passer par l'épreuve de la tentation. Elle dut comprendre plus tard et bénir la sagesse de la Providence, qui l'avait fortifiée d'avance contre les vaines séductions qui l'attendaient dans le monde.

CHAPITRE III

Le vide se faisait peu à peu dans la maison des Rioux. A deux reprises, et à quelques mois seulement de distance, la mort était venue frapper à cette porte. La première fois, c'était Mgr de Valernod qui, le 12 septembre 1625, s'endormait paisiblement dans le Seigneur, consolé par l'espoir de contempler éternellement celui qui s'était montré à lui dans une vision fugitive[1]. Quelques mois plus tard, au commencement de janvier 1626, Marie perdait son père, et des quatre enfants que le défunt laissait orphelins, deux allaient se consacrer à Dieu dans la vie religieuse : Humbert, le plus jeune fils, devait entrer chez les Chanoines réguliers de Saint-Ruf, à Valence, et Sébastienne, la sœur cadette de Marie, chez les Religieuses de Saint-Just, à Romans. Hugues, l'aîné de la famille, avait embrassé, comme son père, la profession des armes. Quel allait être le partage de Marie? Mme de Valernod rêva pour cette enfant si aimable, si bien douée, un brillant

1. Cf. Appendice V.

avenir dans le monde. Que lui manquait-il, en effet, pour y faire figure? Elle avait la naissance, quelque fortune, des alliances avec les premières familles du Dauphiné, de l'esprit et les charmes de la jeunesse. Est-ce qu'elle entendit comme son frère et sa sœur l'appel de Dieu à une vie parfaite? Il ne paraît point, et sa mère, non plus, ne se demanda point si son enfant, marquée visiblement de tant de signes de prédestination à une sainteté éminente, n'était pas appelée à se consacrer toute entière au service de Dieu, dans la vie religieuse, et elle ne songea plus qu'à lui faire connaître et aimer ce monde, où elle avait résolu de la faire entrer.

Mais le domaine des Rioux paraissait bien obscur à l'ambition maternelle [1]. Ce n'était point un désert, il est vrai; la noblesse des châteaux voisins et les proches parents qui habitaient Grenoble venaient quelquefois animer de leur présence cette solitude. Mais, après leur départ, quel vide quand tout ce

1. « Nous nous préparons, écrivait plus tard Mme de Valernod à sa fille, à recevoir ici, à la fin de cette semaine, Mmes de Rochefort, de Simiane, de Revel et de Lionne, MM. de Chevrières, de Lionne et plusieurs autres bons parents. M. l'évêque de Viviers et M. de Bressieux nous font espérer aussi de venir... Tu ne te doutes pas comme quoi les dames de ce pays se préparent pour voir tout ce beau monde, et particulièrement Mme Plantier, laquelle a déjà pris ses souliers découpés et sa jupe de damas... » — « Mmes de Beausemblant et de Tesches sont toujours plus propres et M. Ricol ne l'est pas moins; il se mouche à son collet et les autres à leurs manchettes... » Lettres de Mme de Valernod, Arch. de l'Isère : E. II, n° 23.

monde pompeusement paré avait disparu, et qu'il ne restait plus de cette trop courte vision que le décor et le fond de scène : les salons vides et les ombrages verts du parc. Mme de Valernod songea à produire son enfant sur un plus grand théâtre. Marie fut placée à Grenoble, auprès des parents de sa mère, dans cette ville qui passait pour être, dit le P. Bertal, « une des plus riches et des plus délicieuses du royaume », mais où il n'est que trop vrai, ajoute un autre biographe, que « l'on se divertit aussi agréablement qu'en lieu du monde » [1]. Elle fit donc son entrée dans cette grande ville et en devint bientôt l'idole. Les jours n'étaient qu'une succession de fêtes, où on se disputait la présence de ce prodige. On ne se lassait pas d'admirer les grâces et l'esprit de cette jeune fille de quinze ans. Elle avait, par-dessus tout, ce charme inexprimable que donne l'innocence ; et on voyait bien à cette joie candide et expansive que son âme n'avait pas même été effleurée par la moindre pensée du mal. Elle aimait, elle était aimée de cet entourage de parents et d'amis qui l'avaient accueillie par tant de marques de tendresse, et se laissait gagner sans peine par ces premières caresses d'un monde, qui voulait faire d'elle sa conquête.

Dans cette initiation à la vie mondaine y eut-il des coupables et quels furent-ils ?

« Les parents de Marie, dit un biographe [2], ne

1. Bertal, *Disc. choisis*.
2. Or. fun.

secondèrent pas les desseins de Dieu sur cette enfant, et il ne tint pas à eux qu'elle ne fût une mondaine, au lieu de devenir aussi sainte qu'elle l'a été. Dès qu'elle fut dans l'âge où les jeunes filles commencent de prendre l'air du monde, ils n'épargnèrent rien, ni en habits, ni en toute sorte d'ornements pour l'y faire entrer avec plus d'agrément et plus d'éclat. » Jugement sévère, et il faut se rappeler, pour le comprendre, que dans cette première moitié du XVIIᵉ siècle on gardait encore en France les tristes exemples de luxe immodéré qui avaient signalé le règne des derniers Valois, et qui de la cour avaient pénétré les provinces les plus reculées ; et c'était trop souvent en vain que l'Église élevait la voix pour condamner ce qu'elle appelait « les amorces de Satan, l'étalage de l'orgueil, l'insulte faite à la pauvreté, la ruine de la charité ». Dans la ville « délicieuse » qui était devenue le nouveau séjour de Marie de Valernod, on retrouvait un reflet de ces mœurs ; et si la gravité de cette histoire le permettait, on pourrait produire ici le document : le compte de ces folles dépenses de toilette, que gardent encore les archives publiques [1] et qui portent le nom de Mᵐᵉ d'Herculais. La faute, il faut donc la rejeter en partie sur les mœurs du temps et n'imputer aux coupables que le tort de n'avoir pas su résister par de fermes exemples à l'entraînement universel.

Écoutons maintenant cette jeune fille mondaine

____

1. Arch. de l'Isère.

s'accusant elle-même : « Je demeurai jusqu'à l'âge de quinze ans en cet état, tantôt faisant le bien, tantôt le mal, livrée à de perpétuels combats... C'était à qui gagnerait : l'amour de Dieu ou l'amour du monde [1]. »

Vraiment, on se demande ce qu'il faut entendre par les premières paroles de cet aveu. L'histoire qui n'est pas un panégyrique ne doit rien dissimuler. A prendre ces paroles à la lettre, elle devrait reconnaître ici un temps d'arrêt ou de recul dans cet élan vers la perfection qui s'est montré, dès le début, si plein de promesses et d'une spontanéité si généreuse. Mais il semble aussi qu'il n'y a que l'innocence qui puisse prononcer le nom du mal avec cet accent, et qu'il n'avait pas d'autre signification que celle qu'elle lui donnait elle-même, en ajoutant : « C'était à qui gagnerait, l'amour de Dieu ou l'amour du monde. » Entre ces deux extrêmes, où il y a place pour le crime et les infidélités les plus légères, le mal, si on veut le définir en se souvenant de l'extrême délicatesse de sa conscience, ce sera la moindre dérivation de son cœur vers les vanités mondaines, qui lui parut plus tard une trahison envers le Dieu jaloux, à qui elle s'était donnée sans réserve par le pacte de ses premières années ; et l'horreur qu'elle professa toute sa vie pour le vice impur, nous empêche d'entendre autrement ce qu'elle appelait l'amour du monde opposé à l'amour de Dieu.

---

1. *Mᵐᵉ d'Herculais*, par Mˡˡᵉ de Franclieu, p. 13. Texte cité sans référence, probablement tiré du *Recueil de grâces*.

« Vous savez, dira plus tard un de ses biographes, que dans une ville où les langues sont assez libres, elle vivait dans une réputation de vertu au-dessus de tout soupçon, et particulièrement dans une profession de chasteté, qui passait jusqu'à la fierté et que les plus respectueuses paroles n'ont jamais osé aborder [1]. »

Ce n'est pas autrement que l'auteur des *Discours choisis*, qui fut le contemporain de Mme d'Herculais, a compris ces aveux. « On ne peut pas assurer, dit-il, qu'étant environnée d'objets agréables, et dans la dissipation des divertissements du siècle, son cœur ne reçut quelque impression de l'esprit du monde qui l'attirait à son parti [1]. » C'est tout ce qu'il est possible d'accorder, et les derniers excès d'une vie que par un sentiment très élevé qu'elle avait de la sainteté de Dieu, elle qualifiait plus tard, d' « impure et d'abominable ». Il n'y aura plus de doute, quand on apprendra d'elle-même ce qui se cachait dans le fond de son âme, pendant qu'au dehors elle paraissait conquise sans retour à une vie de frivolités. « Je sais, Messieurs, disait plus tard son panégyriste, que vous l'avez vue dans les compagnies du grand monde,

1. Voici le passage parallèle d'un autre biographe : « Dans la licence des assemblées, il est difficile qu'il ne se dise des choses qui blessent la bienséance, que plusieurs, quelque mine qu'elles fassent, ne sont pas trop marries d'entendre. Pour elle, on a observé constamment sa délicatesse sur ce point, et si on osoit lui dire une parole, qui eust un sens oblique et contraire à la pudeur, elle ostoit tout envie de jamais user de semblable liberté. » Bertal, *Disc. choisis.*

et qu'elle s'y trouvoit, ce semble, comme l'âme dans le corps, et leur causoit la tristesse ou la joie, ou par sa présence, ou par sa retraite; mais vous ne savez pas sans doute, comme moi, qui l'ai appris de sa propre bouche, qu'elle tenoit à cette vie vaine et inutile, bien moins par les liens de sa propre inclination, que par les chaînes de l'obéissance complaisante qu'elle croyoit devoir à ceux de qui elle dépendoit; vous ne savez pas qu'elle conservoit une attention très intime à la présence de Dieu, et une secrète adhérence de cœur pour lui, au milieu des divertissements qui épanchoient ses sens au dehors; qu'elle se sentoit consumée d'un déplaisir dévorant dans l'intérieur, tandis que par cent gaietés innocentes, elle tenoit toute une grande assemblée dans la joie; qu'un profond dégoût pour la vanité du monde, la punissoit dans le fond de l'âme de l'amusement qui l'arrêtoit; qu'elle se retiroit de cette confusion, harassée, lassée, rebutée, le cœur et l'âme déchirée de remords perçants, dans la vue qu'elle avoit que ces amusements, bien qu'elle s'y ménageoit avec une merveilleuse innocence, estoient entièrement indignes de cette sublime pureté, où elle se sentoit appellée. En effet, les qualités du corps [1] et

1. On a mis sur le compte des deux biographes une prosopographie détaillée qui est de pure imagination. Le premier se contente d'écrire : « Ses yeux, son port, son seul aspect animaient à la vertu ceux qui la regardaient. Il y avait en toutes les paroles qu'elle prononçait, en toutes les lettres qu'elle écrivait, des charmes inévitables. » Le P. Bertal : « Comme elle estoit d'une humeur fort agréable et naturellement enjouée,

les perfections de l'esprit, assemblées en elle dans un degré qui ne se rencontre que dans des personnes extraordinaires, lui avoient donné trop de jugement pour ne pas connaître combien peu vaut le monde, et trop de grandeur de courage, pour ne pas le mépriser, après l'avoir connu. »

Ne semble-t-il pas entendre ici le développement éloquent des paroles suivantes : « Je me portais avec empressement à l'affection des créatures, aimant à voir le monde, à me parer pour lui plaire et profitant de toutes les occasions qui se présentaient à moi pour me divertir. Je me flattais que la tendresse de ma mère me mettait en liberté de prendre ces divertissements. Mais Dieu me fit bien voir que j'étais très éloignée de mon compte, qui ne tendait qu'à suivre mon penchant, mon inclination naturelle me portant naturellement au plaisir, contrairement au dessein de sa bonté sur moi. Mais en vain, car au milieu des compagnies et divertissements, il me lançait des flèches si ardentes qu'elles perçaient et consumaient mon cœur de toutes parts, et la douleur que je sentais me rendait toute interdite [1]. »

C'est en ces termes, c'est par ces aveux que, trente années plus tard, la bienheureuse Marguerite-Marie commençait l'histoire de sa vie.

très spirituelle et d'une charmante conversation, elle estoit, si je l'ose dire, l'âme des belles compagnies ; tout estoit en joye, lorsqu'elle y estoit, tout languissoit, lorsqu'elle en estoit absente. » *Disc. ch.*

1. *Vie de la Bienheureuse Marguerite-Marie,* II, p. 291-299.

Peu de temps après son arrivée à Grenoble, Marie de Valernod était demandée en mariage par Claude Tournet de Theys, seigneur d'Herculais et capitaine du roi. Au mois de juillet 1635, les noces furent célébrées à Grenoble, à l'hôtel de Mirabel, que Mme de Valernod occupait dans cette ville [1]. L'oncle de Marie, Arthus de Lionne, qui fut plus tard évêque de Gap, l'ami, le fils spirituel de saint François de Sales [2], est compté parmi les signataires du contrat, et c'est de lui, sans doute, que sa jeune nièce reçut, le même jour, la bénédiction nuptiale. De longtemps on n'avait vu pareille fête, où l'on voyait réunie l'élite de la noblesse dauphinoise, parents et amis, chacun apportant ses vœux. C'était un bonheur sans mélange que l'on promettait aux jeunes époux, et l'on n'entrevoyait aucun nuage dans l'avenir.

1. Contrat de mariage, arch. de la Drôme, E. 1844. « Fait et récité à Grenoble, dans la maison du Sr de Mirabel, habitation de ladite demoiselle de Valernod, en rue de Bonne », le 5e jour de juillet 1635. Arch. municip. de Grenoble, anc. rég. de catholicité : « Le 5 juillet 1635 ont été espousés, en face de saincte mère l'Eglise... » Suivent les signatures : Tournet ; Marie de Valernod ; Arthus de Lionne, prêtre ; Laroche ; Archier, prêtre ; Valernod ; Hélène d'Arzac.

« Une fille ornée de tant d'excellentes qualités n'eut pas de peine à trouver un bon parti. Quoy qu'elle ne le souhaitast point et le recherchast encore moins, elle fust mariée, environ à l'âge de quinze ans, à un gentilhomme considérable par sa qualité et par ses richesses. » *Disc. ch.*

2. « Le très bon et très vertueux M. d'Aoste, vrai fils de notre bienheureux Père ». C'est ainsi que l'appelle sainte Jeanne de Chantal. *Correspondance*, III, p. 486. Cf. *Lettres de S. Fr. de Sales*, éd. Vivès, t. XI, p. 72.

C'est loin de ces préoccupations qu'il faut chercher dans quelles dispositions surnaturelles Marie
de Valernod entra dans cette nouvelle vie. « Elle
reçut cet auguste sacrement, écrit son historien,
avec une obéissance pour Dieu aussi épurée et
aussi forte, que si elle n'y eût eu aucune inclination naturelle ; et elle voua son cœur à celui que
Dieu lui avait donné pour époux, avec tout l'amour
que la nature peut inspirer. Ainsi, par un concert
merveilleux de la nature et de la grâce, elle eut les
mêmes sentiments qu'eut autrefois la femme du
jeune Tobie[1] ; et à bien entendre ses paroles, Dieu
lui fit la grâce de la délivrer pour jamais des instincts
de la nature débauchée par le péché, et de vivre dans
le mariage, avec la sainteté que nous nous figurons
dans l'état d'innocence. »

Mme d'Herculais accompagnée de son époux,
prit bientôt possession de sa nouvelle demeure. Elle
allait y trouver dans un site sauvage la même solitude qu'à la maison paternelle, sur les rives du
Rhône.

Le château d'Herculais[2], dont il ne reste aujour-

---

1. « Hi qui conjugium ita suscipiunt, ut Deum a se et a sua
mente excludant, et suæ libidini ita vacent, ut equus et mulùs,
quibus non est intellectus, habet potestatem dæmonium super
eos. » Tob., vi, 17.

2. On l'a confondu à tort avec le château style renaissance,
dont l'ancienne orangerie est encore debout, sur le même plan
que l'Église de Theyts, et à quelques mètres de distance. Ce ne
fut pas là, évidemment, la maison habitée par Mme d'Herculais.
Comment expliquerait-on les textes suivants de ses deux historiens? « Elle se transportait à l'église du village (de Theyts),

d'hui que des ruines, s'élève tout proche du village
de Theyts, au sommet d'un rocher, et au fond d'une
haute vallée du Graisivaudan. Un cercle de hautes
montagnes le domine et l'enferme de toutes parts,
sauf du côté où la vallée descend en pentes abruptes,
ouvrant l'horizon vers les lointains massifs de la
Grande Chartreuse et du Sapey. A ce paysage, rien
ne manque de ce qui fait l'admiration du touriste
dans cette curieuse région des Alpes : gorges étroites
d'où s'échappent des torrents, flancs de montagnes
taillées à pic et couronnées de sapins, sentiers étroits
dévalant des hauteurs et longeant les précipices.
L'historien y trouvera plus d'un souvenir. Là, sans
doute, les légions romaines qui vinrent à Grenoble
sous les ordres de Maximien Hercule, élevèrent un
temple à la divinité de leur empereur[1] et à des temps

nonobstant l'incommodité des chemins qu'elle était quelquefois contrainte de faire à genoux, à cause des glaces... souvent
elle est *descendue d'Herculais*, à tâtons, pour ne pas se priver
de cet auguste sacrifice. » Or. fun. « Quoiqu'il fallût aller
assez loin pour ouïr la messe, elle ne l'a jamais perdue, quel
que fut le temps ou le chemin. » « Elle allait à l'église par un
chemin fort boueux et à pied... Lorsqu'elle eut fait *une bonne
partie du chemin...* » Bertal. Dans le contrat de mariage, le lieu
dit de Theys et la seigneurie et château d'Herculès sont parfaitement distingués, et désignent deux localités différentes ;
ce qui ne se comprend pas, si on place le château d'Herculès
dans le village même de Theyts et à proximité de l'église.

1. Telle paraît être l'origine du nom d'Herculais, ancien-
nement et du temps même de Marie de Valernod, orthogra-
phié Herculès ; quelles que soient les variantes d'anciens manuscrits où on le trouve écrit *Reculet, Reculé*, par l'aphérèse
de la première voyelle, fréquente dans les langues romanes.

plus rapprochés, la citadelle d'Herculais avait subi deux fois le choc des bandes de huguenots, et deux fois avait eu l'honneur de les repousser.

Ce fut dans cette demeure que fit son entrée Marie de Valernod, devenue dame d'Herculais. Elle y entra, la jeune femme, comme le printemps qui jette ses fleurs autour de lui, et depuis le jour de son arrivée tout prit un air de fête ; les rochers, les forêts sombres, tout s'embellit, et le vieux manoir[1] parut se rajeunir, tant elle répandait autour d'elle le rayonnement de sa grâce et de sa belle humeur. Mais elle ne savait pas et personne ne savait encore combien peu durerait cette joie des premiers jours, quelles épines étaient cachées sous ces fleurs, et par quel dessein de sa Providence Dieu l'avait conduite dans cette solitude pour lui parler au cœur.

1. Theys appelé dans les anciens titres, *Tædium.* « Sa situation semble ne pas mériter d'autre nom », dit Chorier. *État pol.*, III. Cf. Rochas, *Nobil. du Dauphiné*, p. 455.

CHAPITRE IV

Au moment où se célébrait à Grenoble le mariage de Mme d'Herculais, par-dessus les bruits joyeux de cette fête, on entendait gronder par toute la France les premiers éclats de cette longue guerre contre la maison d'Autriche, qui devait servir d'épilogue à la guerre de Trente ans. En Dauphiné, le maréchal de Créqui, lieutenant général du Roi, reçut l'ordre d'aller délivrer de l'invasion espagnole les états du duc de Parme, allié des Français. Peu de temps après son départ, d'autres gentilshommes du Dauphiné allaient le rejoindre, et parmi eux M. d'Herculais, capitaine du Roi au régiment de Forest. C'était quelques mois seulement après son mariage, et il allait laisser une jeune épouse dans les cruelles angoisses d'une séparation dont il était impossible alors de prévoir le terme. Avant de partir, il voulut disposer par testament, en faveur « de sa chère et bien aymée femme [1] », d'une partie de ses biens. Ces préparatifs, ce testament dont le

1. Arch. de l'Isère : Premier testament de M. d'Herculais.

nom seul rappelait celui de la dernière séparation, ces adieux, en face d'un avenir plein d'incertitudes douloureuses, à cet âge, aux premiers temps d'une union que la fidélité et une tendresse mutuelle avaient rendue de jour en jour plus étroite, ce furent les premières épreuves que Notre-Seigneur envoya à Mme d'Herculais pour la préparer à une vie de détachement et de sacrifices ; les premières fleurs sont tombées, et à peine entrée dans la dix-septième année de son âge, elle apprend déjà à connaître le poids de la croix, car le temps presse et elle doit « fournir en peu d'années une longue carrière [1] ».

M. d'Herculais, parti dans les premiers mois de 1636, ne devait rentrer à Grenoble que vers la fin du mois d'août de la même année. On aime à croire que ce fut aux prières de son épouse qu'il dut d'échapper aux dangers d'une campagne meurtrière, où tant d'autres gentilshommes et soldats du Dauphiné trouvèrent la mort. Le 14 juin, M. de Thoiras, lieutenant de Créqui, tombait mortellement blessé au siège de Fontanette, et le 22, le maréchal, attaqué à l'improviste par les Espagnols, sur les bords du Tessin, restait maître du champ de bataille, mais après une mêlée furieuse et un combat de dix-huit heures, qui coûta la vie à des milliers de soldats français. Après cette victoire chèrement payée, le maréchal de Créqui, abandonné par le duc de Sa-

____

[1]. Sag., VI, 73.

voie, fut obligé de battre en retraite, et le 15 août, arrivé à Casal, ses troupes mises en quartier, il donnait licence à M. d'Herculais et à son lieutenant le sieur de Tornet, de rentrer en Dauphiné, « pour y faire une revue de leur compagnie [1] ».

Ainsi Mme d'Herculais après quelques mois seulement d'une séparation, que les vicissitudes de la guerre avaient abrégée contre toute espérance, retrouvait un époux qu'elle avait tremblé de ne plus revoir. Aux joies de ce retour, personne plus qu'elle n'avait le droit de prendre part. Ce fut le signal de nouvelles fêtes, mais aussi avec elles recommençait bientôt la vie mondaine d'autrefois.

Il ne faut point croire cependant qu'elle cédât, en s'y livrant, au propre entraînement de son cœur. Quelquefois même, son courage succombait ; elle ne se sentait plus la force de soutenir le rôle qu'elle s'était imposé pour plaire à ses parents, à sa mère, à son époux. Il fallait aller à la comédie, au bal, et se préparer longuement, « des jours entiers ». (Hélas ! s'interrompt ici un de ses biographes, que ce souvenir lui a tiré de larmes !) Puis, ces longs préparatifs de toilette achevés, cette inconcevable perte de temps, cette vanité d'un vide effroyable se présentaient tout à coup à ses yeux. Était-ce donc pour une vie de plaisir que Dieu l'avait créée ? Où étaient ses promesses d'autrefois ?.. Hélas ! à côté d'elle, tant de malheureux souffraient, manquaient de vê-

---

1. Arch. de l'Isère : Passe-port de M. d'Herculais, du 15 août 1636.

tements et du pain de chaque jour!.. Pendant ce temps elle irait s'abandonner au plaisir!... Quel compte à rendre, un jour, de ces heures perdues, de cette fortune gaspillée!.. O Dieu! quels remords, à la dernière heure, à la fin de cette vie qui n'est donnée qu'une fois pour préparer l'éternité, quelles angoisses, lorsque, jetant les yeux en arrière, embrassant d'un regard sa vie entière, elle n'y verrait plus qu'une effrayante fantasmagorie, une sorte de tourbillon de fêtes continuelles, dont le moindre mal est la perte irréparable d'un temps qui devait être consacré au service de Dieu! Toutes ces réflexions l'accablaient à un tel point, elle se trouvait si confuse de son état, qu'au moment même de partir pour le bal, encore toute parée, saisie d'un sentiment de honte insurmontable et de colère contre elle-même, elle s'allait cacher, versant d'abondantes larmes, dans l'endroit le plus retiré de la maison, « d'où ni prières, ni instances, non pas même de ceux qui avaient sur elle plus de crédit, ne pouvaient la tirer ».

Ainsi rien n'était encore changé, et, comme autrefois, les remords venaient la troubler au milieu même des plaisirs, non plus seulement pour lui en inspirer le dégoût, mais pour l'avertir que Dieu voulait d'autres sacrifices. « On la voyait pour lors, dit un biographe, comme elle était dans le monde, parée, divertissante, enjouée, mais on ne la voyait pas comme elle était devant Dieu, toujours recueillie dans la plus haute partie de son âme, toujours per-

cée d'un vif déplaisir de la captivité qu'elle souffrait. » Le moment vint bientôt où la grâce allait
rompre ces liens, qui la tenaient captive. Il ne s'a-
git point ici des liens du péché. Ceux qui ont connu
l'intérieur de son âme, ont assez fait comprendre
ce qu'il faut en penser, et comment une providence
particulière de Dieu l'avait gardée intacte au milieu
des dangers du monde. Pour l'intelligence de ce qui
va suivre, il faut se rappeler qu'il s'agit d'une âme
appelée à une haute sainteté ; et ceux-là seuls com-
prendront ce drame caché, où Dieu dispute au démon de la vanité, une créature qu'il s'est choisie
pour y mettre ses complaisances, qui savent quel
détachement il demande pour s'attacher à lui, quel
dépouillement est nécessaire pour s'enrichir des
biens du ciel, quel vide dans le cœur pour qu'il soit
rempli par la Divinité.

Cette année-là, en 1637, le P. Alexandre Fichet,
de la Compagnie de Jésus, prêchait le Carême à
Grenoble, à l'église Notre-Dame. « Un dimanche
de ce carême, raconte un biographe, il traitait d'un
sujet extrêmement touchant, qu'il maniait avec sa
véhémence ordinaire de raisonnement, de parole
et d'action, qui lui ont acquis très justement le titre
d'un des bons prédicateurs de notre temps. Tout le
monde fondait en larmes, me disait Mme d'Herculais,
soit qu'il en fût ainsi véritablement, soit qu'elle ju-
geât des autres, par ce qu'elle expérimentait en elle-
même ; mais elle y eut assurément la meilleure
part. Son cœur froissé des assauts de douleur les

plus grands qu'elle eût ressentis jusqu'alors, ses yeux remplis de larmes, la poitrine, qui lui enflait visiblement par la véhémence de ses soupirs, ses cris, une rougeur enflammée, qui lui avait saisi tout le visage, faisaient très clairement remarquer le saint désordre où elle se trouvait [1]. »

C'était la première fois que se trahissait en public cette ferveur d'union à Dieu, qui ne l'avait jamais quittée, même sous les dehors mondains qu'elle avait affectés jusque-là, « par une illusion innocente ». Le masque tombait enfin, et autour d'elle ce fut un étonnement; on ne sut que penser tout d'abord de cette explosion soudaine, de cette émotion, de ces cris. Que se passait-il donc en elle?

On le vit bientôt par la résolution qu'elle prit de mener ouvertement une vie chrétienne. Elle la commença par une confession générale de toute sa vie [2], puis elle offrit à la Très Sainte Vierge et plaça sous sa protection les engagements qu'elle venait de prendre. Ses confessions, ses communions devinrent plus fréquentes, ses mortifications immodérées, on peut le dire, puisque, de son aveu, elles n'eurent d'autre mesure que la ferveur nouvelle de sa dévotion.

« Pour venger Dieu de mes infidélités passées,

1. « Ce fut par le moyen d'un Père de la Compagnie de Jésus, que vous m'avez appellée, ô mon Sauveur, et m'avez donné le désir de vous servir. » *Recueil de grâces.* Cf. de Franclieu, *Mme d'Herculais*, p. 117.

2. Le P. Benoît Pesche fut son premier directeur.

disait-elle, je m'affligeais de toutes les façons que je pouvais inventer. » Mais le meilleur fruit de ce changement de vie, le signe infaillible que dans le trouble qui l'avait saisie, elle avait subi l'action du divin esprit, ce fut un goût insatiable de la prière. Elle n'avait alors que deux objets : c'était, ou la Passion du Sauveur, ou le Saint Sacrement de l'autel quand il était exposé dans les églises, et « elle paraissait déjà liée à la divine Eucharistie, par cette chaîne invisible qui l'a serrée le reste de sa vie ».

Dans cet exercice, qui lui était inconnu jusqu'alors, ou plutôt qu'elle avait pratiqué toute sa vie, sans en connaître les règles, elle découvrit la source des consolations, qui allaient achever le profond dégoût qu'elle avait conçu pour les vaines joies du monde : « Je passais plusieurs heures, dit-elle, et absolument tout le temps que je pouvais soustraire ailleurs, à faire oraison; où, n'ayant jamais eu ni précepte ni direction, les matinées et plusieurs heures de suite ne me paraissaient qu'un moment. »

Cependant, chose étonnante, le divorce avec le monde n'était pas encore complet, et elle tenait encore à lui « par des complaisances que la piété lui faisait croire légitimes ». Le P. Bertal a cru devoir expliquer cette conduite vraiment étrange. « On a observé, dit-il, qu'elle était encore en ce temps-là fort bien mise; ses habits étaient des plus précieux; elle avait le visage couvert de mouches et le sein fort découvert, selon la mode scandaleuse de ces

temps-là. Cela est bien surprenant, en une âme si
hautement élevée en Dieu. Pensera-t-on que sa
vertu ne l'avait pas encore mise au-dessus des fôlles
maximes d'un siècle vicieux? Je dirais plutôt que
par une illusion innocente, elle se ménageait encore avec le monde, de peur que si elle allait contre
le torrent de la coutume, elle ne se distinguât trop
par une simplicité si sensible. Les faveurs éminentes, qu'elle recevait du ciel, ne peuvent s'accorder avec une faute pleinement volontaire, mais bien
avec quelque reste de l'ancienne habitude [1]. »

On remplacerait volontiers ces explications indul-
gentes, par le mot célèbre du cardinal Guibert,
parlant des vertueuses mondaines de tous les temps,
« plus soucieuses de cacher leur vertu, que d'en
imposer le respect ». Quoi qu'il en soit, il restait
encore le dernier coup à frapper; et la parole de
Dieu, ce glaive qui, selon la parole de saint Paul[2],
pénètre jusqu'au plus intime de l'âme, pour y rendre la liberté à l'esprit, en le séparant des affections
charnelles, n'avait pas encore achevé son œuvre.

Un jour, Mme d'Herculais assistait au supplice
d'une malheureuse femme, condamnée à être décapitée en place de Grenette. Les mœurs du temps
ne faisaient pas de ces exécutions, comme de nos
jours, le rendez-vous exclusif de la populace et des
rôdeurs de barrière, en quête d'émotions fortes. Par
un usage qu'on interprétait alors comme une mar-

1. *Disc. choisis.*
2. Hebr., IV, 12.

que de respect, bien qu'il nous paraisse, aujour-
d'hui, un grave oubli des convenances, le grand
monde y accourait, et on se parait pour le spectacle. Mme d'Herculais se faisait remarquer entre
toutes ses compagnes par une toilette des plus élé-
gantes; « elle portait, dit un de ses biographes, une
robe éclatante de velours soie, en panne rouge, la
gorge découverte et le visage chargé de mouches ».
Mais ici encore, comme à l'église Notre-Dame, elle
ne put se soutenir longtemps dans le rôle équivoque
dont elle ne s'était pas encore départie; une violente émotion vint la trahir de nouveau. Ce n'était
pas seulement, comme on put le croire autour
d'elle, un sentiment de pitié qui la jetait dans ce
trouble et lui arrachait d'abondantes larmes, ni
même l'effet d'une honte subite, quand elle vit de
près ce qu'il y avait d'outrageant dans ce déploie-
ment de luxe, en face de cette scène funèbre. Une
vision venait de se dresser devant elle; la passion
du Sauveur qui depuis quelque temps faisait l'objet
de ses méditations, prit la place du spectacle qu'elle
avait devant les yeux; elle se souvint de ce grand Dieu
mort pour nos péchés, de ce qu'elle lui avait si
souvent promis au pied de sa croix; puis, dans
cette vengeance sanglante de la justice humaine,
elle vit l'image de cette autre justice infinie qui attend de nous l'expiation des moindres infidélités.
« Que ne suis-je, dit-elle, à la place de cette infor-
tunée. Hélas! que je lui porte envie, et que je serais
satisfaite si, pour imiter mon Sauveur et expier mes

péchés, je pouvais comme elle finir ma vie sur un échafaud ! »

Il n'y a pas grand fond à faire sur les bons propos qui ne se résolvent que par des larmes. Voici une preuve que dans le cœur de Mme d'Herculais, il y avait quelque chose de plus qu'une émotion d'un moment ou une surprise de la sensibilité. « Depuis ce moment, dit un biographe, ni les désirs dont elle brûlait pour la souffrance, ni la longueur de ses oraisons, ni la fréquentation des sacrements ne suffirent pour assouvir la faim qui la consumait d'être toute à Dieu. Elle lui demanda donc instamment de frapper son corps pour guérir son âme, de détruire sa chair pour vivifier son esprit, et de lui envoyer des maladies non seulement affligeantes, mais encore honteuses qui, lui enlevant tout ce qu'elle avait de beauté et d'agrément sur le visage, l'obligeassent par quelque difformité horrible à se tenir par la nécessité dans la solitude qui avait déjà gagné toutes ses affections. »

Cette prière du genre de celles que, même les âmes généreuses n'adressent à Dieu qu'en tremblant, elle la répéta plusieurs fois, non plus des lèvres seulement, mais avec toute la véhémence d'un cœur qui désire être exaucé ; et une fois, entre autres, dans la circonstance suivante, rapportée par ses deux biographes, qui n'ont pas craint l'un et l'autre de braver les sourires de ceux qui ignorent que les sacrifices les plus légers en apparence sont souvent l'effet d'un courage peu ordinaire. Quel est donc ce philosophe qui a dit que le jeune homme qui sait baisser les yeux est un grand thaumaturge? Il lui arrivait donc — comment dire — de passer le temps devant son miroir; et « c'était une si forte habitude que, quelque soin qu'elle prît de s'abstenir d'une action si vaine, elle ne pouvait s'empêcher de s'y arrêter, bien qu'elle se fût souvent donné la honte de s'en confesser. Un jour, elle conçut une telle contrition de cette faiblesse, et une haine si enflammée contre elle-même, qu'elle se prit à se meurtrir cruellement et, se jetant à genoux au lieu même où elle se trouvait, une seconde fois elle pria Dieu avec abondance de larmes, qu'il la chargeât de tous les maux les plus opposés à son inclination : les écrouelles, les ulcères, la lèpre et tout ce qu'il y a de plus déshonorant et de plus cruel dans les maladies. »

Cette jeune femme, jusque-là l'idole d'une société élégante, demandant à Dieu de la frapper de ce double coup, qui atteint à la fois la sensualité et l'amour-propre dans ce qu'ils ont de plus sensible, paraît ici d'un courage qui n'est pas loin de l'héroïsme. Prière peu méritoire, s'il n'est pas vrai qu'au regard de la foi, il n'en est point qui touche davantage le cœur de Dieu; prière insensée, oui, mais comme l'a été la folie de la croix; prière imprudente, si on oublie qu'elle est adressée à Celui dont la Providence est l'infinie sagesse et l'infinie charité.

Cette prière ne devait pas tarder à être exaucée.

CHAPITRE V

MALADIE ET GUÉRISON MIRACULEUSE.

« L'homme donne la vie des autres pour la sienne, et ses biens pour sauver son corps. Mais étendez votre main, frappez ses os et sa chair, et alors vous verrez s'il ne vous maudit pas en face. » Le Seigneur dit à Satan : « Le voilà en ta puissance, mais garde-toi d'attenter à sa vie. » Satan sortit donc de la présence du Seigneur et frappa Job d'une plaie horrible, de l'extrémité des pieds jusqu'à la tête[1]. »

Ce pouvoir fut donné à Satan sur Mme d'Herculais, et ce fut une décharge furieuse. Un jour ou deux ne s'étaient pas écoulés, depuis la prière qu'elle avait adressée à Dieu, lorsque, sans cause apparente, des maux sans nombre vinrent fondre sur elle, et la tinrent attachée à une croix douloureuse, pendant cinq longues années, depuis la dix-huitième de son âge, jusqu'au jour de sa guérison miraculeuse. « Elle fut attaquée de paralysie sur la langue, sur les jambes, de douleurs inconnues, d'évanouissements

1. Job, ii, 4-7.

fréquents et de vomissements presque continuels. »
Étrange maladie, qui n'avait rien de commun avec
les fièvres pestilentielles, qui sévissaient encore dans
la basse vallée du Rhône, mais qui avaient cessé
depuis longtemps à Grenoble et dans les montagnes
voisines [1]. Elle survenait par des attaques soudaines,
puis disparaissait quelque temps, pour revenir ensuite à l'improviste, sans que l'on pût deviner la
cause de ces alternatives mystérieuses, et comme si
la victime de cette maladie eût été le jouet de quelque puissance inconnue. Au bout de deux ou trois
ans, les médecins lassés déclarèrent ne plus rien entendre à cet état extraordinaire, où toute leur science
était déroutée, et ce fut le premier abandon.

Une autre désolation plus douloureuse encore lui
était réservée. Un jour, c'est elle-même qui faisait
plus tard ce récit aux Visitandines de Sainte-Marie,
elle reçut la visite d'un religieux, et surmontant
avec effort la maladie qui la paralysait, elle voulut
lui manifester sa conscience et lui demander ses
conseils. Entre autres choses, elle avoua qu'elle avait
de grands désirs de servir Dieu dans la perfection,
mais qu'elle ne se montrait pas fidèle aux invitations
de la grâce. Ces paroles d'humilité ne furent pas
comprises, et il lui fut répondu brusquement et
sans phrases, que tant de résolutions inefficaces
étaient inutiles et que l'enfer était pavé de bons dé-

1. La dernière épidémie est de 1630. Prudhomme, *Hist. de
Grenoble*, p. 458. Elle ne reparut que le 14 juillet 1643. Arch.
municip., p. 140.

sirs. Dieu le permettant ainsi, cette parole morti-
fiante, tombée de la bouche d'un de ses ministres,
en un moment où elle eut grand besoin d'être con-
solée et animée à la confiance, fut toute l'exhortation qu'on lui laissa en partant. Patience des saints
qui trouve le bien dans les épreuves les plus humiliantes! « Je méditai longtemps ces paroles,
ajoutait Mme d'Herculais, et elles firent tant de bien
sur mon âme, que je ne me souviens pas d'en avoir
entendu qui m'aient plus touchée, et d'où j'aie tiré
des avantages plus sensibles. »

Il lui restait à subir un dernier abandon : « *Ne-
cessarii quoque mei recesserunt à me*[1] ». « Ses plus
proches, dit un biographe, se séparèrent d'elle, ne
pouvant supporter la souffrance que leur causait la
vue de tant de douleurs, et ayant perdu toute espérance de la voir jamais guérie. » Mais ce ne fut
qu'un prétexte; car depuis le jour où il lui fut impossible de dissimuler le dégoût que lui inspiraient
les vanités, ou pour mieux dire, les folies mondaines,
les modes scandaleuses, en un mot, la vie de plaisir
substituée à la vie chrétienne, son éloignement paraît avoir été résolu. L'occasion était trouvée; on
la renvoya à Saint-Vallier, près de sa mère, comme
un fardeau insupportable. M. d'Herculais ne pouvait plus invoquer sa charge de capitaine du Roi,
qui l'exposait à de lointaines expéditions; le duc de
Lesdiguières l'en avait déchargé, et depuis trois ans

1. Job, VI, 13.

un office de syndic le retenait à Grenoble, tout près du château d'Herculais, où sa mère et un nombreux domestique pouvaient le seconder et donner leurs soins à son épouse malade, qu'il avait le devoir de ne pas abandonner. Il ne pouvait point non plus prétexter le changement d'air : depuis longtemps le domaine des Rioux avait été vendu par Mme de Valernod[1], qui ne pouvait plus recevoir sa fille que dans l'intérieur d'une petite ville, sillonnée de ruelles étroites et mal aérées. Rien pourtant n'eût mieux valu pour la santé de la malade que l'air des montagnes, et l'on remarqua plus tard la bonne influence de cette atmosphère vigoureuse sur le tempérament nerveux et délicat de Mme d'Herculais[2]. Aucune considération n'arrêta ceux qui avaient résolu de l'éloigner d'eux à tout prix, ne voulant plus ni lui donner leurs soins, ni même supporter sa présence.

Mme de Valernod accueillit sa fille avec tendresse et lui resta fidèle dans cet universel abandon, qui la frappait elle-même dans son honneur, dans son amour maternel et ses espérances déçues. Mais que pouvaient tous ses soins contre une maladie déjà réputée incurable, et qui s'aggravait de jour en jour ? On eut recours à la prière ; on priait devant l'autel où Marie s'était agenouillée toute enfant, près d'une image

---

1. Caise, *Hist. de Saint-Vallier*, p. 96. Les Rioux vendus en 1635 ne furent rachetés par les Valernod qu'en 1653.

2. « Ma chère sœur qui peut-être se serait mieux portée, si elle fût demeurée à Herculais, mais elle sait qu'il faut tout remettre à la volonté de Dieu. » Hugues de Valernod à M. d'Herculais. Arch. de l'Isère.

célèbre de la Présentation au temple[1], qui rappelait la dévotion traditionnelle de l'église de Saint-Vallier et en même temps la prophétie de la vie souffrante de Jésus et de Marie; or le jour même consacré à la célébration de ce mystère, le 2 février 1642, une violente attaque de paralysie vint s'abattre sur la malade qui, morte, pour ainsi dire, de la ceinture jusqu'aux pieds, n'eut presque plus rien de libre que le mouvement des yeux. A cette cruelle infirmité se joignirent des fièvres ardentes, des vomissements, qui la rendaient incapable de garder la moindre nourriture, des défaillances de cœur qui la laissaient longtemps privée de sentiment, un appauvrissement de forces qui lui donna bientôt l'apparence d'un squelette desséché. Cette dernière phase de sa maladie devait durer huit mois entiers, sans un intervalle de repos.

Pendant tout le temps que durèrent ces épreuves on n'entendit pas une plainte sortir de la bouche de la malade, ni un gémissement qui trahît l'impatience; aucune parole amère à l'adresse de ceux qui l'avaient abandonnée. Une note écrite de sa main et trouvée après sa mort, résume en un mot toute cette période de sa vie. « En ce temps-là, écrit-elle, Dieu me fit la grâce de m'envoyer plusieurs maladies, et me donna en même temps plus de patience que je ne méritais. » Elle sait qu'autour d'elle on prie; elle entend parler d'un vœu pour obtenir de

1. Tableau attribué au Carrache. Vincent, *Notice sur Saint-Vallier*.

Dieu son retour à la santé, et elle recueille ses forces
pour demander en grâce qu'on l'abandonne au bon
plaisir de son Maître. « Ce sera bien assez, dit-
elle, si j'obtiens de la miséricorde de Dieu, la guérison de mon âme et une parfaite conversion. »

Cependant des lettres discrètes arrivaient à Grenoble. Mme de Valernod et sa fille Sébastienne,
religieuse à Romans, écrivaient l'une et l'autre à
M. d'Herculais, insinuant combien une visite appor-
terait de soulagement à son épouse, espérant peut-
être qu'il consentirait à la reprendre, au premier
moment de relâche que laisserait la maladie.

« Monsieur mon très cher frère, écrivait S^r de
Valernod, je crois que le plus grand mal de ma
sœur vient d'un mauvais régime, et si elle pouvait
se résoudre à demeurer à [Herculais [1]], le changement d'air lui ferait un extrême bien. L'on dit qu'il
lui était bien favorable pour sa santé, puisqu'elle s'y
est portée beaucoup mieux qu'en nul autre lieu
qu'elle ait demeuré ; c'est ce qui me fait vous supplier
très humblement de la disposer en quelque façon
à y demeurer, lorsqu'elle pourra s'en retourner.
Je souhaiterais bien avoir une si bonne fortune
que je pense être l'ange des bonnes nouvelles, pour
vous en donner comme je le désire, mais puisque
cela ne se peut, il nous faut remettre au bon plaisir de Dieu [2]. »

1. Reclé? Reculé?
2. Arch. de l'Isère.

« Votre femme est toujours souffrante, écrivait de son côté Mme de Valernod, elle vous prie instamment de la venir quérir[1]. »

Ni M. d'Herculais, ni sa mère Mme de Tournet, qui paraît avoir été en cette circonstance, l'inspiratrice de son fils et le principal auteur de cette persécution domestique, qui devait durer longtemps encore, même après le retour de sa belle-fille à Herculais, ne se laissèrent gagner à ces prières. Tout fut oublié plus tard, et pardonné, et aussi expié; mais l'heure était venue où, selon l'expression de la sainte Écriture : « toute créature s'armait », pour accomplir un secret dessein de la Providence.

Cependant l'état de la malade s'aggravait de jour en jour, et on n'attendait plus que le dénouement fatal, quand un événement inattendu vint apporter une dernière lueur d'espoir.

Vers le commencement de septembre 1642, un singulier cortège, longeant les rives du Rhône, s'arrêtait à Saint-Vallier. Le cardinal de Richelieu, suivi de toute sa cour, et porté dans la fameuse chambre, aux tentures d'écarlate, que soutenaient les gentilshommes de sa garde, se rendait aux eaux de Bourbon, poursuivant solennellement son voyage, le dernier de sa vie; accablé par la maladie qui devait l'emporter quelques mois plus tard, et si faible, que les médecins se demandaient s'il ne mourrait pas avant les deux condamnés de haute tra-

____
1. *Ibid.*

3.

hison, Cinq-Mars et de Thou, qu'il traînait lente-
ment vers le lieu de leur supplice.

Mme de Valernod était la tante d'Hugues
de Lionne; son frère Arthus, l'évêque de Gap, était
le beau-frère d'Abel Servien, deux noms dont la
célébrité avait déjà commencé. Le second, il est
vrai, après avoir servi la politique du cardinal, avait
encouru sa disgrâce. Mais ni ces souvenirs, ni le
somptueux appareil dont s'entourait l'implacable
justicier, ne la détournèrent du dessein qu'elle avait
conçu, d'obtenir du cardinal que les médecins de
sa cour vinssent visiter son enfant. Plus habiles
que les médecins de province, ils trouveraient sans
doute quelque remède, là où ceux-ci avaient déclaré
leur impuissance. Ils vinrent en effet, et ne voulant
point enlever à Mme de Valernod une dernière illusion, ils donnèrent « quelque espérance » que les
eaux de Bourbon, où ils allaient chercher le salut
de leur malade, apporteraient aussi du soulagement
à son enfant.

Il parut impossible d'abord de faire entreprendre
pareil voyage à une paralytique presque mourante.
Mme de Valernod n'hésita pas cependant. C'était le
dernier espoir, et l'amour maternel a de ces auda-
ces. « Avec des peines infinies », son enfant infirme,
étendue sur un lit, fut portée sur un des bateaux
qui remontaient le Rhône. Le 8 septembre, fête de
la Nativité de la Sainte Vierge, les premières collines
de Lyon apparurent dans le lointain; mais après
cette navigation de plusieurs jours, la fraîcheur de

l'air et des eaux, les secousses du halage sur un
fleuve aux eaux tumultueuses, avaient tellement
affaibli la malade qu'il fallut renoncer à poursuivre
le voyage. Le lendemain, on débarquait à Lyon, où
le cardinal de Richelieu avait fait son entrée quelques jours auparavant, et où la foule envahissait les
rues et les places publiques, partagée entre la
curiosité et la compassion, à la veille de l'exécution
des deux jeunes criminels, qui allaient expier leur
trahison sous la hache du bourreau. De tels souvenirs n'auraient aucune place dans ce récit, si les
contemporains n'avaient pas remarqué dans ces
circonstances, une disposition providentielle pour
entourer de témoins la guérison miraculeuse de
Mme d'Herculais. « Pourquoi rappeler, dira plus
tard le P. Morin, ce que Grenoble apprit par plusieurs personnes de condition, qui se trouvèrent à
Lyon et que je vois encore dans cette assemblée, et
ce que tout Lyon vit avec étonnement, et fit savoir
à toute la France? Il semblait que Dieu l'eût à
dessein assemblée autour du grand cardinal, qui
était alors en cette ville, et dont la cour ne le cédait
point à celle de nos rois, pour voir des maux si
envieillis et si humainement incurables, disparaître
tout à coup, par un des plus évidents miracles que
l'on ait vus depuis des siècles. »

En effet, l'heure de la guérison était arrivée; et
c'était par Marie, qu'il semblait qu'on eût alors
jusqu'alors invoquée en vain, c'était dans la ville
qui allait lui être consacrée, que devait s'accomplir

cette œuvre de miséricorde. C'est le moment où de tous les cœurs s'élèvent des supplications vers la Consolatrice des affligés et le Salut des infirmes, pour obtenir la cessation de la peste, qui depuis de longues années désole la ville de Lyon. Encore quelques mois, le 12 mars 1643, les échevins monteront à Fourvière, pour mettre, par un vœu solennel, la ville de Lyon sous la protection de Marie. A partir de ce jour, le fléau est conjuré, et cette grâce devient l'origine du pèlerinage qui est allé toujours grandissant, jusqu'à devenir, de nos jours, un des plus célèbres du monde entier. A la veille de ce grand événement, le miracle qui va s'opérer dans un sanctuaire, au pied de la colline de Fourvière, apparaît dans l'histoire du culte de Marie à Lyon, comme le prélude et le gage des miséricordes de la Très Sainte Vierge, envers la ville dont elle a été constituée la gardienne.

Il y avait alors à Lyon, à la chapelle du couvent des Ursulines, rue de la Vieille-Monnaie [1], une image miraculeuse de la Sainte Vierge, connue sous le nom de Notre-Dame de Montaigu [2]; et « c'était

---

1. Le couvent occupait les numéros 31-39 de la rue actuelle, et la chapelle le n° 33. A. Steyert, *L'ancien quartier des Capucins*.

2. Notre-Dame de Montaigu, en Brabant, fut l'origine de ce culte. Une petite statue de la sainte Vierge, placée dans une niche, creusée dans le tronc d'un chêne, reçut longtemps les hommages des paysans des environs. Au commencement du XVIIe siècle, cette statuette, devant laquelle s'opéraient de nombreux miracles, fut placée dans une chapelle, et les pèlerins

une opinion constante, dit le P. Bertal, que par le moyen de cette image, la glorieuse Reine du ciel accordait des grâces fort signalées ». Mme de Valernod y fit dire une messe pour la guérison de sa fille; et par un acte de foi qui rappelle ceux de l'Évangile, elle fit porter la paralytique sur un brancard, au milieu même de l'église. C'était une mise en demeure, et tant de foi devait être récompensée. Au moment de la communion des fidèles, après que le prêtre, élevant la sainte Hostie, eut répété trois fois ces paroles : « Seigneur, dites un mot et votre serviteur sera guéri », on vit la malade, on pourrait dire le cadavre, tant elle avait la pâleur et l'immobilité de la mort, se lever tout à coup de son brancard, marcher d'un pas ferme à travers l'église et s'avancer vers le sanctuaire, au milieu des cris des assistants. A ce moment, en effet, Mme d'Herculais avait senti un tremblement agiter son corps et secouer avec plus de violence les membres paralysés; en même temps, elle avait entendu une voix qui lui disait : « Lève-toi et marche, tu n'as plus de mal. » Elle hésita une première fois, se trouvant alors dans les mêmes dispositions qui

accoururent en foule, parmi lesquels un des plus célèbres fut saint Jean Berchmans. De petites statuettes, faites avec le bois de ce même chêne, sont honorées en divers lieux, à Lyon, à Tournon, dans l'église du collège des Jésuites de Besançon, à la Sainte-Chapelle de Notre-Dame de Gray, à Tarare, etc. D'après le livre des visites de Mgr de Neuville (11 août 1660), ce dernier pèlerinage remonterait à 1645, et eut peut-être quelque relation avec le miracle de 1642.

furent celles de sa vie entière, craignant l'éclat
d'un miracle, indifférente, par amour de la volonté
de Dieu, à sa propre guérison, et plutôt inclinée à
garder jusqu'à la mort, la croix qu'elle avait elle-
même demandée. Mais la voix se fit entendre plus
impérieuse, lui répétant comme autrefois au paralytique de l'Évangile : « *Surge et ambula* ». « Lève-toi et
marche ». Elle obéit, et ce furent dans l'église même
des acclamations ; et au dehors la foule surexcitée,
encore toute en émoi par le spectacle du supplice
qui avait ensanglanté ces jours-là mêmes la place
voisine des Terreaux, refluait de là jusqu'au sanctuaire de Notre-Dame de Montaigu, toute préparée
à cette consolante nouvelle, qui bientôt remplit la
ville entière. Il fallut bien se montrer, car tous
voulaient voir de leurs yeux, et le cardinal de
Richelieu [1], archevêque de Lyon, mandait exprès
Mme d'Herculais pour apprendre de sa bouche le
récit de sa guérison miraculeuse.

1. Alphonse-Louis du Plessis, frère du cardinal ministre.
Il a laissé dans le diocèse de Lyon une grande réputation de
vertu.

CHAPITRE VI

APRÈS LA GUÉRISON

Vers la fin de septembre de cette même année
1642, après une neuvaine d'actions de grâces au
sanctuaire de Notre-Dame de Montaigu, Mme d'Herculais, accompagnée de sa mère, retourna à Saint-
Vallier. La guérison qu'elle avait obtenue par l'intercession de la Très Sainte Vierge ne s'était pas
démentie. La paralytique d'autrefois allait et venait
sans aide et sans appui; plus de fièvres, ni de ces
douleurs aiguës, de ces longues insomnies qui, depuis
des années, la privaient de nourriture et de repos.
Cependant, de son propre aveu, cette grâce, si
grande fût-elle, n'était rien en comparaison d'une
autre grâce intérieure, qu'elle reçut au moment
même de sa guérison. « Celle-là, disait-elle plus
tard à son directeur, fut l'origine de toutes celles
que Dieu a depuis versées dans mon âme. A ce
moment, je me sentis pénétrée d'un calme et d'une
suavité inexplicables, qui me retenaient toute attentive à Dieu et tellement recueillie, que je ne pouvais
faire aucune réflexion à la santé qui venait de
m'être rendue. Il me parut que j'étais toute « ex-

tasiée » en lui, avec un pur désir de lui seul, une confiance et une force merveilleuse au cœur. » Le premier biographe achève le sens de ces paroles en ajoutant, dans un langage moins simple, mais très vrai, malgré sa forme emphatique : « Ce qui était inexplicable, ce qu'elle avouait ne pouvoir suffisamment faire comprendre, elle le publia bientôt après par des actions parlantes et par des prodiges de courage, qui apprendront à la postérité, que la Très Sainte Vierge fit plus en ce jour pour sa perfection que pour sa santé, et fut bien mieux la mère de son âme que la réparatrice de ses forces corporelles. »

« Une force merveilleuse au cœur. » C'était le signe que Dieu voulait lui demander de nouveaux sacrifices. S'il l'armait de courage, au début de la carrière nouvelle où elle allait entrer, c'est qu'il l'appelait à cette vie parfaite : chemin étroit et épineux, où seules les âmes fortes savent entrer résolument. S'il lui avait rendu la santé, ce n'était pas pour jouir plus aisément d'une vie de plaisirs. Elle le comprit bien, car, sans tarder un instant, « elle commença, dit le même historien, ce genre de vie si admirable, qu'à peine trouverait-il créance, si nous n'en avions encore les témoins, et si ceux qui ne sont plus n'en avaient laissé des confirmations authentiques. C'est alors, que se trouvant autorisée à tout entreprendre, par l'éclat du miracle qui l'avait guérie, et ayant trouvé le prétexte qu'elle cherchait depuis longtemps, comme elle me l'a assuré, d'a-

chever le divorce entier avec le monde, elle lâcha
la bride aux ardents désirs dont elle brûlait, de trouver dans la persécution contre elle-même, la vie
parfaite, où elle aspirait de tous ses vœux ».

Il faut regretter que ces « témoignages authentiques », dont parle le biographe, aient été perdus
pour la plupart. Dispersés, tombés dans l'oubli,
pour des causes expliquées ailleurs [1], ils ont échappé,
en petit nombre, aux ravages du temps ; et pour
cette période de la vie de Mme d'Herculais, il ne reste
qu'une page de l'oraison funèbre et l'autobiographie, qui s'arrête brusquement, vers le mois d'août
1643 [2]. C'est l'histoire de la première année qui
suit la guérison. Mme d'Herculais avait écrit ce
dernier mémoire, sur l'ordre du directeur qu'elle
avait choisi, après son retour à Grenoble [3]. Cet acte
d'obéissance une fois accompli, elle garda avec un
soin jaloux, le secret des grâces extraordinaires
dont Dieu ne cessait de la favoriser ; et il faut aller

1. *Etudes,* juin 1889, p. 734-35.
2. Cette date est fournie par l'or. fun. « Recueil des grâces qu'elle avait reçues de Dieu, depuis sa naissance jusqu'au
mois d'avril, mil six cent quarante-trois ».
3. Probablement le P. Benoît Pesche. On lit cet aveu dans le
Recueil de grâces (Cf. de Franclieu, *Mme d'Herculais*, p. 197).
« Oui, mon Dieu, j'écrirai les paroles que vous m'avez dites,
puisque vous le voulez, et qu'en écrivant, j'obéis à ceux que
vous avez mis à votre place, pour le gouvernement de mon
âme... J'écris par obéissance, vous le savez, ô mon Jésus, illuminez-moi, afin que je travaille pour votre gloire. Déliez ma
langue, Esprit divin, afin que, parlant de vos merveilles, elle
puisse consumer d'amour tous ceux qui l'écouteront. »

jusqu'aux dernières années de sa vie, en 1632, pour retrouver encore quelques pages écrites de sa main, où se révèle son ardente dévotion pour le sacrement de l'Eucharistie, et, en même temps, le secret de son dernier sacrifice [1].

Ce qui frappe tout d'abord, dans l'autobiographie, c'est le commencement de ce qu'on pourrait appeler le merveilleux dans la vie de Mme d'Herculais ; c'est le monde surnaturel, avec lequel elle commence à entrer en communication, et qui s'ouvre à ses regards, d'une manière sensible : faveurs extraordinaires qui ne sont point la sainteté, bien qu'elles l'accompagnent le plus souvent et qui ne seraient pas sans danger, si l'humilité ne les protégeait. Mme d'Herculais, non seulement ne les avait jamais désirées, mais, plus d'une fois, elle supplia Notre-Seigneur de l'en priver. « Que faites-vous, ô mon Jésus, lui disait-elle, vous mettez tous les esprits célestes en admiration. Ou retirez-vous de moi, ou faites-moi digne de demeurer avec vous [2]. »

Notre-Seigneur se présente à elle sous les traits de sa divine enfance. « Je le vois, dit-elle [3], qui me bénit, et m'entretient de ses miséricordes infinies ; il veut que je demeure auprès de lui ; il me tend les bras, m'invitant à me reposer entièrement en sa pro-

1. *Résolutions et affections*, etc.

2. *Recueil de grâces*, etc., *ibid.*, p. 108.

3. Il est impossible de déterminer, dans ce cas et dans quelques autres, s'il s'agit d'une apparition proprement dite, ou d'une contemplation ordinaire, faite avec le secours de l'imagination.

vidence. » Une autre fois, c'est sous la figure du bon Pasteur, accablé de fatigue sous son fardeau, et lui demandant de la consoler par la ferveur de ses oraisons[1]. C'est l'image de la vie apostolique. « Pendant tout le temps que je suis resté sur la terre, lui dit-il, j'ai été sans cesse à la recherche des âmes. Il m'était doux d'être avec les pécheurs qui désiraient se convertir, d'attendre, assis sur le bord d'une fontaine, la Samaritaine pécheresse. Je désire infiniment le salut des hommes; ne t'étonne pas si je viens à toi, pour te tirer de l'abîme des misères du monde et te faire vivre toujours en moi[2]. »

La « force merveilleuse » qu'il lui a mise au cœur, il la met un jour à l'épreuve, en lui montrant sous des images sensibles, toutes les aspérités du chemin « qui conduit à la vie ». « Voici les voies qu'il faut suivre, lui dit le divin Maître, et les routes du ciel, par où passent les âmes qui veulent m'appartenir. » « O mon Sauveur, s'écrie-t-elle, je passerai par ces chemins, quelque pénibles qu'ils soient, et s'il me fallait traverser les flammes de l'enfer, je n'hésiterais pas un instant, pourvu que vous m'aidiez de votre grâce et que je ne vous offense jamais[3]. » Mais quelquefois l'épreuve devient plus forte. A la suite d'une de ces grâces, la désolation survient subitement: Elle se trouve plongée dans de telles ténèbres, qu'il lui semble impossible

1. *Id., ibid.*, p. 96.
2. *Id., ibid.*, p. 99.
3. *Id., ibid.*, p. 42.

de s'élever à Dieu par un seul acte d'amour. « Je me tiens alors à ses pieds, dit-elle, immobile, inanimée comme le rocher, tâchant de ne pas me troubler, et trouvant même de la douceur à supporter cet abandon ; mais mon Sauveur ne me laisse guère en cet état, car il sait combien grande est ma faiblesse [1]. » A ces ténèbres se joignent parfois des angoisses sur l'origine divine de ces manifestations surnaturelles. « O Dieu Tout-Puissant, s'écrie-t-elle, ne permettez pas que je sois dans l'erreur, illuminez-moi, illuminez celui qui me gouverne, afin qu'il me conduise selon votre divine volonté, et pour votre honneur et gloire. » Notre-Seigneur ne tarde pas à la consoler : « Je ne veux pas te perdre, lui dit-il un jour, puisque j'ai donné ma vie pour toi [2]. »

La tentation change de forme, et le démon, pour la troubler, lui rappelle ses fautes passées et la menace de la justice divine. C'est l'agonie anticipée. Elle se voit à sa dernière heure, entre le temps et l'éternité ; et cette pensée surnaturelle des fins dernières, si féconde pour les saints en consolations, et pour les pécheurs mêmes, en grâces de salut, se change, par l'artifice du tentateur, en nouvelle cause de désespoir. A ce moment, elle se trouvait en présence de son Sauveur, qu'elle avait reçu ce jour-là même dans la sainte Communion. « J'eus recours à lui, dit-elle, et je lui demandai ce que je devais faire, au moment de la mort, pour repousser l'en-

1. *Id., ibid.*, p. 105.
2. *Id., ibid.*, p. 106.

nemi, et je fus aussitôt rassurée [1] ». « *Non timebo mala quoniam tu mecum es... Circumdederunt me doloris mores... et nomen Domini invocavi* [2]. »

Mais c'est surtout Notre-Seigneur dans sa vie souffrante, qui fait l'objet de ses contemplations; et on peut dire que toutes les scènes de la passion se déroulent devant ses yeux. Elle le voit au Jardin des olives, en proie à son agonie mortelle, et elle s'approche, avec respect, participant à la tristesse de son Sauveur, et prête à recueillir le sang de son agonie, comme le faisaient les premiers chrétiens près des martyrs [3]. Puis Notre-Seigneur lui apparaît, tel qu'il fut montré aux Juifs après la flagellation, tout son corps ensanglanté par les fouets, la tête couronnée d'épines, et vêtu d'un manteau de pourpre; et elle entend ces paroles : « Ce sont les péchés des hommes qui m'ont réduit en cet état, et toi-même, autant de fois tu as méprisé mes commandements, pour suivre le monde, autant de coups tu m'as donnés. Mais l'amour que je te porte est si grand, que, malgré tes infidélités passées, je suis prêt à te recevoir, et je mourrais une seconde fois, pour te faire revivre, quand tu viens à moi pour me demander miséricorde [4]. »

Elle le suit pas à pas dans toutes les phases de sa passion. « Je suis à ses pieds, dit-elle, lorsqu'on le

1. *Id., ibid.*, p. 138.
2. Ps. XXII, 4 ; CXIV, 3.
3. de Franclieu, *ibid.*, p. 27.
4. *Id., ibid.*, p. 47.

couronne d'épines. Je vois ses bourreaux qui le frappent, l'injurient, lui crachent au visage. Je le loue alors, de toutes les puissances de mon cœur, invitant les esprits célestes à faire de même, et à le reconnaître pour leur Roi. Au Calvaire, je m'arrête devant la croix sur laquelle il est cloué, la serrant entre mes bras, et baisant les pieds sacrés de mon Sauveur. Je lui dis alors : Que demandez-vous de nous, ô mon Jésus, pour tous les biens que vous nous faites. Demandez-vous l'amour : hélas ! nous ne saurions vous aimer, si vous ne nous donnez cet amour; vous savez bien qu'il faut que tout vienne de vous [1]. »

Là ne s'arrête pas son amour, en de vaines protestations; car la méditation des souffrances de Notre-Seigneur est infailliblement une provocation à la générosité, et il n'est pas de plus grande école de force chrétienne. Ces mouvements d'affection de Mme d'Herculais envers Jésus souffrant ne vont jamais sans le désir de la croix, et ce désir ne s'arrête pas à des formules vagues, qui n'aboutissent à rien, stériles dès leur origine, parce qu'elles ne visent rien de précis. Ces croix qu'elle demande, malgré l'effroi naturel qu'elles lui inspirent, elle les résume toutes dans ces mots du Sauveur, entrant dans le monde et s'offrant en victime à son Père céleste : « Voici que je viens, mon Dieu, pour faire votre volonté. » « Mon Dieu, dit-elle, je vous demande votre croix,

---

1. *Id., ibid.*, p. 98.

et lorsque vous me l'offrez, je la refuse ; je me
plains, je crie vers vous et je ne sais pas souffrir avec
une volonté entièrement remise à celle de votre
divine Majesté [1]. »

Pendant le temps de la Passion, au chant du *Ve-
xilla Regis*, elle se sentit vivement attirée, écrit-elle,
à méditer sur les souffrances du Sauveur, et à lui demander des sentiments de compassion et de regret
de ses péchés. « Lorsque vous m'aurez donné des
larmes, lui dit-elle, je saurai bien vous contraindre
à m'accorder la grâce que je désire » ; et elle entendit
ces paroles qui reviennent si souvent dans l'Évangile, et qui ouvrent le cœur à la confiance : « *Quid
vis ut faciam tibi?* » Que désires-tu de moi ? « Seigneur, répond-elle, je veux que vous me fassiez
connaître votre sainte volonté, afin que je l'accom-
plisse en tout et partout ; je veux que vous m'ac-
cordiez votre grâce, pour ne plus mettre d'obstacle à
l'accomplissement de vos desseins ; je veux que vous
me montriez en quoi je puis vous glorifier, car je
désire n'être plus oisive et inutile dans votre maison [2]. »

Le premier dimanche de juillet 1643, elle assistait à la procession, lorsque au moment de la bénédiction de la croix, elle vit Notre-Seigneur venir à
elle, portant sa croix, qu'il lui remet entre les bras.
Elle la reçut, la serra contre sa poitrine, et après
avoir remercié Notre-Seigneur de ce don de son

1. *Id., ibid.,* p. 59.
2. *Id., ibid.,* p. 51.

amour, elle le supplia de l'aider à porter courageusement cette croix, et de ne pas en être séparée jusqu'à la fin de sa vie. Ce vœu fut exaucé, et il n'y eut jamais d'union plus fidèle. « Il y a dix ans, dira son panégyriste, à tel jour que dimanche prochain, cinquième juillet 1643, par un mouvement dont je ne sais s'il y eut jamais beaucoup d'exemples, et que son amour pour la souffrance lui inspira, elle épousa la croix. Que ce sentiment est beau et que la protestation qu'elle en fit, montre bien l'amour qu'elle avait pour la souffrance ! Il n'en est point de semblable à celui que l'époux a pour son épouse : il est tendre, il est fort, il est pour toujours. C'est celui dont Mme d'Herculais a voulu se lier à la croix ; et certes on peut bien dire, qu'il n'y a jamais eu d'union où les parties aient vécu dans des liens plus étroits, ne s'étant pas passé, depuis, un seul moment, qu'elle ne soit restée unie à la croix, entre les bras de laquelle nous lui avons vu rendre l'esprit, avec des douleurs qui tiraient les larmes aux plus insensibles [1]. »

Le « Recueil » ou autobiographie renferme encore deux autres manifestations surnaturelles, qui ont rapport à la vie glorieuse de Notre-Seigneur et de la Très Sainte Vierge. La veille de l'Assomption, elle est témoin du triomphe de la Sainte Vierge dans le ciel. « Les esprits bienheureux descendent sur la terre, rendent leurs hommages à leur divine

---

1. Or. fun. Le Ms. de Sélignat porte la date de 1644. Mais il y a erreur évidente, car le *Recueil* s'arrête au mois d'août 1643. En 1643, le 5 juillet était aussi un dimanche.

maîtresse, et reprennent avec elle la route du ciel, pendant qu'elle-même cherche à se joindre à ce cortège triomphant [1]. »

La veille de l'Ascension, Marie, agenouillée près de l'autel, suppliait Notre-Seigneur de la rendre digne de monter avec lui au ciel. « Apprenez-moi, ô mon Dieu, ce que je dois faire, pour que mon cœur vous soit agréable, pour que vous le possédiez entièrement. » Elle entendit la voix de son Maître qui lui disait : « Lorsqu'il sera vide de tout, vide de tout, hors de moi [2]. »

Voici le moment où cette prière va être exaucée.

1. *Recueil de grâces. Ibid.*, p. 103. « Revenue à moi, ajoute Mme d'Herculais, je remarquai que la personne venue pour me voir, était là encore et me parlait. Je fis des efforts pour lui répondre. » (*Ibid.*)
2. *Id., ibid.*, p. 81.

CHAPITRE VII

LA RÉVÉLATION DU SACRÉ-CŒUR.

C'est en 1643, pendant l'année qui suit sa guérison miraculeuse, lorsqu'elle est seule à Saint-Vallier, retirée auprès de sa mère, que Mme d'Herculais reçoit la révélation du Sacré-Cœur. Une première fois, pendant qu'elle est en oraison, Notre-Seigneur se montre à elle-même, les bras étendus et le côté ouvert « d'où s'échappe une grande abondance de sang [1] ». Dans une seconde vision, elle contemple les plaies de son Sauveur, et « elles sont tellement resplendissantes qu'elle ne peut en soutenir l'éclat [2] ». Elle l'entend qui lui explique, comment la plaie de son cœur « est l'abîme de l'amour, duquel il désire que les âmes qui le cherchent et le veulent trouver l'aiment et brûlent incessamment [3] ». Mais ce fut après une épreuve qui l'atteignit dans le plus profond de son âme que le Cœur de Jésus lui fut révélé à découvert.

1. *Recueil de grâces*, ibid., p. 127.
2. *Id., ibid.*, p. 128.
3. *Ibid.*

Le confesseur qu'elle avait à Saint-Vallier, gagné aux doctrines hérétiques du Jansénisme, qui commençaient alors à se répandre dans les provinces, lui défendit de communier pendant six mois. « Je ressentis fort cette défense, écrit-elle ; il me semblait impossible de m'abstenir de la sainte communion si longtemps, vu l'immense désir que j'en avais. Mon âme eût plutôt choisi la mort, si ce n'eust été la volonté de mon Dieu, que d'être privée si longtemps de le recevoir [1]. »

« Tandis que je priais ainsi, mon Sauveur me montra son côté ouvert, et j'aperçus des yeux de mon âme son cœur tout brûlant d'amour. Cette vue adoucit l'extrême désolation où je me trouvais plongée. Je m'adressai à ce cœur si aimant : Sera-ce dans ce sacré réduit, ô mon Jésus, que j'entrerai pour recevoir du soulagement à mon mal. Oserai-je bien prendre la hardiesse de pénétrer dans ce « Sancta Sanctorum », où vous ne recevez que les âmes pures et parfaites [2]. »

Elle entend une voix qui lui donne l'assurance qu'elle sera reçue, et s'écrie alors : « Non pas six mois, ô mon Rédempteur, mais dix ans et ma vie entière, je m'abstiendrai de communier, si c'est votre sainte et divine volonté. Je ne demande autre chose que l'accomplissement d'ycelle en tout et partout [3]. »

1. *Ibid.*
2. *Ibid.*, p. 129.
3. *Ibid.*

Mme d'Herculais avait pu trouver de l'adoucissement à la privation qui lui avait été imposée, en goûtant la présence de son Dieu, et en recevant la promesse qu'il lui donnerait asile dans son cœur; mais sitôt laissée à elle-même, elle retombe dans sa première désolation.

« J'avais un jour le plus grand désir de communier, écrit-elle encore, et, n'ayant pu en obtenir la permission, j'allai à mon Jésus. « Voyez, lui dis-je, ce que mon âme souffre sans vous : elle languit, elle se meurt. Si elle ressent une consolation, au sein de ses angoisses, c'est de penser que vous ne vous abaissez pas jusqu'à descendre en elle, si indigne de s'approcher de vous. Que votre nom soit donc béni à jamais, de ce que vous l'avez ainsi ordonné, que votre sainte et divine volonté soit faite et non la mienne [1]. »

Ainsi attirée vers Dieu de toutes les puissances de son âme, Mme d'Herculais se voit en même temps repoussée et privée du sacrement d'amour institué par Jésus-Christ, pour établir l'union la plus intime entre lui et son Église. L'Eucharistie a été le chef-d'œuvre de son amour industrieux, pour se communiquer à nous, et le principal attribut que lui donnent les nouveaux hérétiques est l'incommunicabilité! Quel trouble dans une conscience où descendent de pareilles ténèbres de contradiction, et qui oserait trouver trace de faute dans les paroles d'aveugle

1. *Ibid.*

soumission, prononcées dans ce moment d'angoisse !
« Que votre nom soit béni, de ce que vous l'avez
ainsi ordonné. » Il y a loin, en effet, de cette rési-
gnation patiente, à la facilité avec laquelle les vierges
folles de Port-Royal, qui, par leur vocation, sont les
épouses de Jésus-Christ, prennent leur parti de leur
divorce sacrilège [1]. On ne les entend ni gémir, ni
se plaindre, ni s'écrier comme Mme d'Herculais :
« Je ressentis vivement cette peine... Mon âme eût
plutôt choisi la mort que d'être privée si longtemps
de la communion... J'avais le plus grand désir de
communier, mais je ne pus en obtenir la permission. » Celle qui tient ce langage, souffre la persécution de l'hérésie, mais n'en a pas reçu la plus légère
atteinte. Bien plus, on peut affirmer d'avance qu'elle
ne restera pas longtemps victime des illusions du
démon, car il n'est point d'âme de bonne volonté
que Dieu abandonne dans le moment du danger, et
il enverrait plutôt un de ses anges pour la sauver.

1. « Mon père, écrit l'une d'elles, il y a bien longtemps
que toutes les fois qu'il me faut communier, je me trouve
dans une si grande peine que je ne vous la puis exprimer. » Et
une autre : « Je pense avoir le cœur fort endurci, n'ayant
aucun sentiment de contrition, ni d'humiliation de me voir
privée des sacrements, et je passerais bien ma vie comme cela,
sans m'en mettre en peine... Ce mystère (de l'Eucharistie)
par la privation que j'en ai portée m'est devenu terrible, et
je ne puis comprendre que je sois rappelée à cette divine
communication. Je vous supplie très humblement de me laisser dans la pénitence... Je ne sors point de la joie et de l'admiration de la grâce que nous possédons, par-dessus le commun
du monde. » Rapin, *Hist. du Jansénisme*, p. 279 et 280.

4.

Il a permis, il est vrai, un moment d'épreuve. Nouvellement entrée dans la voie de la perfection, un des premiers guides que rencontre Mme d'Herculais est un hérétique, ou un directeur empreint d'idées hérétiques; mais la Providence divine veillé sur elle, et l'épreuve sera de courte durée. Combien d'autres à cette époque furent comme elle, un moment surpris! Hélas! il y a si peu de peine à exploiter le sentiment de crainte de la Divinité. Vraiment, quel a donc été le sort de l'humanité jusqu'à l'avènement de Jésus-Christ! quel culte du paganisme a jamais prononcé le nom d'amour; et dans le peuple choisi qui, vivant sous la loi de crainte, avait cependant reçu le précepte de l'amour, de quel côté l'entraînait son penchant! La conscience du péché a fait fuir le premier homme de la face de Dieu, et il a fallu que le Sauveur vînt nous apprendre tout ce que le repentir renferme d'amour, et comment par l'amour il ramène à Dieu. « Retirez-vous de moi, Seigneur, car je suis un pécheur. » « Seigneur, je ne suis pas digne que vous entriez dans ma maison. » Il est trop facile de commenter à une âme encore inexpérimentée, défiante d'elle-même, et pénétrée de son indignité, ces paroles d'humilité, d'en fausser le sens, et d'en faire le principe d'une vie séparée de Dieu.

Ce n'est pas dans un sentiment de fausse humilité que se réfugie Mme d'Herculais; on ne l'eût pas convaincue plus qu'elle ne l'était elle-même de sa propre bassesse, et il est permis de douter qu'on ait pu l'entretenir longtemps dans cette pensée, que la commu-

nion n'est permise qu'aux âmes qui sont dignes de
Dieu. Elle avait le sens trop droit pour ne pas comprendre que cet argument renverse par la base le
sacrement de l'Eucharistie, et change l'œuvre de la
sagesse divine, en institution caduque et inutile dès
le premier jour de son existence. Au sein des obs-
curités où la jettent des contradictions qu'elle ne
peut comprendre, il ne lui restait plus qu'à se réfugier dans la volonté divine, et à dire à Dieu, dans
cette agonie : « Que votre volonté se fasse et non
pas la mienne. » S'il est vrai que Dieu nous console
dans la mesure de nos désolations, on comprendra
l'étendue de cette souffrance intérieure, par la grâce
qui suivit sans retard.

A peine avait-elle prononcé ces paroles, qu'elle se
sentit investie par un recueillement extraordinaire.
« Je vis alors mon Jésus... Il me montra sa poitrine
toute brûlante des flammes de son amour. Mon âme
lui dit ce qu'elle souffrait loin de lui, et lui demanda
de reposer sur son cœur[1] ». Sa prière fut exaucée;
et le premier effet de cette grâce fut de lui laisser
un désir encore plus ardent de communier. Enfin,
une dernière fois, elle venait de méditer sur la pa-
rabole des talents, et elle demandait à Dieu où elle
trouverait pour lui rendre ce qu'elle avait reçu de
lui. Notre-Seigneur lui apparut, et portant la main à
son côté il lui montra son cœur, où le sang « bouil-
lonnait avec des ardeurs de feu[2] », comme le trésor

1. *Id., ibid.*, p. 130.
2. *Id., ibid.*, p. 131.

où elle devait puiser, si elle voulait faire fructifier les talents qu'elle avait reçus. « O amour, ô Sacré-Cœur, s'écria-t-elle, que je vous dois, mais que vous me donnez bien pour satisfaire à toutes mes dettes [1]. »

De ces trois apparitions, les deux premières surtout ont une importance historique remarquable; car c'est immédiatement après le refus de la communion, que Notre-Seigneur apparaît et révèle son cœur; et elles viennent comme une protestation et une réponse à l'humilité hypocrite professée par l'hérésie janséniste, dont cette année-là même, 1643, marque le premier triomphe. Vivant dans l'ombre jusque-là, honteuse d'elle-même, mais surtout abattue et frappée à la tête, par l'emprisonnement de son chef, l'hérésiarque Saint-Cyran, elle se montre maintenant au grand jour, quand ce même hérésiarque est sorti de sa prison, aux applaudissements de ses sectateurs [2]. Le coryphée du parti ne cache plus ses desseins comme autrefois, et pour donner le signal de la guerre à l'Église, on le voit, à peine rendu à la liberté, donner un scandale public dans sa propre paroisse, et le jour même de Pâques.

Mais un autre événement plus grave encore de cette même année 1643, est l'apparition du livre d'Arnaud, *De la fréquente Communion,* « ce livre,

1. *Id., ibid.*
2. Au nombre desquels on peut compter un des propres alliés de la famille de Mme d'Herculais, le marquis de Servien. Rapin, *Hist. du Jans.,* p. 503.

dit l'historien du jansénisme, qui, répandu avec ostentation dans tout le royaume, attira tant d'éclat et de sectateurs à la cabale janséniste, et fut le premier étendard sous lequel elle commença à se former en France[1] ».

Jusque-là, un petit livre, dont le titre rappelle l'origine clandestine, *Le Chapelet secret du Saint-Sacrement*, a été transmis de main en main et sous le manteau. « Cet ouvrage, le plus injurieux qui ait jamais été conçu contre l'honneur du Saint-Sacrement de l'autel », renferme la doctrine secrète de l'hérésie, destinée aux initiés seulement; car le grand public n'est pas encore mûr pour la recevoir. « L'abbé de Saint-Cyran, écrit le P. Rapin, l'auteur de ce livre abominable, n'était pas tout à fait dépourvu de sens, qu'il ne prévît le fracas que ferait sa folle entreprise; ce fut ce qui l'obligea, en donnant à ses affidées de Port-Royal cet ouvrage, qu'il appela : *le Chapelet secret du Saint-Sacrement*, de les obliger au secret. Mais, ajoute-t-il, ces filles, qui trouvèrent d'abord cela admirable, en firent des copies qui commencèrent à se multiplier au dedans, et puis à se répandre au dehors[2] »; et c'est ainsi que dix ans après, nous le retrouvons dans les mains de Mme d'Herculais; au moins, à travers les

1. Rapin, *Mémoires*, I, p. 12 et 36. Cet auteur cite l'exemple de la duchesse de Longueville, « qui estima ce livre extrêmement, le fit estimer aux autres, et prit en cette lecture les premières semences et les premières impressions qu'elle eut depuis si fortes de la nouvelle doctrine ». *Ibid.*, p. 35.

2. Rapin, *Hist.*, V, p. 277.

plaintes résignées qu'elle adresse à son Sauveur, on peut entendre un écho des instructions que son directeur a puisées dans le libelle hérétique. « Oserai-je bien, écrit-elle, pénétrer dans ce *Sancta Sanctorum*, où vous ne recevez que les âmes pures et parfaites ? » « Inaccessibilité, dit *le Chapelet secret*, premier attribut de l'Eucharistie : Afin que les âmes renoncent à la rencontre de Dieu. » « Inapplication : afin que Jésus-Christ ne donne point dans lui d'être aux néants ; que les âmes ne se présentent pas à lui pour l'objet de son application, mais plutôt pour être rebutées, par la préférence qu'il se doit à soi-même. » « Seigneur, dit Mme d'Herculais, si je ressens quelque consolation au milieu de mes angoisses, puisqu'il ne m'est pas permis de vous recevoir dans la sainte communion, c'est de penser que vous ne vous abaissez pas à descendre jusqu'à moi, si indigne, hélas ! de m'approcher de vous. » « Incommunicabilité, continue *le Chapelet secret*, afin que Jésus-Christ ne se rabaisse point dans des communications, disproportionnées à son infinie capacité. Que les âmes demeurent dans l'indignité, qu'elles portent, d'une si divine communication. »

Ainsi se poursuivait peu à peu dans l'ombre le projet criminel, rêvé par les hérétiques, d'abolir dans l'Église la fréquentation du sacrement de l'Eucharistie. Mais voici que tout à coup cette doctrine secrète se révèle au grand jour ; et « le serpent qui mordait dans le silence », dresse sa tête au soleil. Ce n'est plus un libelle clandestin, qui prêche l'hérésie sous de brèves formules, mais un livre dogmatique, écrit avec un appareil scientifique, et jeté dans le monde, avec les signatures de cinquante docteurs et autres personnages des plus autorisés de l'Église de France[1]. Arnaud a repris l'œuvre de Saint-Cyran, et le livre *de la fréquente Communion* proclame aux quatre vents l'hérésie cachée dans *le Chapelet secret du Saint-Sacrement.*

C'est le moment choisi par la Providence[2]. Loin de Paris, qui est devenu le centre du Jansénisme, où quelques-uns des plus grands noms des trois ordres de l'État s'en font déjà les soutiens, où, dans cette classe de la société à laquelle appartient Mme d'Herculais, les duchesse de Longueville, les princesse de Guéménée et tant d'autres, apportent à l'envi leur part de zèle, pour en assurer le triomphe, à une humble femme, et dans une ville obscure, le Dieu de l'Eucharistie vient révéler son cœur. On ne voit pas, dans le peu de paroles qui accompagnent cette révélation et que rapporte le *Recueil de grâces,* aucune explication[3], aucun reproche, aucune ré-

---

1. Beaucoup de ces signatures furent obtenues par surprise. Rapin, *Hist. du Jans.*, p. 492 et 500. Lettre de Saint-Vincent de Paul à un grand vicaire de Chartres, 29 mai 1653.

2. Il est très remarquable que le commencement de la dévotion du V. Eudes aux SS. Cœurs de Jésus et de Marie se rapporte précisément à cette époque (1641-1643). Cf. Le Doré, *Le V. P. Jean Eudes.*

3. Une fois cependant, mais en dehors des révélations, elle entend une voix qui lui dit que c'est par la fréquentation de l'Eucharistie qu'elle se rendra digne de la recevoir d'une manière de plus en plus parfaite. *Mme d'Herculais,* p. 114.

ſutation, pas même une allusion aux doctrines
perverses, dont Mme d'Herculais a ſailli être la victime. C'est assez qu'il manifeste son amour, et par
ce prélude des apparitions, dont sera ſavorisée vingt
ans plus tard la Bienheureuse Marguerite Marie,
nous est déjà expliqué le rôle providentiel de la
dévotion au Sacré-Cœur. C'est la France catholique
qu'on veut séparer de son Dieu. Pour la sauver, le
Dieu de l'Eucharistie lui révèle les ardeurs de sa
divine charité. On entendra, il est vrai, des plaintes
quand il manifestera son Cœur à la Bienheureuse
Marguerite Marie, mais dans l'une et l'autre mani-
ſestation, il laisse parler son amour. Il ne juge pas :
son église est là pour juger et condamner ; il ne
nomme aucun de ses ennemis : ils paraîtront tous
un jour à ses pieds ; non, il vient par les seuls rayon-
nements de son sacré Cœur, les confondre et se
venger, comme le soleil perce les ténèbres de ses
rayons. Il vient, pour éclairer et préserver de l'égare-
ment les âmes de bonne volonté, en leur rappelant
la signification éternelle de la Rédemption, dont les
fruits se continuent par l'Eucharistie : œuvre d'a-
mour, dénaturée par les nouveaux hérétiques et
transformée en mystère terrible et incommunicable.

Ce n'est pas ainsi qu'avait compris ce mystère
l'humble ſemme, à qui Jésus venait de révéler les
« richesses insondables » de sa charité, quand elle
lui adressait cette prière : « O amour de mon cœur,
quand vous posséderai-je ! O Ame de mon âme,
quand serez-vous toute à moi ! Quand donc serai-je

si intimement unie à vous, que rien ne m'en puisse jamais séparer! Venez, mon Dieu, et que je ne vous quitte jamais. Que je vous presse tant sur mon cœur ingrat, que vous l'emportiez avec vous. Que votre cœur soit tout à moi, afin que n'ayant plus rien qui ne soit tout à vous et tout vôtre, je sois pour jamais possédée par vous[1]! » Ce fut le moment sans doute où pour répondre à cette prière, Notre-Seigneur, par une grâce, dont nous trouvons des exemples dans la vie de sainte Catherine de Sienne, de sainte Lutgarde, de la Bienheureuse Marguerite Marie [2], lui demanda le don de son cœur. Un sommeil extatique s'empare d'elle, et elle entend la voix du maître, qui lui demande cette offrande : « *Præbe cor tuum mihi* »; ou plutôt c'est lui, qui de sa divine main s'emparera de son cœur, et il lui fait entendre que ce sera au prix de très grandes souffrances. « Qu'importe que je souffre, ô mon Dieu, répond-elle, pourvu que mon cœur soit vôtre à jamais. » Il lui sembla alors que Jésus prenait son cœur; et à ce moment, une très vive souffrance, qu'elle n'eût pas échangée, assurait-elle, contre toutes les délices du monde, la saisit et l'éveilla. Cette douleur dura toute la nuit et reparut plus tard, accompagnée de violents accès de fièvre. « Elle ne me quitte point, disait-elle plus tard, sinon lorsque je me distrais volontairement. » Mais avec quelle joie elle

1. *Id., ibid.*, p. 113.
2. *Vie de la Bienheureuse Marguerite Marie*, p. 379.

conserve cette marque sensible de l'amour de son Dieu! « O douleur, s'écriait-elle, qui m'unissez à l'époux de mon âme, que vous m'êtes précieuse, puisque vous me faites en quelque sorte semblable à l'auteur de la vie[1]! »

Le *Recueil de grâces* s'arrête au mois d'août, 1643. C'est l'histoire des commencements de la vie parfaite, où Mme d'Herculais était entrée, et où, pendant onze années encore, elle allait avancer, en progrès toujours plus rapides, jusqu'à la fin de sa vie. Comme on l'a vu plus haut, ce premier mémoire, qui semble avoir été demandé à Mme d'Herculais, pour servir de base au nouveau directeur, entre les mains duquel elle mettait désormais sa conscience, est le seul qu'elle ait écrit, et il ne paraît pas qu'on ait mis plus longtemps à l'épreuve l'extrême répugnance qu'elle avait à manifester les grâces dont elle était privilégiée. Cependant, il est permis de retrouver dans quelques fragments de ses actions de grâces après la communion, en l'année 1652, deux ans avant sa mort, une preuve que la dévotion au Cœur sacré de Jésus fut celle de sa vie entière.

« O mon Sauveur, écrit-elle, vous qui reposez maintenant dans mon cœur, faites-moi reposer dans le vôtre, et par l'entrée que vous avez faite en moi, par la sainte communion, donnez-moi d'entrer en vous, pour me faire un même esprit avec vous,

---

1. *Recueil de grâces,* etc. De Franclieu, *Mme d'Herculais,* p. 136-138.

ô mon Dieu et mon tout, par l'intime communication de votre amour. O mon tout, mon cœur et ma vie, vous êtes tout mien, et tous nos biens sont communs. »

« O mon tout, mon libéral amour, redoublez les nœuds par lesquels vous liez mon cœur à vous, ou plutôt, cher amour, faites que ce cœur ne soit plus qu'un avec le vôtre. »

« O amour, amour, que votre force réduise tous les cœurs en un seul, pour les sacrifier à mon Jésus, en expiation de tant de mépris qu'on fait de son adorable personne; que tous les cœurs soient consommés dans le Cœur de Jésus avec le mien. »

« O amour, qui se communique si amoureusement à moi, faites fondre et écouler tout mon cœur dans l'incomparable douceur, que vous m'avez donnée, en me versant toute dans le Cœur de mon adorable Jésus. Faites que je ne sois plus trouvée en moi-même, et qu'étant toute entière dans le Cœur de mon Dieu, je me nourrisse dans ce Cœur tout aimant de sa pure vie; et en même temps que je me reposerai en lui et que je me nourrirai de lui, que je communique au prochain sa charmante douceur, que j'enivre tous les cœurs de son amour, et que je les unisse à ce Cœur divin, pour la gloire de sa Divine majesté. O Cœur bien aimé et mon tout, remplissez-moi de votre vertu, unissez-vous à moi et changez-moi toute en vous [1]. »

____

1. *Résolutions et affections*, etc. Ms. de Sélignat.

Enfin, quelques mois seulement avant sa mort, Mᵐᵉ d'Herculais, s'adressant aux religieuses de la Visitation, leur montrait dans les plaies de Notre-Seigneur sur la croix le lieu de leur refuge : « Mes chères sœurs, leur disait-elle, Notre-Seigneur a voulu mourir pour nous et avoir le côté ouvert pour nous faire entrer « dans les trous de la pierre [1] » ; et elle ajoutait que le Sacré-Cœur serait la sauvegarde de leur vocation religieuse : « Mes chères sœurs, Dieu en vous prenant pour ses épouses, vous a marquées d'un signe ; il a mis son âme sur votre âme et son Cœur comme un cachet sur le vôtre, afin de le sceller, et pour qu'il en demeure le maître absolu et l'unique possesseur [2]. » Voici comment jusqu'à la fin de sa vie, aussi bien dans sa dévotion privée que dans son apostolat, Mᵐᵉ d'Herculais conserva fidèlement le culte et l'amour du divin Cœur qui lui avait été révélé.

On aimerait à retrouver dans les témoignages contemporains, le jugement des directeurs de Mᵐᵉ d'Herculais, sur les révélations dont elle fut favorisée ; mais il ne reste que des aveux indirects. Les Jésuites Benoît Pesche et Morel, qui furent tour à tour ses directeurs et qui ont connu ces révélations, étaient, dit le premier biographe, « gens savants et expérimentés, qui ne purent jamais concevoir par quel côté l'oraison si pure et si sublime

---

1. « *In foraminibus petræ.* » Cant. des Cant., IX, 14.
2. *Recueil d'un entretien spirituel*, etc. Ms. de la Visitat. de Romans.

de leur pénitente, pouvait être accessible au mauvais esprit [1] ». Ce témoignage général paraît s'étendre implicitement aux révélations du Sacré-Cœur. Si rien de particulier n'est venu jusqu'à nous, c'est que ces jugements et ces conseils de direction durent rester secrets, autant et plus que ces grâces extraordinaires elles-mêmes, dont la plupart restèrent ignorées. D'ailleurs, cette révélation du Sacré-Cœur ne renfermait aucune mission, elle ne prenait point le caractère d'un commencement de dévotion nouvelle et spéciale, elle n'exigeait, par conséquent, aucune de ces épreuves extérieures, qui eussent certainement laissé quelque trace dans l'histoire de Mme d'Herculais. Mais la fidélité qu'elle garda jusqu'à ses derniers jours à une dévotion, qui avait pris naissance au commencement de sa vie parfaite, suppléa à tout autre témoignage. En effet, il n'est pas permis de croire, par ce qu'on sait par ailleurs de la délicatesse de son obéissance, qu'elle s'abandonnât d'elle-même à une forme de dévotion, que ses directeurs n'auraient pas approuvée, et encore moins que ceux-ci lui eussent permis de suivre un attrait, dont l'origine leur eût paru suspecte. Les Pères Benoît Pesche et Morel, le premier surtout, pour qui fut écrit le *Recueil de grâces*, ne virent donc rien dans les démonstrations de charité de

1. Cf. *Necrol. Soc. Jesu.* « P. Benedictus Pesche aptus ad docendas res spirituales... boni ingenii et judicii. » « P. Andochius Morel ostendit ubique singularem rerum divinarum peritiam et zelum in aliis ad Deum dirigendis. »

Notre-Seigneur envers sa servante, qui fût contraire aux voies de Dieu envers les âmes privilégiées de son amour. Notre-Seigneur lui avait révélé son Cœur. Il y avait dans la tradition de l'Église des exemples, qui autorisaient la vérité de pareilles révélations ; ils se gardèrent donc de contrarier l'esprit[1], qui la conduisait au terme de toute perfection qui est la charité. Ainsi, puisque jusqu'à la dernière année de sa vie, elle persévère dans sa dévotion au Sacré-Cœur, on a le droit de conclure qu'elle eut l'approbation des guides de sa conscience, dignes précurseurs du Vénérable Père de la Colombière et de ses frères qui seront plus tard dans le monde les ardents propagateurs de cette même dévotion[2].

Remarquons, en terminant, le silence des contemporains sur ces révélations. Tous ont connu l'ardeur de charité de Mme d'Herculais et c'est ce qu'ils célèbrent à l'envi. L'un d'eux la met « au rang des Séraphins », dont c'est le rôle éternel de glorifier Dieu par l'amour, et il voit dans sa mort le commencement de l'union sans fin, avec le Cœur qu'elle a tant aimé sur la terre :

> « I, præclara anima, et felicibus utere fatis ;
> Actutum i : pete sacra adyta, et te, *Cordis amati*
> Jam regina infer mediam, jam Diva latebris[3]. »

1. « Sinant Creatorem cum creatura libere agere. » *Ex. sp. S. Ignatii.*
2. Cf. *Vie de la B. Marguerite Marie*, II, p. 285. Letierce, *Étude sur le S. Cœur*, I, p. 283.
3. P. Boissat. Cf. App. I. in-fin.

Mais ni ces paroles, ni d'autres encore[1], ne sont une allusion aux révélations du Sacré-Cœur, et on ne trouve aucun passage dans les historiens et les panégyristes, qui laisse croire qu'ils en aient eu connaissance[2]. L'orateur qui a prononcé l'éloge funèbre, les connaît et n'en parle pas ; comme il se tait encore sur toutes les autres grâces extraordinaires dont fut favorisée son héroïne, pour ne parler que des grands exemples qu'elle avait laissés de sa générosité au service de Dieu. C'est en cela seulement qu'elle était vraiment imitable, et c'est cela seulement qu'il a proposé à son auditoire, se souvenant des paroles de saint Paul, qui, après avoir énuméré les dons miraculeux accordés aux premiers chrétiens, se hâtait d'ajouter : « Élevez votre ambition plus haut, vers des grâces meilleures. Il est une autre voie de salut, qui l'emporte en perfection et que je veux vous enseigner[3]. »

1. Cf. de Boissieu, *Stances.*

> « Restes sacrés d'un tout cher à notre mémoire,
> Vous viviez oppressés sous l'empire d'un Cœur
> Qui...
> Fit votre servitude en souffrances féconde...

2. Sauf peut-être le P. Bertal, qui a dû les connaître, bien qu'il n'en ait rien dit dans sa notice biographique. Cf. app. XI.

3. I Cor., XII, 31.

CHAPITRE VIII

Pendant la plus grande partie des onze mois qui
suivent sa guérison, lorsqu'elle est favorisée des
grâces qu'elle a mentionnées dans son *Recueil*, et
en particulier des apparitions du Sacré-Cœur,
Mme d'Herculais est toujours à Saint-Vallier, seule
avec sa mère. C'est dire que les hôtes d'Herculais
lui tiennent toujours rigueur. La lettre suivante
nous apprend d'où viennent les oppositions à son
retour ; elle est adressée par Mme Valernod à la mère
de M. d'Herculais : « Madame ma très chère sœur,
je vous remercie très humblement de votre souvenir
et de celui que vous faites à ma fille, laquelle, par
la grâce de Dieu, se porte parfaitement bien. Ç'a
été un effet de sa bonté, de lui avoir redonné la
santé, par l'intercession de sa sainte Mère, lorsqu'elle était désespérée de tous les médecins. Dieu
lui fasse la grâce de n'en être pas méconnaissante,
non plus que des obligations qu'elle vous a. L'on
m'a dit que vous n'aviez pas envie qu'elle fût à
Herculais cet hiver. Je vous prie de croire qu'elle

n'ira que lorsque vous le commanderez, sa compagnie m'étant fort agréable. Je m'étonne de ce que
nous n'avons point de nouvelles de M. d'Herculais;
je croyais qu'il viendrait voir sa femme, une fois
sa santé recouvrée [1]. »

Sans doute la solitude ne pesait point à Mme d'Herculais; elle prévoyait encore, à n'en pas douter,
par l'expérience du passé, et par le peu d'empressement que l'on mettait à la rappeler, les épreuves
qui l'attendaient à son retour, et qui ne lui manquèrent pas, comme on le verra plus loin. Mais
ni son goût particulier, ni la claire vision de la
croix à laquelle elle s'offrait spontanément, ne purent la détourner de son devoir; elle ne pouvait se
supporter dans cette situation scandaleuse de
femme séparée; sa place était au foyer domestique,
où elle était entrée par le mariage; elle demandait
donc humblement à venir la reprendre.

A une époque qu'il est difficile de déterminer,
dans le courant de l'année 1643, M. d'Herculais et
sa mère se laissèrent fléchir : on lui permit de
revenir. Elle revint, mais quelle différence avec le
jour où elle avait fait sa première entrée au château
d'Herculais, dans la joie de ses quinze ans, jeune
châtelaine, fêtée, choyée par ses nouveaux parents !
Elle était par le droit de son mariage, dame d'Herculais, et c'est elle qu'on veut bien recevoir par
grâce, dans sa maison, après des refus et des pour-

1. Arch. de l'Isère.

parlers, qui durent depuis cinq longues années. « Sa belle-mère, dit le P. Morin, portait alors par sa propre inclination, tout le poids des affaires domestiques. » Euphémisme d'orateur, qui laisse beaucoup à entendre. En réalité, Mme d'Herculais fut traitée en étrangère, et presque en ennemie. On ne s'accommodait pas du nouveau genre de vie qu'elle avait adopté, de ses habitudes de mortification, de la simplicité de ses vêtements, de son maintien modeste et recueilli en Dieu. Le monde aime les siens, ceux qui ont son esprit et procèdent de lui; incapable de comprendre l'esprit de Jésus-Christ, qui lui est opposé en tout, il prend en aversion toute conduite où il lit sa propre condamnation.

Est-ce qu'à la suite d'une longue maladie, aigrie par la souffrance, elle avait perdu cette douceur qu'on lui avait connue autrefois; ou bien le ressentiment de l'abandon, où on l'avait laissée, l'avait-il rendue soupçonneuse et vindicative? Non, ceux qui la persécutèrent n'eurent point cette excuse; et dans cette phase délicate de sa vie, une de celles que l'historien doit suivre avec un soin quelquefois anxieux, parce qu'elles mettent l'âme à nu, avec toutes ses faiblesses, pendant qu'elles font, au contraire, resplendir la vertu cachée, on ne surprend pas un instant de défaillance. « Elle passa, dit son biographe, au milieu de ces opprobres domestiques, avec une douceur angélique et une patience de bronze », sans qu'on entendît jamais une plainte sortir de sa bouche; bien plus admirable dans cette épreuve, où sa fidélité est récompensée par les mépris et où une vertu moins affermie que la sienne eût infailliblement succombé, que lorsqu'elle était visitée dans sa retraite par de célestes apparitions.

Si Mme d'Herculais fut ainsi accueillie dans sa propre maison par ceux qui y exerçaient l'autorité, on peut deviner où s'arrêtèrent les mauvais traitements. Jusqu'en bas, « à la dernière valetaille du château », ce fut une conspiration presque universelle, car une seule de ses filles de service lui resta fidèle. Elle ne se vit plus entourée que d'ennemis ; les maîtres donnant l'exemple, les valets sûrs de leur plaire, en apportant leur part de tourments, deux fois humiliante et cruelle. Plaintes, railleries, injures même — on l'appelle innocente, oisive, demi-folle — rien ne lui est épargné. Quant aux habitants du village, le biographe n'en parle pas ; mais si Mme de Tournet et son fils laissaient impunément outrager Mme d'Herculais dans l'intérieur du château, on peut se demander quel sort lui était réservé, si elle fût sortie de la retraite, où l'enchaînait son amour de la solitude et de la vie cachée en Dieu.

Mme d'Herculais ne se laissa pas déconcerter par cette odieuse persécution, et il est à remarquer, en preuve de sa force d'âme, « qu'on ne vit jamais une larme dans ses yeux ». Sa résolution était inébranlable : elle voulait diriger sa vie vers Dieu. Est-il donc nécessaire d'être mondain pour se sanctifier dans le monde ? Elle s'était interdit « toutes les visites que les convenances n'exigeaient pas ; c'était sans doute une grande violence à un cœur qui savait aimer » : au nom de quel principe pouvait-on la condamner? Elle avait renoncé « aux magnifiques habits, aux linges fins et précieux et à tout ornement superflu »; une stricte décence avait pris la place du luxe d'autrefois : était-ce donc un crime de ne pas se faire l'esclave des modes scandaleuses du temps? Elle donnait à la prière et aux bonnes œuvres ses heures de loisir : à quel de ses devoirs d'état les dérobait-elle, puisque Mme de Tournet, sa belle-mère, « par une inclination particulière », s'était emparée de l'administration des affaires domestiques? « On voyait donc, ajoute son biographe, une jeune dame belle, noble, spirituelle, et un peu auparavant, la joie et l'admiration des meilleures compagnies de l'une des plus jolies villes du monde, seule dans un château à la campagne, plus solitaire qu'un anachorète, vivre sans divertissement, sans consolation, sans compagnie de qui que ce soit. Elle pour qui tout le monde était riant, et qui, par la fermeté d'âme qui lui était naturelle, pouvait espérer de s'y maintenir dans l'innocence, ne songeait jour et nuit qu'à se séparer des créatures, pour goûter Dieu seul dans le secret de sa retraite. »

Les persécutions n'ayant pu ébranler la constance de Mme d'Herculais, on essaya d'un autre moyen. « Ses parents, ses anciennes amies et tous ceux qui l'avaient connue, interposèrent leurs prières, pour la rappeler à une façon de vivre plus modérée, disaient-ils, et à une vie moins retirée; toutes ces remontrances furent inutiles. » Mme de Valernod sa mère fut gagnée, elle aussi, à cette conspiration nouvelle, et elle écrit de Saint-Vallier à sa fille : « J'apprends que vous commencez à vous négliger. Je ne le veux pas de la sorte, et si je suis crue, vous serez plus propre aux champs qu'à la ville... Les jeûnes vous sont contraires, vous savez que vous êtes excessivement faible. » Mais on s'aperçut bien vite de l'inutilité de tant d'efforts. Devant cette patience sereine, qui déconcertait la malice et cette volonté énergique, que les conseils de fausse prudence laissaient inébranlable, les oppositions tombèrent peu à peu. On se lassa de persécuter cette vertu tranquille, qui ne donnait aucune prise sur elle-même, ni par des répliques amères, ni par une austérité rebutante, ou une obstination déraisonnable, quand les bienséances exigeaient quelque sacrifice. On ne tarda pas à comprendre qu'elle obéissait à un ordre supérieur, et à la voix du Maître qui l'appelait à la solitude, pour lui parler au cœur, et on la laissa en paix suivre son attrait. Ce sera jusqu'à la fin de sa vie. A Grenoble, comme au château d'Herculais, elle ne sortira plus de la retraite qu'elle s'est choisie, que lorsqu'elle en sera rappelée par les devoirs de la charité ou de l'obéissance.

Voici, à partir de ce moment, l'ordre de ses journées qu'elle s'était prescrit elle-même. Elle se levait à trois heures du matin, pendant toutes les saisons de l'année, même pendant l'hiver, malgré l'âpre rigueur du froid dans la région élevée des Alpes où se trouve le château d'Herculais. Sa première prière était un quart d'heure, qu'elle appelait l'exercice d'actions de grâces; puis elle commençait l'oraison « que sa seule dévotion mesurait ». Elle descendait ensuite à l'église de Theyts, village voisin, pour entendre la messe. Ni les incommodités du chemin, ni le mauvais temps ne l'arrêtent. Souvent la messe est célébrée de bonne heure; les premières lueurs du jour n'ont pas encore éclairé la vallée, et c'est à peine si, des portes du château, on entrevoit à travers les brumes du matin, les premières maisons du village et le clocher de l'église; en hiver le chemin rocailleux, vrai sentier de précipices, disparaît sous la neige et la boue; elle descend à tâtons, le visage et les mains fouettés par le vent des Alpes, et lorsque la rigueur du froid a rendu le sentier impraticable, elle se traîne sur la glace, s'aidant des mains et des genoux; car à aucun prix elle ne veut laisser passer un seul jour sans assister au saint Sacrifice [1]. Après la messe, elle retourne au château, et tout le temps qui sépare du dîner, est de nouveau consacré à la prière. On a vu plus haut, comment, sans l'avoir voulu ou cherché, elle se trouvait libre de donner tout son temps à ses exercices de piété. En réalité, les heures qu'elle donne à la prière elle les prend au

---

1. « Estant au village, où elle a demeuré fort longtemps, quoy qu'il fallût aller assez loin pour ouïr la messe, elle ne l'a jamais perdue, quelque mauvais que fût, ou le temps ou le chemin. Quelquefois on l'a veu se traîner sur les glaces. » Bertal, *ibid.*

plaisir, au désœuvrement, aux visites inutiles, aux occupations frivoles, aux soins de sa toilette qui absorbaient autrefois ses journées entières.

La lecture, les prières vocales et enfin l'examen de conscience se succèdent jusqu'au milieu du jour. A l'heure du dîner, au signal qui lui est donné, elle descend pour prendre place à la table commune, « avec autant d'humilité et de déférence, que si elle eût été étrangère dans sa propre maison ». Après un quart d'heure donné à la conversation avec les siens, elle retourne à sa chambre, « réduit étroit et incommode, où à peine pouvait-elle se tenir à genoux ». La soirée se passe en lectures pieuses, en travail des mains, puis en oraison de cinq ou six heures de suite. Cette oraison, elle la prolonge après le repas du soir jusqu'à onze heures et minuit, quelquefois même, si elle est seule à Herculais, pendant la nuit entière ; et « lors même qu'elle est en compagnie, sa belle-mère et son mari étant au château, elle se lève à la dérobée, quand ils sont endormis, pour continuer son oraison jusqu'au lever du jour ».

Mme d'Herculais avait conquis sa liberté de servir Dieu, en traversant sans faiblir des persécutions humiliantes, et en méprisant les vanités du monde. Après l'orgueil et la concupiscence des yeux, il reste à dire comment, par la grâce divine, elle sut vaincre le troisième ennemi de la perfection chrétienne, la sensualité.

CHAPITRE IX

« Ceci est trop, cela passe la mesure, ces choses-
là ne sont plus de notre temps », réflexion de prudence humaine, que peut-être le tableau des mortifications de Mme d'Herculais fera naître dans quelques
esprits. Hé ! plût au ciel que ces choses-là ne fussent
pas de notre temps, et qu'il fût moins nécessaire
aujourd'hui que jamais de rappeler la loi de la mortification, le côté nécessairement austère de l'Évangile, la nécessité du renoncement à qui veut suivre
Jésus-Christ. La croix, « ce mystère de scandale et de
folie » pour ceux qui ne l'ont pas voulu comprendre,
n'est la « force et la sagesse de Dieu », que pour ceux
qui l'acceptent dans toute sa nudité, je dirais dans
toute son horreur, comme la consommation de
toutes les humiliations et de toutes les souffrances.
Il ne nous appartient pas de faire des réserves, de
prendre et de laisser dans l'héritage du Calvaire; et
de condamner ce qui nous semble un excès dans
les pratiques de pénitence de quelques âmes privilégiées, entraînées de toute l'impétuosité de leur
amour vers l'imitation de Jésus souffrant.

On voit bien que les premiers biographes de Mme d'Herculais, ont eu quelque scrupule d'entretenir leurs lecteurs des mortifications excessives de leur héroïne ; et tous les deux en font précéder le récit par les mêmes précautions oratoires. « Pour ce qui va suivre, dit le P. Bertal, bien loin de demander à un lecteur délicat son attention, je le prierai plutôt d'en éloigner son idée qui pourrait le faire frémir, et lui bouleverser le cœur. Que si, après cet avis et cette précaution de bienséance, il n'hésite pas à me lire, je le prie qu'il ne refuse pas de me croire. » « J'interpelle ici la délicatesse, s'écrie le P. Morin, et je lui demande qu'elle se roidisse, si elle le peut, pour écouter un récit, où les seules paroles la feront blêmir. » Sans les suivre, ni l'un ni l'autre, dans leurs demi-réserves ou leurs outrances de langage, il paraît préférable d'imiter ici la discrétion du vénérable évêque de Langres, dans la vie de la Bienheureuse Marguerite-Marie. « Je frémis, écrit-il, en rapportant ces pieux excès, j'en supprime même quelques circonstances, par égard pour la délicatesse du lecteur, et si je ne craignais de l'offenser, j'aurais bien d'autres traits pareils à raconter, que je trouve attestés par des témoins dignes de foi. » Cette règle aura d'autant plus d'à-propos dans ce récit, qu'il n'est point un seul des actes de mortification de la Bienheureuse[1] dont on ne retrouve une image dans la vie de Mme d'Herculais, comme il y a encore, entre ces deux

---

1. « *Omne asperitatum genus aggressa est.* » Décret d'héroïcité des vertus.

amantes de la croix, plus d'une analogie et un parallèle vraiment surprenant, quand on songe à la diversité de leur vocation. L'une dans l'état religieux, où elle a reçu la meilleure part, se sanctifie par la patience dans les contradictions; l'autre, dans le monde, souffre persécution, dès qu'elle a résolu d'y vivre sans être mondaine; renvoyée, pour ne pas dire chassée, de la maison où elle est entrée par le mariage, elle y retrouve, après de longues années d'exil, quand on veut bien y tolérer sa présence, l'abandon et les mépris; toutes les deux enfin, par des voies différentes, se rencontrent sur le chemin du Calvaire, dans le même incompréhensible amour de la mortification, et, réunies au pied de la croix, contemplent dans le côté ouvert du Sauveur, les ardeurs de son infinie charité; comme si la Providence, qui avait choisi la vierge de Paray-le-Monial, pour être la messagère et l'apôtre de la dévotion au Sacré-Cœur de Jésus, avait voulu d'avance, par ce rapprochement, donner quelque ébauche de ce parfait modèle de patience et de charité [1].

1. A l'époque où vivait la Bienheureuse Marguerite-Marie, à Paray-le-Monial, la première biographie de Mme d'Herculais (Cf. préf. et bibl.), et quelques autres mémoires, moins cependant le *Recueil de grâces*, où se trouve la Révélation du Sacré-Cœur, et dont on ne connaît aucune copie, circulaient déjà depuis assez longtemps, dans quelques monastères de la Visitation. Peut-être aura-t-on la preuve, quelque jour, qu'ils pénétrèrent aussi à la Visitation de Paray-le-Monial.

Voir, appendice XI, un autre rapprochement intéressant relatif au V. P. de la Colombière. La comparaison entre la Bienheureuse Marguerite-Marie et Mme d'Herculais a déjà été pro-

Notre-Seigneur avait préparé de loin, et comme par degrés, Mme d'Herculais à l'amour de la mortification. Il l'avait d'abord exercée de longues années à la patience dans les souffrances involontaires; puis il l'avait invitée à le suivre par le libre choix de sa volonté, dans le chemin du calvaire, qu'il lui montra un jour sous l'image d'un chemin de flammes et d'épines. « Voici les voies, lui dit-il, par où passent les âmes qui veulent m'appartenir. » Cette fois, c'étaient les souffrances volontaires qu'il lui proposait, le buisson ardent qu'il lui demandait de franchir, pour arriver à lui. Enfin, dernière exhortation et la plus puissante, il l'avait attirée suavement à la mortification par l'amour, en lui faisant aimer en lui cette souffrance, qu'il a glorifiée avec lui sur la croix. La méditation de la passion, qui avait fait dès le commencement les délices de son oraison; plus tard, cette même passion qui se déroule devant elle en images sensibles; cette croix, déposée entre ses bras et à laquelle elle s'unit par des liens qui ne seront brisés que par la mort : voilà les attraits qui ont triomphé de toutes les répugnances. Elle a aimé la croix, et c'est l'amour qui explique ce mystère, qu'elle ait pu non seulement endurer avec patience mais encore aimer passionnément cette chose révoltante qu'est l'humiliation et la douleur. « J'ose bien assurer, dit son premier biographe, par l'ouverture

posée dans l'excellente biographie de Mlle de Franclieu (Cf. Append. I) et dans la lettre de Mgr l'Évêque de Grenoble qui lui sert de préface.

qu'elle m'a faite de son cœur, et parce qu'elle en a témoigné dans ses écrits que, durant près de douze ans, allant au-devant de la souffrance avec une détermination qui l'eût fait passer à travers une fournaise, elle a été plus ingénieuse à se tourmenter en son corps et en son esprit, et avec plus d'ardeur, que les âmes sensuelles les plus passionnées ne le sont pour se satisfaire. »

Elle ne veut d'autre nom que celui de Marie du Calvaire, ni d'autre mémorial de sa vie que ces paroles, qui rappellent celles de sainte Thérèse. « Amour, amour, faites-moi souffrir ! » Le mouvement qui l'emporte vers la souffrance est si fort, si impétueux, qu'elle a peine à le contenir. Dans ce transport, des chants de jubilation s'échappent de ses lèvres : « Amour, amour, donnez-moi encore plus de maux, donnez, je suis toute vôtre ! » et étonnée elle-même, elle se trouble, elle s'accuse d'avoir ressenti et manifesté trop de joie dans la souffrance. Ce n'est pas assez, elle veut s'engager par un vœu perpétuel, à n'épargner aucune occasion de se mortifier dans son corps et son esprit ; mais elle sait que l'obéissance vaut mieux que les victimes ; elle se souvient que son Maître, le jour où il lui a demandé de grandes mortifications, l'a avertie en même temps qu'elle ne devait rien entreprendre, sans l'aveu de ses supérieurs ; elle supplie donc son directeur de lui permettre de se lier pour la vie, par ce vœu de perpétuelle mortification. Cette consolation lui est refusée. On craignit sans doute que, dans l'excès de son amour pour la croix, elle ne sût garder toute mesure. Au moins lui est-il permis de transformer ce vœu en ferme propos; et ce sera pour la vie entière. Elle écrit cette résolution sur des tablettes, qu'elle relit deux fois le jour, et elle la résume en cette devise : « Aimer et pâtir », gravée sur un anneau qu'elle porte sans cesse, comme le signe de son mariage mystique avec la croix.

« Le détail de ces mortifications, écrit son premier biographe, m'engagerait à un récit, auquel celui à qui Dieu a réservé le bien d'écrire sa vie consacrera des livres entiers. » Qui ne croirait ici à une hyperbole d'orateur, s'il n'était pas vrai que, par l'effet de son ferme propos, elle portait à tout instant de sa vie, selon la parole de saint Paul, « la mortification de Jésus-Christ en son corps ». En effet, cette résolution, qu'elle lit et renouvelle deux fois le jour, et qu'elle a sans cesse présente à la mémoire, ne fut pas l'effet d'une ferveur d'un moment. « Elle l'observa, dit le premier témoin de sa vie, aussi religieusement, que si elle se fût engagée par un vœu, et c'était, pour employer ses propres paroles, « de n'épargner aucune occasion de se procurer toutes sortes de mortifications, grandes ou légères, en son corps et en son esprit. Combien ce propos lui a causé de peines! Celui-là seul le sait, qui lui en a tenu compte. » Le même témoin ajoute, faisant allusion à un récit qu'il a donné plus haut, avec des détails et un réalisme qu'il ne faut pas lui emprunter : « On la voyait continuellement attentive à se mor-

tifier ; et outre ce que j'ai déjà dit des mains, qui ont
souffert les atteintes du feu, des bras ensanglantés par
le fer, des épaules meurtries par les disciplines, des
lèvres appliquées sur les ulcères, des haires, des
chaînes de fer, des veilles, des jeûnes, et de cent
autres façons de se martyriser, que son humilité nous
a cachées, il est certain que, depuis le commencement de son parfait abandonnement à Dieu, bien
qu'elle pût croire, après tant d'efforts, qu'il lui était
permis de se relâcher de la rigueur, dont elle usait
envers elle-même, elle n'a jamais cessé de chercher
en tout et partout des occasions de souffrir. »

Cette continuité persévérante dans la poursuite
de la mortification, ne peut s'expliquer que par la
continuité de son amour de Dieu. Aimer et pâtir :
ces deux vertus sont inséparables ; et elle-même as-
socie si bien ces deux grandes passions de sa vie
qu'elle ne peut, lorsqu'elle est interrogée par son
directeur, que les expliquer l'une par l'autre. « Ces
macérations, écrit ce dernier, dont elle meurtrissait
son corps plutôt qu'elle ne le châtiait, étaient si
multipliées, qu'après avoir tâché de m'en dire le
nombre, elle fut contrainte, pour me faire connaître
son état, de m'avouer qu'elle était incessamment
dans des assauts d'amour de Dieu si grands et si
violents, qu'elle eût voulu, si cela lui eût été permis,
se mettre en pièces, pour réparer les péchés dont
elle l'avait offensé. » Puis il parle de ses instru-
ments de pénitence, « qui effraient encore à cette
heure, dit-il, ceux qui les manient »; et rien ne

manque à cet appareil de torture : les ceintures hé-
rissées de pointes, les cilices, les haires, les vêtements d'orties, la discipline de fer. Elle se flagelle
jusqu'au sang, « et on l'a ouïe frapper son corps
quelque demi-heure de suite, se déchirant et se mettant toute en sang, jusqu'à ce que les forces lui
manquent [1] ». Ce n'est pas assez de cette flagellation. « Elle avait imaginé, dit encore le même historien, une façon de souffrir, dont je ne trouve
guère l'exemple ailleurs, s'enveloppant sous son
vêtement, des plus poignantes orties, et gardant au
milieu de ces tortures, la sérénité d'un ange et l'immobilité d'une statue. »

Elle passe les nuits en prières. Quand elle prend
du repos, elle couche sur la dure ; d'autres fois, si
elle en a la liberté, sur un lit d'orties ou de pierres
aiguës. « Ses jeûnes sont si rigides qu'elle passe
quelquefois plusieurs semaines sans manger qu'un
peu de pain, encore est-ce en si petite quantité
qu'on s'étonne qu'elle puisse vivre, et ce n'est pas
une petite merveille que son corps ne succombât
point, puisqu'elle lui refusait et le sommeil et tout
ce qui était nécessaire à sa subsistance. »

« Elle ne va presque jamais aux repas, sans porter
de l'aloës, qu'elle mêle secrètement à ses mets et à
sa boisson ; et lors même qu'elle est malade, et que
les vomissements ne lui permettent qu'une nourriture légère, elle ne manque jamais de l'assaisonner

---

1. Bertal.

de ce « suc du calvaire ». Mais ici encore nous retrouvons le même souci de la « mortification continuelle »; quelques instants ne suffisent pas, il faut savourer cette amertume, et qu'il n'y ait point de repos; elle a incessamment à la bouche de la rue et de l'absinthe, le « *felleus sapor* », la saveur de fiel, dont parle un de ses panégyristes, et qui lui rappelle le breuvage de son Maître crucifié. Ce n'est pas encore assez; elle est ingénieuse, audacieuse même, pour affliger son goût par les mortifications les plus étonnantes. Ainsi « à l'exemple des Catherine de Gênes et des saint François Xavier, elle ne soigne jamais les malades couverts de plaies rebutantes, sans se payer de sa peine, appliquant longuement ses lèvres sur ces ulcères, « s'enivrant, comme le dit Tertullien de Notre-Seigneur, des délices de son humilité ».

Ce qu'elle désirait, en surmontant la douleur, c'était non seulement l'occasion d'expier ses fautes passées, mais encore et surtout, dit son biographe, « l'honneur et le plaisir de prendre part aux sacrés stigmates de son Maître, dont l'amour la possédait à ce point, qu'on l'eût pris pour de la folie, s'il eût été connu dans toute son étendue ». « L'amour, dit l'auteur de l'Imitation, est une grande chose. Il n'y a rien sur la terre de plus doux et de plus fort; souvent l'amour ne garde point de mesure, mais son ardeur l'emporte au delà de toute mesure. » Ainsi les cilices de crins et d'orties, les haires, les disciplines, toute cette armature de la pénitence « qu'on découvre après sa mort, et qu'on ne peut voir sans frémir », tout cela n'est pas encore assez, il faut encore que le fer et le feu soient employés, pour imprimer sur ses mains, sur son bras, quelque image des plaies de Jésus souffrant. Elle oublie le danger, elle ne sent plus la douleur et en traits profonds, elle grave sur son bras le signe de la croix [1], puis elle prend de son sang pour écrire une protestation d'amour à son Sauveur. « O ma croix, lui fait dire à ce sujet un de ses panégyristes, vous que j'ai tracée sur mon bras, avec le tranchant du fer, que n'êtes-vous gravée en traits sanglants sur mon cœur ! Je ne souffre point, ô mon Jésus, de ces plaies, mais bien plutôt des blessures que le péché vous a infligées. Que ne m'est-il donné de voir mes membres déchirés de plaies, comme votre corps sacré, ô mon Jésus ! Mon cœur, mes pieds, mes mains seraient inondés de sang, et ma tête couronnée d'épines. Donnez-moi au moins de souffrir en mon âme, de toutes les douleurs qui sont refusées à mes sens [2] ! »

Ainsi, pour résumer par ce tableau, tel qu'on le lit dans l'oraison funèbre : « La tête, la poitrine, tout le corps est brisé et froissé par les jeûnes, par les veilles, par le repos même, qu'elle prend sur

----

1. Voir un trait semblable dans la Vie de Sainte Chantal et dans celle de la Bienheureuse Marguerite-Marie, I, p. 129.
2. Ah ! mihi si liceat confestim membra paterent,
   Tot mea vulneribus quot tua, Christe, patent.
   Cf. App. VIII.

BIBLIOTHÈQUE NATIONALE
R. F.
IMPRIMÉS

la terre dure, et par ses oraisons où elle se tient prosternée en terre; les épaules sont déchirées de coups, les bras ouverts par le fer, les mains portent les marques cruelles du feu, les reins sont ceints de fers et d'aiguillons, le sein souffre sous la haire et les orties, la langue et le palais nagent dans l'absinthe et l'aloës, et ce que les peines volontaires ont épargné, gémit sous les grands coups que l'amour lui donne, par des maladies inconnues. Le cœur avide de souffrance et de pénitence ne sera-t-il point rassasié! »

« Place-moi comme un cachet sur ton bras, dit la Sulamite, place-moi comme un cachet sur ton cœur, car l'amour est plus fort que la mort [1]. »

Voici comment ce désir fut exaucé. « Mme d'Herculais, écrivent les religieuses de la Visitation de Sainte-Marie-d'en-Haut, faisait sa retraite dans notre monastère, lorsqu'elle fut saisie d'un mal au sein, du côté du cœur, où il se forma bientôt un abcès. Elle le garda plusieurs jours, sans qu'on s'en aperçût autrement que par la difficulté qu'elle avait à joindre ses vêtements. On s'informa plusieurs fois de ce qu'elle souffrait, mais elle ne voulut point le dire jusqu'à l'extrémité; et on ne put gagner sur elle de voir son mal, jusqu'à ce qu'on le lui eût fait commander par son directeur, le P. Morel, qui lui ordonna de se laisser traiter par les chirugiens. Ceux-ci reconnurent que le mal était une tumeur

----

1. Cant., viii, 16.

qu'il fallait percer, ce que l'on fit peu après, un vendredi, à trois heures après midi, sans choix prémédité de ce jour plutôt que d'un autre. Avant cette opération, Mme d'Herculais s'en alla devant le Saint Sacrement. « Il faut bien, dit-elle, que la faiblesse aille chercher la force, là où elle est. » Elle en revint avec un visage merveilleusement dévot, doux et riant, témoignant par mille manières joyeuses le contentement qu'elle avait d'aller souffrir. On la voulut coucher, ou du moins mettre sur le lit ; elle ne le voulut point et se mit seulement sur une chaise, où elle reçut le coup de lancette, qui fut si profond qu'il entra presque jusqu'au manche. On n'entendit pas un seul cri, à peine un soupir ; on ne lui vit pas faire un mouvement ; son visage ne perdit rien de sa sérénité et de son égalité, bien qu'au jugement des chirurgiens, elle dût souffrir des douleurs extrêmement vives. Elle les endura néanmoins avec une forme d'âme et une douceur, dont ils demeurèrent extrêmement édifiés. On admira sa rare modestie, à ne laisser paraître que ce qui était de l'absolue nécessité, et à ne souffrir qu'aucune autre personne ne la vît que la Supérieure et une de nos sœurs qui l'assistait. Le soir même, elle continua ses exercices d'oraison, vint à la communauté et prit sa récréation avec les sœurs, comme si elle eût été subitement guérie, bien qu'elle ressentît toujours de vifs élans. Il arrivait que nos sœurs heurtaient son mal, par mégarde ; on lui demandait pardon, mais elle souriait de si bon cœur, qu'il semblait qu'elle fût insensible. Une de nos sœurs la pansait deux fois le jour. Un jour que nous étions au chapitre, elle voulut se panser elle-même, enfonçant une large spatule dans la plaie béante. On lui fit remarquer que si elle négligeait son mal, il était à craindre qu'il ne s'aggravât. Hé! mes chères sœurs, répondit-elle toute joyeuse, que me peut-il arriver autre chose, que d'être dévorée par une lèpre, qui me rendrait un objet d'horreur à tout le monde, et me donnerait plus de moyens d'être seule avec mon Dieu. Mais, hélas! je suis indigne d'une telle grâce, qui est l'objet unique de mes désirs[1]. »

Après avoir fait le récit des mortifications de Mme d'Herculais, le Père Bertal termine par les réflexions suivantes. « La prudence peut-elle conseiller de pareils excès de mortification? Pourquoi donc louer ce qui ne mérite que du blâme, car nous ne sommes point les arbitres de nos vies, et ces excès étaient si dangereux pour le corps qu'ils pouvaient l'être aussi pour la conscience? Sans doute, si on ne met point de distinction entre les pensées de la prudence humaine et les sentiments des grandes âmes, que Dieu guide directement par lui-même, et dans des voies extraordinaires. Pour entrer dans ces sentiments, il faut se rappeler ce que nous apprennent les docteurs de théologie mystique, qu'il y a des assauts si extraordinaires de l'amour divin, qu'ils

---

1. *Remarques*, etc.

font agir une âme, qui est embrasée de ce feu, d'une manière qui serait condamnée, si on l'examinait avec les lumières de la prudence ordinaire. Ainsi, plusieurs saintes martyres ont été prises d'un si grand désir de souffrir pour Jésus-Christ, que, prévenant l'exécution de leur sentence, elles se sont lancées dans des fournaises ardentes. Ainsi, saint Ignace le martyr protestait que, si les bêtes ne le venaient attaquer dans l'amphithéâtre, il irait lui-même les agacer, pour allumer leur furie. Ainsi, une dame du dernier siècle, ayant appris qu'elle avait excité dans le cœur d'un roi une coupable passion, se défigura avec de l'eau bouillante. Si ces saints méritent du blâme, Mme d'Herculais en mérite autant, s'ils méritent de la louange, elle n'en a pas moins mérité, par la soif insatiable qu'elle avait de se sacrifier à Dieu. Mais elle était si éloignée de la pensée qu'elle s'exposait trop au danger, qu'elle désirait toujours de plus grandes peines. « Amour, amour, donne-moi de souffrir davantage. » Sans doute, on ne lui aurait conseillé aucun de ses excès de mortification. Aussi n'a-t-on pas besoin de lumières terrestres, lorsque le divin soleil jette ses plus purs rayons, et notre raison doit se taire avec respect, lorsque la Sagesse céleste entreprend elle-même de conduire une âme généreuse au terme de la perfection. »

CHAPITRE X

« Quand je livrerais mon corps aux flammes, si je n'ai pas la charité, je ne suis rien [1]. » Ces paroles de saint Paul reviennent involontairement à la mémoire, après le tableau des mortifications de Mme d'Herculais. Nous attendons, en effet, d'autres fruits de sainteté, que les jeûnes et les flagellations sanglantes. Il faut que la mortification intérieure accompagne celle des sens, et que l'une et l'autre préparent les voies aux vertus de la perfection chrétienne, dont la charité est le couronnement; car la vie surnaturelle se produit au dehors par les bonnes œuvres, comme la sève du bon arbre se manifeste par les fruits; et les fausses vertus de pénitence, dont l'hérésie janséniste donna tant d'exemples au siècle où vivait Mme d'Herculais, si elles peuvent faire illusion un moment, ne tardent pas à se condamner elles-mêmes par leur propre stérilité.

« Victoire sur les passions, éloignement du péché véniel, acquisition des vertus », tel est le plan que

1. I Cor., XIII, 3.

le premier biographe a adopté et qu'il paraît bon de reprendre après lui, dans ce court résumé des vertus de Mme d'Herculais.

« Je puis assurer, dit-il, parlant de l'empire qu'elle avait acquis sur elle-même par la mortification, que dans toutes les rencontres où elle s'est trouvée, qui ont été fort diverses, et où elle me découvrait les premiers mouvements de son âme, comme dans une claire fontaine, je n'ai jamais remarqué en elle, ni désir, ni crainte, ni joie, ni tristesse, ni plainte, ni empressement, aucune enfin de ces passions que la vertu modère par un bon usage, où il entra le moindre dérèglement. »

« J'avoue que je l'ai vue dans des joies qui eussent semblé excessives à ceux qui ne la connaissaient pas; mais elles avaient leur source dans le sentiment surnaturel de l'amour de Dieu; je l'ai vue dans la tristesse, rarement pourtant, mais cette tristesse ne procédait d'autre cause que du déplaisir causé à Dieu par le péché. J'ai remarqué en elle des désirs véhéments, empressés; mais ils étaient pareils à cette ardeur pleine d'impatience et d'amour qui anime dans le ciel les esprits bienheureux ».

« Elle avait des passions, mais elle semblait en avoir perdu l'usage, dès qu'il s'agissait des choses de ce monde. Comme la lumière ne laisse pas d'avoir sa source dans le soleil, bien qu'elle se répande sur la terre, ainsi cette grande âme n'y descendait jamais que par des mouvements, où la nature et l'inclination n'avaient point de part, et qui étaient inspirés, je ne dis pas seulement par la raison, mais, ce qui n'appartient qu'aux parfaits, par l'amour de Dieu tout pur, en tout et partout ; n'ayant depuis très longtemps fait aucune action que par l'impulsion de la divine charité. »

« Ce qui était merveilleux et de plus grand mérite en cette paix inaltérable dans laquelle elle maintenait ses passions, c'est qu'elle n'était pas un effet de la froideur du naturel, qu'elle avait vif et ardent, ni d'une stupidité d'esprit, qu'elle avait sublime et perçant, mais c'était une paix guerrière, qu'elle ne conservait que par de continuelles hostilités contre elle-même ; et à considérer ce que la naissance, l'éducation et son génie particulier avaient mis en elle, on voyait bien que si elle eût suivi son inclination, elle eût paru impérieuse ; et cependant, depuis qu'elle se donna à Dieu jusqu'à la mort, jamais on ne la vit se départir d'une soumission d'enfant envers ceux qui avaient autorité sur elle, et envers tous d'une inaltérable douceur. »

« Elle était si absolument morte à toutes les choses du monde, que le monde était pour elle comme s'il n'existait pas. Rien du monde n'allait dans son cœur, comme rien de son cœur n'allait au monde : toute association renversée, tout commerce rompu. Elle s'y trouvait comme un arbre, qui serait dans la terre et qui n'y aurait pas de racines. Messieurs ses parents me permettront de dire, que la charité chrétienne avait absorbé en Dieu les liens naturels du sang qui l'attachait à eux, et bien qu'elle aimât sans comparaison davantage ceux qui lui étaient plus proches, elle n'avait plus pour eux aucun amour qui n'eût sa naissance dans l'amour de Dieu. »

« Il ne s'en faut pas étonner : l'amour-propre qui est toujours le dernier à se rendre, avait subi la même loi. L'assiduité qu'elle avait apportée à la mortification, l'avait détruit jusqu'à la racine et on voyait à la lettre accompli en elle ce que dit saint Paul : « *Mortui estis et vita vestra abscondita est cùm Christo in Deo* »; et ce que Dieu commença en elle, sur la fin de l'année 1647, dans une de ses retraites, de la mort de soi-même, parut si parfaitement achevé à la fin de sa vie, que je puis dire que, dès longtemps, elle n'agissait plus que par l'instinct de la charité toute pure. »

« Elle avait des dispositions particulières à la promptitude et à la colère, et à n'être point endurante; et il était visible par les efforts qu'elle faisait pour se vaincre, que les déplaisirs qu'on lui donnait la touchaient au vif. Mais les plus sensibles afflictions qu'on ait pu lui causer, et qui n'ont pas été en petit nombre; les reproches sanglants, injurieux, que jusqu'à des personnes d'église lui ont fait souvent, avec plus de zèle que de science; les oppositions malicieuses, dont elle était certaine que l'on traversait ses pieux desseins, n'ont jamais pu arracher de sa bouche une parole de ressentiment. Dans ces rencontres, elle demeurait dans le silence, ou s'accusait toujours plus grièvement qu'on ne la blâmait; et, lorsqu'il était nécessaire pour la gloire de

Dieu et l'avantage même de ceux qui l'affligeaient, elle se contentait de répondre : Dieu nous jugera, il sait la vérité de tout. »

Vertu! mot viril qui signifie la force. La vertu est ferme et constante, parce qu'elle ne prend point ses racines à la surface de l'âme, mais dans le fond de la volonté fortifiée par la grâce divine. C'est le caractère que nous remarquons dans les vertus de Mme d'Herculais. D'une nature sensible, délicate, portée, en conséquence, à devenir le jouet des impressions, elle nous apparaît toujours égale à elle-même. On ne voit point en elle d'alternatives de dévotion et de tiédeur, ni ces accès de ferveur subite qui s'évanouissent aussi vite qu'ils ont pris naissance, parce qu'ils sont plutôt l'effet de l'imagination que de la vertu. D'une complexion faible, maladive, ébranlée encore par les secousses de mortifications dont le seul récit est effrayant, elle se conserve dans un équilibre parfait, ayant depuis longtemps appris à contenir son âme dans une paix inaltérable, et à régler son cœur sur le cœur de Dieu.

De son journal de retraite, il ne reste qu'une page ou deux, et peut-être est-ce tout ce qu'elle a écrit; or, presque toutes ses résolutions tendent à ce point : fortifier le repos de sa volonté dans la volonté de Dieu. « Je dois demeurer ferme, écrit-elle, en toute sorte d'événement, pour choquant qu'il puisse être, et conserver une égalité d'esprit que rien ne puisse altérer. Je supporterai avec un égal amour la joie intérieure et la désolation, avec une sainte indifférence pour l'une et pour l'autre, remettant mon être tout entier à l'amoureuse Providence de mon Dieu. Dans les peines, je me conserverai attentive à sa divine majesté qui repose en moi, écartant mon attention de tous les sujets d'inquiétude, les abîmant dans le sein de son amour; et je tâcherai en toute rencontre de conserver mon intérieur et mon extérieur dans une égale paix [1]. »

Au témoignage de ses directeurs il faut joindre celui de son entourage immédiat, de ceux qui l'ont vue de près dans sa famille et dans le monde, et au regard desquels les moindres faiblesses n'eussent pas échappé : témoignage d'autant plus remarquable qu'il laisse entendre une sorte d'enquête faite quelque temps après sa mort. « Ses parents, dit le biographe, ses voisins, les domestiques de sa maison, tous déposent que, depuis sa conversion, jusqu'à son dernier jour, on vit en elle le même amour pour la vertu, la même horreur du vice, la même circonspection et modestie dans le maintien, et l'âme toujours égale, non seulement dans l'état de santé, mais encore dans les maladies continuelles et cruelles dont l'effet ordinaire est d'affaiblir l'esprit, et de relâcher son empire, en mettant le naturel à nu; preuve manifeste, ajoute-t-il, de cette abondance de grâces qu'elle avait reçue, dès le premier instant où elle s'adonna à la vie de parfaite union avec Dieu. »

Cette vertu toujours égale à elle-même avait son

---

1. *Résolutions et affections*, etc.

fondement, comme l'a déjà montré son journal de retraite, dans la sainte indifférence de sa volonté, que rien ne touchait plus de ce qui n'était pas Dieu, que rien ne pouvait troubler, parce qu'elle s'appropriait quelque chose de l'immuable perfection de Dieu. C'était Dieu qu'elle voyait en toutes choses et dont elle adorait la volonté, dans tous les événements heureux ou malheureux. Ce caractère de sainteté, qu'on pourrait appeler la paix dans la ferveur, paraît avoir fait grande impression sur ses contemporains. Ils y voyaient, en effet, quelque chose de si contraire à son tempérament et à la faiblesse de son sexe, et l'union de deux extrémités, en apparence, si opposées, qu'ils ne se lassent pas de louer une vertu si rare.

Aux exemples déjà nombreux, rapportés plus haut, son premier historien joint ici le suivant :

« Ceux qui l'ont connue plus particulièrement, dit-il, savent quelle affection elle avait pour sa mère. Je trouve même, en quelque endroit de ses écrits, qu'elle condamne cet amour excessif, et s'en plaint comme d'un empêchement à son avancement spirituel. Cependant, quand on lui apporta la nouvelle de sa mort, quelque temps après qu'elle l'avait quittée, bien qu'on lui annonçât cet accident surprenant sans préparation, et qu'on lui apprit la mort et la maladie, en même temps, il est certain que cet objet funèbre, armé de tant de circonstances

1. Mme de Valernod mourut en 1650. Cf. Archives de l'Isère, F. 11, n° 23. Lettre 29.

accablantes, entra dans ce cœur aimant, comme s'il eût été insensible à la douleur d'une telle séparation.»

Le péché pouvait-il pénétrer dans une volonté qui se conformait si parfaitement à la volonté de Dieu? Voici, sur l'extrême pureté de conscience de Mme d'Herculais, les aveux étonnants du même historien :

« Depuis quelques mois après son retour à une vie parfaite jusqu'à sa mort, il est très certain, dit-il, qu'elle n'a pas commis un seul péché véniel pour léger qu'il soit de propos délibéré, non pas même par l'effet de la moindre négligence. Le second, l'oserai-je dire, l'Écriture ne le défend-elle pas quand elle dit que le juste tombe sept fois le jour, et quand elle prononce que nous sommes tous sujets au péché? » « Je sais, ajoute-t-il, ce que l'une et l'autre m'enseignent sur cette matière, mais je puis aussi retenir une vérité, qui ne choque ni l'une ni l'autre, et je suis obligé de publier que, l'espace de dix mois, où elle me manifestait sa conscience avec un soin incroyable, bien que j'ouvrisse toute mon attention pour découvrir ses fautes, que son extrême tendresse de conscience lui faisait exagérer, bien que pendant ce temps-là elle se trouva exposée à mille occasions d'impatience et d'autres fautes, accablée de visites, importunée de maladies lassantes, où une âme moins confirmée dans le bien, n'eût pas manqué de succomber à quelque faute légère, je puis dire, avec toutes les solennités dont on accompagne les serments, que dans un temps si long

je n'ai pas remarqué en elle une seule faute de surprise et de fragilité. Je ne l'ai pas remarqué, dis-je,
et je ne vais pas au delà, sans avoir la témérité de lui
accorder un privilège qui est réservé uniquement à
la très sainte Mère de Dieu. »

Ici, cet historien ne parle que des derniers mois de
sa vie ; ailleurs il apporte un témoignage qui s'étend
bien au delà. En parlant de ses mortifications, il
remarque que les rigueurs avec lesquelles elle châtiait son corps, avaient effacé le souvenir de ses
fautes, signe de la parfaite pénitence, selon ce qu'enseignent saint Basile et saint Grégoire. « Quoi qu'elle
eût, dit-il, la mémoire naturellement bonne et tenace,
et qu'elle se fût mise, cent fois, en devoir d'écrire les
péchés de sa vie passée, après le congé qu'elle en
avait demandé à ses directeurs, afin de s'humilier
devant Dieu, il lui fut impossible de commencer
par un seul aveu. Ce que je dis semblerait incroyable,
si je ne l'assurais après sa propre déposition, et si
je n'avais encore cet écrit, où, ayant d'abord invo-
qué le Saint-Esprit, et demandé son assistance avec
une ferveur extraordinaire, elle se trouva dans l'impuissance de rappeler à sa mémoire un seul péché de
sa vie passée. »

Dans une âme ainsi purifiée de ses fautes et mortifiée dans ses passions, tout était préparé à l'action
du divin Esprit et il n'est pas étonnant de voir les
plus belles vertus germer sur cette terre, où ne reste
aucune racine de péché.

« On ne pourrait imaginer, dit son historien, aucune vertu qu'elle ne possédât à un souverain degré. Ceux qui l'ont connue de plus près, pourraient rendre témoignage de sa mansuétude, de sa douceur engageante qui l'avait désarmée de toute amertume et de tout fiel, comme il parut après sa mort, à l'ouverture de son corps; de cette chasteté et de cette pudeur, qui s'étendait sur toutes ses actions comme un vernis éclatant; de son humilité qui la portait continuellement aux actions les plus basses et, depuis le commencement de sa vie parfaite, c'est-à-dire depuis plus de dix ans, ne lui laissa pas éprouver la plus légère tentation de vaine gloire, parmi tant d'actions héroïques et de grâces de Dieu si illustres; de sa patience invincible, parmi les afflictions de toute sorte, qui formèrent le tissu de sa vie; de cette admirable modestie, qui composait en elle tous les mouvements extérieurs, dans une bienséance et une grâce si charmante, qu'elle faisait passer les étincelles de sa sainteté, jusque dans le cœur de ceux qui la regardaient, et par les touches secrètes dont ils se sentaient animés au bien ».

Son obéissance à l'égard de ceux qui avaient autorité sur elle « tenait de la sujétion même d'une novice ». Dans une de ses lettres, la seule qui soit conservée, elle s'adresse en ces termes à son mari, M. d'Herculais : « Je te supplie de toute mon âme, pour l'amour de mon Dieu, de lui recommander tes sentiments devant le Très-Saint-Sacrement, afin que son esprit t'inspire en ce point ce que tu dois m'ordonner et me faire savoir ensuite ce qu'il te fera vouloir. Je prends, en ce point, absolument la volonté de mon Dieu dans la tienne[1] »; et cette déférence l'accompagne jusqu'à son dernier jour, et dans l'expression de ses dernières volontés. « Je n'ai rien ordonné touchant mes funérailles, écrit-elle dans son testament, parce qu'ayant toujours désiré de me soumettre aux volontés du mari que Dieu m'a donné pour supérieur, je veux encore lui laisser entièrement ce soin[2]. » Et vraiment sa conduite ne démentit jamais de tels sentiments. « J'ai appris d'une personne digne de foi, écrit le Père Bertal, que M. d'Herculais, ayant invité quelques amis à la campagne, voulut leur donner en spectacle, la docilité de son épouse. En un moment, où il savait fort bien qu'elle était en haute contemplation, il l'envoya quérir à son oratoire, la priant de venir prendre part au jeu, où se divertissait la compagnie. Il n'est pas difficile d'imaginer l'extrême répugnance qu'elle pouvait avoir à quitter l'exercice où elle était, pour celui où on l'appelait; mais comme elle s'était fait une des principales règles de ses actions de la volonté de son époux, elle quitta l'oratoire, et de l'air le plus agréable, se mêla au jeu et s'y appliqua avec une si grande attention, qu'on eût dit qu'elle en faisait tout son plaisir, riant de bon cœur lorsqu'il lui arrivait de gagner, comme s'il lui en fût revenu un grand avantage; et Dieu sait la violence qu'elle se faisait pour vaincre son dégoût. » « Une autre fois,

1. Arch. du château de Moidière, lettre du 10 oct. (1649).
2. Arch. de l'Isère.

étant au village, elle se rendait à l'église, à pied, par un chemin de montagne fort boueux; elle avait fait une bonne partie du chemin, quand on lui envoya dire de remonter au château; elle obéit sans retard [1] », sacrifiant volontiers un exercice de dévotion, à la pratique de l'abnégation et de l'obéissance. Il lui arriva même une fois, comme on le raconte de sainte Jeanne de Chantal, de se lever de la sainte Table, où elle s'apprêtait à recevoir la communion [2], pour obéir à un ordre semblable, tant elle voulait mettre de perfection au renoncement de sa volonté et à l'humble soumission qu'elle croyait devoir à ceux dont elle dépendait.

Mais en même temps qu'elle s'abaisse dans ces actes d'humilité, elle grandit par l'empire secret qu'elle exerce par sa vertu. Ses proches, que nous avons vus un moment ses ennemis, non seulement renoncent à la persécuter, mais subissent bientôt, les premiers, le charme de sainteté qu'elle répand autour d'elle. M. d'Herculais se fait l'auxiliaire de ses bonnes œuvres [3]; de Mme de Tournet, sa belle-mère, nous ne savons qu'une chose, c'est que dès longtemps avant sa mort, elle ne songeait qu'à son

1. Bertal, *Discours choisis*.
2. Même exemple dans la Vie de Mme Acarie.
3. V. par exemple, son testament, 12 déc. 1651. «... et parce que Jean Claude de Tournet de Theys, seigneur d'Herculais, mon très honoré et très cher mari m'a fait espérer qu'il ferait de ses propres biens une fondation de religieux du Tiers-Ordre de Saint-François, dans sa terre d'Herculais... » Arch. de l'Isère.

éternité[1]. Les domestiques de la maison, qui l'avaient traitée autrefois d'insensée, sont gagnés à leur tour, soumis et disciplinés, voici comment. « Chaque jour, dit son biographe, à l'heure fixée, elle les réunissait à la chapelle du château, pour la prière en commun, et allait chercher elle-même ceux qui montraient peu de zèle pour cet exercice. A l'heure des repas, elle se rendait à la cuisine, pour les entretenir de pensées pieuses, ou leur faire une lecture édifiante, proportionnée à leur esprit, et si parmi eux, elle remarquait quelque âme privilégiée, capable de faire l'oraison mentale, elle l'instruisait elle-même avec des soins infinis. »

Elle veille avec attention à ce qu'ils communient fréquemment, et le premier exercice de dévotion de tous les nouveaux domestiques, qui entrent au service du château, est une confession générale, « à quoi elle les instruit elle-même, s'ils ne sont pas préparés, par le catéchisme qu'elle leur fait à tous réunis, et par des entretiens particuliers, pendant des mois, et sans se lasser, jusqu'à ce qu'elle les ait rendus capables de tous les devoirs de bon chré-

---

1. Elle mourut environ dix mois avant sa belle-fille, vers le mois de décembre 1653. Le 8 décembre 1653, Hugues de Valernod écrit à M. d'Herculais une lettre de condoléance, au sujet de la mort de Mme de Tournet, « à laquelle il me semble, lui dit-il, que vous deviez être préparé, il y a longtemps, puisqu'elle ne songeait plus qu'en l'autre monde ; et je souhaiterais bien de tout mon cœur de finir aussi chrétiennement et aussi heureusement qu'elle l'a fait... » Arch. de l'Isère.

tien ». Il y a maintenant une chapelle au château [1]
et un chapelain ; chaque jour on y célèbre la
messe, et le Saint-Sacrement est conservé dans le
tabernacle. Voilà ce qu'est devenu le château d'Herculais : une maison chrétienne, presque une maison
religieuse, où on entre, comme dans un noviciat
après une confession générale, où on pratique l'o-
raison mentale et la communion fréquente ; et cette
transformation s'est opérée non par la violence,
mais par la force cachée d'une vertu douce et humble, et en même temps énergique et persévérante,
que les obstacles n'ont pas effrayée, et que les humiliations n'ont pas déprimée.

Cet apostolat de zèle et de charité, trop à l'étroit
dans les limites du foyer domestique, devait se répandre au dehors. En effet, en quelque lieu que
nous voyons Mme d'Herculais, dans les chaumières
des paysans qui environnent le château, au village
de Theyts, à Grenoble, dans le monde et dans les

---

1. Il ne paraît pas qu'il y eût un service régulier à la chapelle du château, quand elle vint à Herculais pour la seconde
fois (Or. fun.) ; plus tard en 1653, il est question d'un chapelain et d'une chapelle, où le Saint-Sacrement est conservé
(« Trésor adorable, conservé dans la maison que j'habite. » *Résolutions et affections*) et quelquefois exposé. (Or. fun. et chron.
de la Visitat.) Dans son testament, prévoyant que le service
religieux ne se fera pas régulièrement, elle fonde une messe
pour chaque mois, qui devra être célébrée au château, par
un prêtre de la paroisse de Theyts. D'après le livre des visites du card. Le Camus, cette chapelle était « bâtie contre
ledit château d'Herculais », et devait être accessible aux étran-
gers. Arch. de l'évêché de Grenoble.

couvents où elle fait ses retraites, dans les hôpitaux et dans la maison des pauvres : partout et auprès de tous, elle apparaît comme l'ange des bonnes pensées et la messagère de la charité[1]. Mais entre tous, ceux vers lesquels l'entraîne son penchant, sont ceux-là même que les leçons et les exemples de son Maître lui avaient appris à préférer : les pauvres, les malades et les pécheurs.

Mais peut-être cet apostolat auprès des humbles avait-il moins de mérite que de nos jours, où tant de colères et de convoitises dans les classes pauvres ont fait de la charité un devoir plus pressant. Elle n'était, sans doute, alors, dans un siècle tranquille, que l'exercice pacifique d'une vertu, et s'il y avait des infortunés à soulager, il n'y avait pas encore de

---

1. Quelques lettres des archives de l'Isère nous révèlent sa charité envers les siens à la maison paternelle. (Cf. de Franclieu, *Mme d'Herculais*, p. 63.) Hugues son frère aîné professait pour sa sœur une tendresse mêlée de vénération. « Je suis affligé, écrit-il, des souffrances que la poursuite de cette affaire cause à ma chère sœur. » Il s'agit de son mariage avec Anne de Mistral, que ses vertus rendaient digne d'entrer dans cette famille. (Voir son éloge, *Annales de la Visitation*, III, p. 43, suiv.) Cette union fut bénie du ciel. Hugues de Valernod eut dix enfants, dont sept se consacrèrent à Dieu. Cinq de ses filles entrèrent à la Visitation, où l'une d'elles, Anne-Elisabeth de Valernod, mourut en odeur de sainteté (*Ann. de la Visit.*, ibid.). Mme d'Herculais avait déjà son frère cadet chez les chanoines de Saint-Ruf, et sa sœur religieuse au couvent de Saint-Just à Romans. Il ne faut pas s'étonner que les contemporains aient appelé la famille de Valernod : « la génération sainte que Dieu s'est choisie ». Cf. Or. fun. *in fine*, et surtout *Ann. de la Vis.*, ibid.

plaies sociales à guérir. Voici en quelques mots d'une digression qui paraît ici nécessaire, ce que répond l'histoire de la province de Dauphiné, à l'époque où vivait Mme d'Herculais.

La ville de Grenoble était bien alors, selon le mot d'un historien, « une des villes les plus délicieuses du royaume, et où on se divertissait autant qu'en lieu du monde ». Mais jamais ce vernis brillant d'une vie de plaisir n'a été la peinture vraie et complète d'une société. Il y a d'autres aspects et des revers à ce tableau. Mgr de Scarron, évêque de Grenoble, dans son discours aux États du Dauphiné, dont il était président, nous fait connaître une ville et une province, qui ne ressemble en rien à une « cité de délices ». « Le manque d'ordre, disait-il, et l'excès de l'avarice, ce sont les deux monstres qui dévorent cette province. Ce peuple est accablé sous le faix. Un homme fustigé de la tête aux pieds, *a planta pedis usque ad verticem*, c'est, Messieurs, l'image naïve du Dauphiné, affligé par tant de fléaux de la justice divine [1] » ; et on lui entendait souvent répéter ces paroles : « Quand mes revenus ne suffiront pas pour faire l'aumône, que l'on vende ma vaisselle d'argent et que l'on engage jusqu'à ma crosse et mon calice ; car Jésus-Christ se tiendra autant honoré de ce que j'emploierai au soulagement des pauvres, que de ce que je dépenserai au service des autels [2]. »

---

1. *Trois Harangues faites par Messire Pierre de Scarron.* Lyon, 1623.

2. Orais. funèbre de Mgr Scarron, par le P. Nicolas Peltret.

Ces fléaux de la justice divine, dont parlait Mgr Scarron, c'étaient les guerres continuelles avec l'Italie, le passage des armées, qui amenaient avec elle des épidémies pestilentielles et presque la famine, le désordre dans l'administration des finances, les impôts sans cesse grandissants, et en conséquence, dans le peuple, la misère noire, les murmures et enfin la révolte.

Il ne paraît pas que les sages avertissements de l'évêque de Grenoble aient produit leur effet. Quelques années plus tard, un surcroît d'impôts très onéreux, excitait un mouvement populaire tel qu'on n'en trouvera de semblable, peut-être, que dans les drames sanglants de la grande révolution. « On vit un jour, dit un historien, les rues de Grenoble envahies par une foule de femmes armées de bâtons et de hallebardes, et criant à l'abolition des impôts. Dans ce mouvement avaient été enrôlées toutes les femmes du peuple et les paysannes des villages voisins, venues à Grenoble à l'occasion du marché. Une robuste commère, le visage noirci avec de la suie, marchait à leur tête battant du tambour. La bande furieuse se dirige vers l'hôtel de ville ; de là elle se rend à la boutique d'un des acquéreurs des nouveaux offices ; le malheureux est assommé à coups de bâton par ces forcenées, qui lui passent une corde au cou et traînent son cadavre à l'Isère. »

« Sur l'ordre des gouverneurs, les consuls rentrent à l'hôtel de ville, revêtent leurs robes et leurs chaperons et marchent au-devant des insurgées. Précaution inutile. A leur arrivée, les vociférations redoublent. Aux cris et aux injures succèdent les voies de fait. Les consuls sont frappés, bousculés ; on déchire leurs robes, on arrache leurs chaperons, on les jette dans le ruisseau et un des consuls est frappé d'un coup de poignard [1]. »

Cette révolution populaire ne dura pas longtemps sous cette forme tragique, mais le mal était trop grave pour guérir en un jour, et pendant de longues années [2] encore, une sourde fermentation règne dans

1. Prudhomme, *Hist. de Grenoble*, p. 463. — Pilot, *Une émeute de femmes à Grenoble, en 1641.*
C'est probablement une de ces révoltées qui fut condamnée à être décapitée en place de Grenette, et au supplice de laquelle se trouvait présente Mme d'Herculais. Cf. chap. IV.

2. On retrouve les mêmes troubles en 1644-1645. A cette époque, les mouvements populaires sont fréquents. (Prudhomme, *ibid.*, p. 466.) L'émeute de 1640 dure près d'un mois. V. dans les deux historiens déjà cités quelques détails sur le dénouement : « Le consul frappé d'un coup de poignard se réfugie au Parlement et entre, tout sanglant, dans la première chambre. On fait avertir le duc de Lesdiguières de la gravité des événements. Après délibération au conseil, on décide d'envoyer aux révoltées le chanoine Pierre Hugon, qui exerçait un grand ascendant sur le peuple. Hugon accepte cette mission et s'en acquitte avec tant d'adresse et de bonheur qu'en peu de temps l'attroupement est dissipé... Le lendemain dimanche, les troubles recommencent et durent pendant tout le mois d'août. Le monitoire lancé par l'official pour la recherche des coupables ne put être publié dans les églises. Deux cents femmes se réunissent dans la cathédrale, décidées à faire un mauvais parti au vicaire, qui oserait en donner lecture. Le curé de Saint-Laurent, effrayé par les menaces, s'enfuit de la ville... Les consuls durent implorer de Lesdiguières le pardon des coupables. » Prudhomme, *ibid.*

la ville de Grenoble. L'argent est devenu rare, les charges sont toujours plus lourdes et les classes ouvrières gémissent dans une profonde misère [1]. Pour surcroît de malheurs, la famine [2] et de terribles inondations viennent s'ajouter aux fléaux qui depuis longtemps désolent le Dauphiné, et la peinture énergique qu'en a faite autrefois Mgr Scarron, reste toujours plus vraie.

Mais c'était à lui surtout qu'appartenait le soin de porter remède à des maux qu'il n'avait pu prévenir; et dans cette œuvre, il eut l'heureuse fortune d'être secondé par de nombreux auxiliaires, véritables anges de paix, tels qu'il faut en souhaiter au sein des sociétés troublées par la haine des classes. On les rencontre partout, à cette époque, pendant le demi-siècle de son épiscopat [3] : dans le clergé, dans les ordres religieux [4], dans les confréries de nobles et

---

1. Prudhomme, *loc. cit.*, p. 467.

2.
    L'an mil six cent quarante-six
    ... Le peuple souffrit grand mal;
    Moururent des gens infinis,
    Riches personnes et menues,
    Pour maladies inconnues,
    Outre ceux qui sont morts de faim,
    A faute de trouver du pain.
      (Bouts rimés du temps. Prud'homme, *ibid.*, p. 466.)

3. « Jamais, dit un historien, le sentiment religieux n'avait été plus expansif. Ce qui se passait à Grenoble, n'était qu'une manifestation locale d'un mouvement général qui emportait alors toutes les églises de France. » Prudhomme, *l. c.*, p. 458.

4. Le R. P. Général de la Compagnie de Jésus, Claude Aquaviva, remercie, en ces termes, Mgr Scarron de ce qu'il veut bien se servir du zèle de ses religieux : « ..... Gaudeo sanè nostros Patres, in diœcesi vestra, ac in urbe primaria potissimum eam impendere operam, quæ sit utilis gregi et vigilantissimo Pas-

d'artisans [1], de la Propagation de la Foi [2] pour la conversion des hérétiques, dans le monde enfin, où Mme d'Herculais vient prendre une des premières places [3] ; véritables sauveurs, ne perdant point le temps à développer des théories humanitaires, mais aimant sincèrement le peuple, et donnant de cet amour la meilleure des preuves : le dévouement qui va jusqu'au sacrifice. Que l'on examine l'histoire de cette province du Dauphiné, au xviie siècle, et on verra que deux révolutions, l'une sociale, l'autre religieuse, le protestantisme et plus tard le jansénisme,

tori accepta. Hoc oro, pergat ut Ill. D. V. singularem suam nobis præstare benevolentiam, ea voluntatis propensione qua fecit hactenus studiose. Nos vero non desistemus umquam humillima nostra Illmo ac Rev^mo Principi deferre obsequia, omni, qua par est, animi demissione; quæ quidem ego, et meo et totius Societatis nostræ nomine, certo polliceri audeo... Romæ, 14 mart., 1650. » Arch. dom.

1. Cf. Pra., *Les Jésuites à Grenoble.*
2. Fondée le 17 février, 1647, par Mme de Revel.
3. Trop peu de détails nous restent sur les relations de Mgr Scarron avec Mme d'Herculais, bien qu'il soit certain qu'elle fut d'entente avec lui pour ses bonnes œuvres. V. le dernier chapitre, et ce passage de l'Oraison funèbre :

« Monseigneur, vous qui par l'éminence de votre caractère, par les obligations infinies dont vous l'avez comblée, et par l'attachement dont Dieu l'avait prévenue pour votre sacrée personne, lui êtes sans doute plus cher et plus vénérable que tout ce qu'elle avait au monde; si Dieu a daigné la recevoir en son paradis, comme tant de saintes actions nous forcent de le croire, vous jouirez longtemps des effets de sa reconnaissance; et ayant contribué en tant de façons à l'accroissement de sa vertu, tandis qu'elle était mortelle, il est infaillible qu'elle s'acquittera avec usure de ce qu'elle vous doit, maintenant qu'elle est couronnée. »

restèrent longtemps suspendues sur elle comme une menace. Si, à la suite de longs efforts, elles furent enfin conjurées l'une et l'autre, ce fut grâce à l'intensité de la vie religieuse qui était en elle ; or, ce sont les saints qui alimentent cette vie, et qui gardent en eux ces forces de réserve, sans lesquelles une société s'affaiblit, et devient impuissante à résister à l'envahissement du mal.

Tel fut le milieu troublé, où Mme d'Herculais exerça jusqu'à la fin de sa vie la charité que nous enseigne l'Évangile [1]. Il est donc juste de lui donner sa part dans l'œuvre d'apaisement et de réconciliation. Les panégyristes n'y ont pas manqué, et un des plus beaux éloges que l'on fera d'elle après sa mort, sera de montrer réunis autour de son tombeau, et rapprochés dans un même sentiment de deuil, ceux que séparent l'égoïsme et la jalousie, et qui ne se rencontrent que dans la justice et la charité chrétiennes.

> Quam circum effusi lato, juvenesque senesque
> Atque omnis procerum, mixto cum sanguine plebes,
> Certat inexhausto florum conspergere nymbo [2].

Généreuse par ses aumônes envers les pauvres, qui ne font jamais en vain appel à sa pitié, et qu'elle prévient elle-même, en les visitant et en pourvoyant

---

1. « Je laisserai agir Dieu en moi, pour tout ce qui sera expédient pour sa gloire, à l'avantage du prochain, pour la paix et l'union de la société. » *Résolutions et affections*, etc., n° 3.
2. P. Boissat, *Mariæ Valernod. Pro epiced. pæan.*

à tous leurs besoins, elle se dévoue à leur service, quand ils sont malades, avec une charité qui rappelle les plus beaux traits de la vie des saints. « Elle prit à tâche fort longtemps, dit son historien, de visiter tous les malades du voisinage, qui étaient tous des paysans et des gueux. Elle y allait faire leurs lits, balayer leurs chambres, panser leurs blessures, sans paraître éprouver le moindre soulèvement de cœur au contact de ces membres ulcérés. Elle ne pouvait se séparer d'eux, passant les nuits et les jours entiers à leur rendre les services les plus abjects et les plus dégoûtants. Un pauvre valet de sa maison se mourait de ces fièvres pestilentielles, qui firent, ces années passées, tant de victimes, et qui se propageaient par la contagion, avec une effrayante rapidité. Mme d'Herculais voulut le servir elle-même, pendant toute sa maladie, et l'assista jusqu'à son dernier soupir ; et lorsque le moment fut venu de recevoir l'Extrême-Onction, on la vit s'incliner, pour lui laver les pieds, afin qu'il reçût ce sacrement avec plus de bienséance. »

Elle usa de la même charité envers un autre malade dont la jambe était percée d'ulcères et dont elle prit soin, tant qu'il vécut, avec une tendresse maternelle. Une pauvre fille dont le cou était couvert d'écrouelles et de plaies béantes, paraît avoir eu les préférences de son cœur. Mme d'Herculais ne laissa à personne le soin de panser ses blessures, bien que cette maladie fût très contagieuse. Elle renouvelait en la soignant, les actes d'humilité et d'incompréhensible mortification qu'elle regardait, dit son historien, comme la récompense de sa charité; appliquant ses lèvres sur ces plaies purulentes et fétides, et longuement, et comme si elle y eût trouvé ses délices. « Cette fille que j'ai vue, ajoute-t-il, croit fermement que la sainteté de sa maîtresse lui a plus servi que tous les remèdes, pour la guérison d'un mal, dont il ne reste plus que les cicatrices, comme des monuments de sa charité. Mme d'Herculais, me disait-elle encore, ne la quittait jamais sans s'être prosternée pour lui baiser les pieds », vénérant dans ce corps souffrant, l'image même de Celui qui a dit : « J'étais pauvre et infirme et vous m'avez visité et consolé; en vérité, ce que vous avez fait au plus petit de ceux qui croient en moi, c'est à moi que vous l'avez fait[1]. »

Le zèle pour le salut des âmes accompagnait cette pitié pour les infirmités corporelles. « C'est ce que je dois procurer de toutes mes forces », écrit-elle, et c'est en effet ce qu'elle cherche avant tout dans ses

---

1. On lit un autre trait semblable dans un mémoire manuscrit du temps. « Mme d'Herculais rencontrant une pauvre femme qui avait le visage à moitié dévoré par un chancre, l'embrassa tendrement, en signe de charité, et la malade fut guérie. » *Recueil des actions remarquables de feue Mlle Marie de Valernod, dame d'Herculais, avec des réflexions ou pensées dévotes sur chacune d'ycelles.* Cf. de Franclieu, *Mme d'Herculais*, p. 58. Je cite ce trait sur la foi de cet auteur, car je ne l'ai pas trouvé dans les autres biographies ou mémoires. Le P. Bertal n'en parle pas, bien qu'il ait eu en main « des mémoires fort assurés ». Il est vrai que la biographie qu'il a écrite est très abrégée, et qu'il omet bien d'autres détails.

rapports avec le prochain. Qu'elle parle ou qu'elle écrive, sa préoccupation première est de parler de Dieu, et de ramener à Dieu; car, dans sa vie entière jusqu'à sa mort, qui fut un dernier acte de charité, c'est la gloire de Dieu qu'elle a sans cesse présente à la pensée. Écoutons ce passage d'une de ses prières, où l'on entend le cri du cœur. « O mon Seigneur et mon Dieu, il me semble que je porte les pécheurs dans mon sein, par l'ardeur et la soif que vous me donnez de leur conversion. » En effet, dit son historien, « c'était dans la prière, que se nourrissait son zèle pour le salut et la perfection du prochain. Elle semblait l'envoyée de Dieu, partout où elle avait quelque accès; et elle employait à procurer sa gloire, une force à laquelle l'obstination la plus opiniâtre était contrainte de céder ».

« Souvent, après trois ou quatre heures d'oraison, elle parlait avec un visage enflammé comme celui d'un séraphin; elle disait des choses si touchantes, et qui passaient si fort la portée d'une femme, avec des termes si pénétrants, et un ton de voix si étonnant, que quelques-uns se sont vus, à ce qu'ils disent encore aujourd'hui, touchés de contrition jusqu'à être en danger d'être suffoqués par la douleur. Il n'y a jamais eu âme si tiède et si vieillie dans sa langueur, à qui ses discours de feu n'aient donné une ferveur nouvelle. Il ne s'est point rencontré d'esprit si avancé dans l'oraison et la communication avec Dieu, qu'elle n'ait élevé plus haut par ses conseils. J'en dirais bien davantage, si je ne craignais de faire tomber ces pensées sur les personnes qui vivent encore. Tout en elle était touchant et persuadant. Ses yeux, son port, son seul aspect animaient à la vertu ceux qui la regardaient; comme il y avait dans ses paroles un charme inévitable, qui portait au bien tous ceux qui avaient le bonheur de l'entendre. »

« Le zèle de votre maison me dévore, et les opprobres de ceux qui vous outragent ont retombé sur moi[1]. » « Un jour, Mme d'Herculais accompagnait le Saint Sacrement, que l'on portait aux malades, lorsque le prêtre heurta par mégarde un malheureux jeune homme, qui se retourna en proférant des blasphèmes. » Elle se plaignit à son Dieu, dans le fond de son âme; mais il est remarquable, que dans ses paroles, on ne trouve aucun sentiment d'indignation. Si elle demande que le feu du ciel descende sur ce pécheur, ce feu n'est pas celui de la vengeance : « Mon Dieu, mon Dieu, dit-elle, pourquoi ne faites-vous pas pénétrer les ardeurs de votre charité jusqu'à cette pauvre créature[2]. » Cette fois, sa prière ne fut pas exaucée, et Notre-Seigneur lui fit entendre que ce pécheur mettait à sa propre conversion un obstacle secret.

Notre-Seigneur lui faisait ainsi goûter les amertumes de son agonie et de son sacrifice sur la croix, quand il prévoyait l'inutilité de ses souffrances, pour

1. Ps. LXXVIII, 10.
2. D'après le *Recueil de grâces*; cité par Mlle de Franclieu, *Mme d'Herculais*, p. 79.

un grand nombre de pécheurs ; mais en même temps il l'instruisait à conserver la paix intérieure, dans les plus grandes ardeurs de son zèle. En effet, dans ses résolutions de retraite, elle revient fréquemment sur cette vertu, et on devine sans peine, que le défaut opposé lui paraît, devant Dieu, le plus grand obstacle à sa perfection. « Quand je traiterai avec le prochain, écrit-elle, je veux me conserver dans une constante égalité, adorant la majesté de mon Dieu qui repose en moi. Je lui recommanderai le sujet que j'aurai à traiter, mais je lui en abandonnerai l'événement. Je le laisserai agir en moi, pour tout ce qui sera expédient pour sa gloire. Je refuserai mon attention aux réflexions naturelles, que la vivacité et la fausse prudence font produire à mon esprit, en le conservant purement attentif à Dieu seul, pour suivre simplement ce à quoi son amour me porte, et le premier mouvement intérieur qui procède de son esprit. »

« Je dois être douce et patiente avec le prochain, supporter ses défauts, et lui donner plus d'accès et de liberté de me parler pour sa perfection, que je dois procurer par tous mes soins. Je m'y emploierai avec fidélité, dans les occasions que la Providence me donnera, mais sans empressement inquiet. J'adorerai Dieu, qui repose en moi, et je le prierai pour la conversion des pécheurs ; en cela, comme en tout le reste, me remettant à son amour pour le succès de mes efforts [1]. »

1. *Résolutions et affections*, etc.

Son zèle n'est pas amoindri, parce qu'il est contenu dans l'ordre et la paix. Dès que le salut et la perfection du prochain sont en jeu, il n'est pas de sacrifice qui l'arrête. En voici un, rapporté par son biographe, et qui semblera de peu de prix, si on n'en mesure pas la valeur par son humilité, et la répugnance profonde qu'elle avait à manifester les grâces qu'elle recevait de Dieu. « Je sais, dit-il, des personnes, qui n'ayant rien pu tirer d'elle par d'autres voies, obtenaient qu'elle s'ouvrit sur des choses très cachées des faveurs divines dont elle était l'objet, en lui remontrant tout le profit spirituel qu'ils espéraient de ces communications. »

Et lorsque tout autre moyen lui faisait défaut, il lui restait toujours la mortification et la prière. Souffrir en expiation pour la conversion des pécheurs, souffrir pour obtenir de Dieu la perfection des justes, tel est en grande partie le secret de sa force dans sa vie d'apôtre. Prodigue de ses souffrances volontaires, et en même temps, avocate puissante auprès de Dieu, voilà comment elle apparaît à ses contemporains ; et on connaît si bien les dispositions généreuses de son cœur, qu'on hésite quelquefois à user de son intercession auprès de Dieu, parce que, l'intéresser à une conversion qu'elle achètera au prix de son sang, c'est lui demander d'ajouter encore à son martyre de chaque jour. « Je craignais, dit son directeur, de lui recommander les intérêts spirituels du prochain, par la crainte de l'exposer à demander à Dieu de nouvelles croix qu'elle obtenait presque infailliblement. »

On l'aura remarqué : de trop rares détails de cette vertu de charité sont fournis par les mémoires retrouvés jusqu'ici. Il en est un cependant plus développé, celui des Visitandines de Sainte-Marie-d'en-Haut, où se lit un épisode curieux sur l'apostolat de Mme d'Herculais, auprès des victimes de l'inondation de 1651. La ville de Grenoble, située au pied des Alpes, au confluent de l'Isère et du Drac, qui lui apportent les eaux torrentueuses des hautes montagnes, a connu plus d'une fois ce terrible fléau. En 1651, ce fut un véritable déluge [1]. Le 14 novembre, l'Isère inondait toute la vallée du Graisivaudan, « emportant dans sa course furieuse, maisons, meubles, bestiaux, fourrages, qu'elle jetait comme autant de béliers, contre les restes ébranlés du pont à demi démoli. Le 30 novembre, la seconde

---

1. Voir d'autres particularités dans une chronique inédite du couvent des Ursulines, à Grenoble. « Il plut à la divine Providence, y est-il dit, d'affliger cette ville de deux inondations, en moins de trois semaines. A la seconde, qui arriva le premier vendredi de décembre, le déluge fut si grand et effroyable, que l'eau monta à la hauteur d'une pique, en quelques endroits de la ville, et dans notre maison, jusqu'à cinq pieds et demi. Dès le matin, entrant au chœur, nous y trouvâmes déjà tant d'eau, qu'il fallut promptement faire passer de nos sœurs dans le sanctuaire pour emporter le Saint-Sacrement et le sauver du péril de l'eau, dans laquelle nos sœurs étaient jusqu'à la ceinture. Bien que l'inondation ne dura environ que trente heures, elle fit de grands ravages..... L'eau croissait à vue d'œil ; pendant ce temps la Communauté était en prières devant le Saint-Sacrement, que nous avions dû porter dans une chambre haute. »

pile s'écroulait. En même temps, les eaux se répandaient dans les rues, renversaient les maisons, ruinaient les quais, minaient les bastions et submergeaient presque tous les quartiers, jusqu'à la hauteur du deuxième étage [1] ».

Mme d'Herculais se trouvait alors au monastère de Sainte-Marie-d'en-Haut : « Cette chère dame, écrivent les Visitandines, se trouva céans, le jour de la fête de saint André, de l'année mil six cent cinquante et un, alors que la ville de Grenoble pensa être submergée par les eaux. Elles firent un débord fort soudain, qui empêcha le R. P. de Bus qui nous avait fait l'honneur de nous prêcher ce jour-là, de pouvoir retourner au collège. Le peuple des deux faubourgs de Saint-Sauveur et de la Perrière fut contraint d'abandonner ses maisons et de se réfugier dans la haute partie, où se trouvent notre église et nos parloirs; et plusieurs n'eurent le temps de prendre des provisions pour vivre, et ne purent avoir d'autre eau pour boire que celle de nos citernes, les puits et les fontaines étant tous submergés par ce déluge; tellement que nous fûmes obligées de fournir à ce pauvre peuple tout ce que nous pûmes pour la nourriture; et la plupart de nos sœurs furent occupées, le jour et la nuit, à puiser et à charrier de l'eau. »

Au milieu de cette désolation universelle, Mme d'Herculais apparut comme un ange consola-

---

1. Prudhomme, *Histoire de Grenoble*, p. 467. — Pilot, *Recherches sur les inondations*, etc., p. 26.

teur. S'il est des circonstances où la vertu cachée doit se manifester et resplendir, c'est bien dans ces moments d'affliction soudaine, où le courage, la présence d'esprit, le calme, l'oubli de soi et le dévouement au salut du prochain, et par-dessus tout les vertus surnaturelles de foi et d'abandon à la Providence ne s'improvisent point, et où, au contraire, toutes les faiblesses de la nature surprise, se montrent à découvert. Au témoignage des Visitandines, Mme d'Herculais donna dans cette occasion de grandes marques de sa parfaite conformité à la volonté de Dieu, et de sa charité envers le pauvre peuple que le fléau avait chassé sur la hauteur, dans l'asile de Sainte-Marie-d'en-Haut.

Quelle occasion plus favorable pour lui parler de Dieu, de ce Dieu qu'on oublie trop souvent dans ses bienfaits mais qui nous attire infailliblement à lui dans les moments d'épreuve. Sur le flanc de la colline, le monastère de Sainte-Marie-d'en-Haut semblait une nacelle de malheureux naufragés, levant les mains au ciel pendant la tempête. C'étaient des âmes toutes préparées pour l'action de la grâce ; on le vit bien, en effet, par les fruits de salut, que tous remportèrent de ces jours d'épreuve. Ces trois jours passés à Sainte-Marie-d'en-Haut, furent, à vrai dire, un temps de retraite, et des plus fructueuses. La Providence avait pourvu au prédicateur de cette mission improvisée. Le P. Balthasar de Bus [1] qui venait de pré-

1. Le B. Balthasar de Bus, neveu du vénérable César de Bus, fondateur de la Doctrine chrétienne, mourut en 1658,

cher le panégyrique de saint André et l'amour de
la croix, et que la soudaineté du fléau retenait lui
aussi, à Sainte-Marie-d'en-Haut, n'eut point de peine
à se rendre aux instances de Mme d'Herculais, et à
évangéliser ces nouveaux auditeurs. « Mme d'Herculais, écrivent les Visitandines, poussée du zèle ardent
qu'elle avait de procurer de la consolation à ces
bonnes gens, pria et pressa le R. P. de Bus de multiplier ses exhortations. Il en fit de très fréquentes
et de très belles, et si ferventes qu'elles produisirent
un grand fruit par quantité de confessions, communions et autres bonnes œuvres, qui se firent en ce
temps-là. »

« De son côté, elle priait continuellement, ajoute
la même relation, et dans les intervalles des pré-
dications, elle s'approchait de ces infortunés, et les
exhortait à accepter cette épreuve, en esprit de pénitence ; car c'était, disait-elle, un moyen excellent
pour expier les péchés. Toutes ces paroles tendaient
vers ce but : amener ces pauvres gens à se repentir
de leurs fautes, à se confesser, et à trouver dans
l'affliction présente une occasion de repentir et de
satisfaction. » « Faites-en votre profit, leur disait-
elle, et faites de bonnes propositions de vous amen-
der. » Puis les voyant sans cesse troublés et décon-

au collège de Carpentras, en odeur de sainteté. « Il eut cette grâce
singulière, dit son historien, d'être élevé à un tel degré d'u-
nion avec Dieu, qu'il ne semblait ne plus voir ni sentir rien de
créé, ou plutôt voir et sentir, comme saint Ignace, Dieu dans
toutes les créatures, et toutes les créatures en Dieu. » *Mén. S. J.*,
23 déc.

certés, elle les animait à la confiance en Dieu.
« Conformez-vous à la sainte volonté de Dieu, disait-elle, et ne craignez pas ; si vous vous confiez en
sa bonté, il aura soin de tout ce qui vous touche. »
On ne saurait dire avec quelle respectueuse attention ces infortunés écoutaient la voix de cette cha-
ritable dame. »

« Sa grande crainte était qu'il se commît des
irrévérences, la nuit, dans l'église. Les parloirs, l'é-
glise, étaient devenus l'asile des réfugiés, la nuit et
le jour. Pour empêcher autant qu'elle le pouvait,
qu'on ne manquât de respect au lieu saint, elle
faisait des allées et venues fréquentes dans le chœur,
exhortant le peuple à se tenir avec grande révérence,
à cause de la présence du Saint-Sacrement de l'autel ;
et on a su depuis, qu'elle se leva une fois, à minuit,
après s'être retirée fort tard, ayant assisté à notre
office, et aux prières que nous fîmes pour la cessation du fléau ; et une de nos sœurs la trouva dans
l'église, disant à haute voix les litanies, auxquelles le
peuple répondait. Après les litanies vinrent d'autres
prières ; et quand elle se fut retirée, on l'entendit
dans sa chambre, se flagellant avec des disciplines.
Entre autres pénitences qu'elle fit pendant ce temps-
là, elle voulut se priver de nourriture, et laisser sa
part aux bonnes gens qui s'étaient réfugiés chez
nous ; on l'en empêcha, mais elle voulut au moins se
faire leur servante, en aidant à charrier de l'eau et
à distribuer la nourriture, que l'on préparait pour
eux. En même temps, elle distribuait son argent aux

pauvres, comme elle avait coutume de le faire pendant toutes ses retraites. Si on ne put l'empêcher de se priver de nourriture, il fallut lui permettre de se joindre à la communauté, dans les jeûnes que nous fîmes en ce temps-là, au pain et à l'eau, afin d'apaiser la colère de Dieu. Elle assista à toutes les prières et dévotions extraordinaires, qui se firent céans, en ce temps d'affliction, notamment à une procession, où elle fut, la cendre sur la tête, la corde au cou, et les pieds nus comme les autres, et quoiqu'elle se tînt toujours dans un parfait recueillement, on remarqua en elle, à cette occasion, une ferveur et une piété extraordinaires, dont tous furent frappés. »

« Jamais elle ne parut troublée, empressée ou divertie, ni on ne lui entendit dire aucune parole inutile. Jamais elle ne regarda les eaux, sinon quand notre mère[1], pour l'exciter à redoubler ses prières, et à dire quelques paroles de consolation à nos sœurs, la mena contempler ce spectacle de désolation ; et quand la dernière partie du pont tomba, avec un bruit effroyable, mêlé au bruit des gémissements et des grands cris, qu'on entendait au loin de tous côtés, comme si la ville allait disparaître sous l'inondation, elle ne s'émut point et continua sa prière. Quand elle l'eut terminée, elle se leva et dit tout haut quelques mots de consolation, répétant sans cesse ses exhortations à la confiance en Dieu. »

1. Mère Constance de Bressand.

« Une sœur lui demanda alors, si elle n'avait point d'appréhension de la perte du P. Morel[1]. Elle lui répondit avec force : « Non, certes, qu'il meure et que tout périsse ; si c'est la volonté de mon Maître » ; et à notre chère mère, qui tremblait pour le sort de nos sœurs qui étaient dans notre second monastère[2], et des autres qui assistaient les Filles pénitentes : « Hé, ma chère mère, lui dit-elle, abandonnez-les à l'amour, il les sauvera ; l'amour est dans les eaux ; c'est un déluge d'amour, que n'y sommes-nous tous submergés ! »

« Or, voici ce qui se passait à ce moment-là, dans

1. Le journal ajoute cette remarque : « Lorsque le P. Morel s'en alla de cette ville, ce dont chacun témoigna beaucoup de regret, elle parut toujours fort indifférente et soumise aux ordres de Dieu, sans que jamais elle dît aucune parole qui témoignât du regret de ce départ ; bien que chacun sût assez qu'il était alors son directeur, et qu'elle lui avait beaucoup de confiance ; et notre chère mère lui ayant alors demandé, si elle avait toujours été aussi indifférente, elle répondit que Dieu lui avait fait cette grâce, de n'être attachée à aucun, qu'autant que les besoins de son âme le requéraient. »

Le P. Andoche Morel était alors supérieur du collège des Jésuites, depuis 1649. Il quitta Grenoble en 1654 et y revint en 1659. Il y resta 15 ans et y mourut en 1674. Une notice nécrologique S. J. résume ainsi sa vie : « Semper æger aut ægra valetudine, ostendit ubique, et in munere rectoris, singularem rerum divinarum peritiam et zelum in aliis ad Deum dirigendis. Præcelluit enim morum suavitate, humanitate summa, tolerantia morborum nulli molesta. Cui, ob singularem reverentiam, Canonici ecclesiæ cathedralis solenni cultu justa funebria ei persolverunt, motu proprio. »

2. Il était situé rue Très-Cloître et portait le nom de Sainte-Marie-d'en-Bas. Il avait été fondé en 1647.

notre second monastère, situé dans la ville basse. A
la vue du péril, la supérieure avait décidé qu'on
avancerait les matines de deux heures. Nos sœurs
effrayées lui proposèrent en vain de les dire hors du
chœur ; elle ne voulut point y consentir, assurant
qu'il n'y avait rien à redouter, en présence de Jésus-
Christ. En effet, tant que dura l'office, le terrible
fléau respecta le lieu saint, mais dès que la communauté fut sortie, les eaux s'y précipitèrent avec fureur, jusqu'à la hauteur de quatre pieds. Un prêtre
eut le courage de venir d'une maison voisine, des-
cendit à la chapelle déjà inondée, et en toute hâte
transporta le Saint Sacrement dans une chambre
haute, où deux sœurs furent tour à tour en adoration[1].
Il était deux heures du matin, et depuis ce moment
nos sœurs ne cessèrent de prier et firent même des
processions dans les greniers. Des fenêtres voisines
on les entendait et on s'unissait à leurs prières. A
un moment, les parents et amis de nos sœurs vinrent
leur offrir de sortir du monastère, mais elles ne le
voulurent point et se contentèrent de recevoir quelques provisions pour leurs malades. Le péril deve-
nant imminent, la Mère Marie-Antoinette fut inspirée de descendre sur les flots, à l'aide d'une corde,
une statue de la Sainte Vierge et des reliques de notre
bienheureux Père. Chose admirable ! les eaux qui
s'élevaient partout ailleurs, cessèrent de croître en
cet endroit[1]. »

1. Cet alinéa appartient à une autre relation, déjà publiée
dans l'*Année Sainte* (IV, p. 527). Il est intercalé ici, parce

« Abandonnez-les à l'amour : l'amour est dans les eaux, l'amour les sauvera », cette promesse était accomplie, ou, pour mieux dire, cette prière d'amoureuse confiance, descendue comme une bénédiction, du haut de la colline, venait d'être exaucée.

Ainsi ni l'appréhension des maux de l'avenir, ni les accidents subits et imprévus, ne pouvaient faire perdre un instant à Mme d'Herculais cette force tranquille qu'elle puisait dans le sentiment continuel de la présence de Dieu. Elle en donna bientôt un autre exemple. Lorsqu'elle quitta le couvent de Sainte-Marie-d'en-Haut, pour retourner à Herculais, la route redevenue libre par le retrait de l'inondation, « il arriva, dit son historien, qu'à un sentier étroit, passage difficile de la montagne, qui surplombait un précipice très profond et presque taillé à pic, les mulets qui portaient sa litière perdirent pied, et l'entraînèrent au fond de l'abîme. Elle fut sauvée, comme par miracle, de ce danger mortel ; mais ce qu'il y a de plus étonnant encore, c'est que dans ce désastre imprévu, ni une plainte, ni même un cri de surprise ne sortirent de ses lèvres. Une seule pensée occupait alors son esprit : « Dieu est avec nous, dans les précipices comme dans les plaines ; il est avec nous et la nuit et le jour. » Les cris que poussaient une fille qui l'accompagnait, l'arrachèrent à cette méditation, et l'ayant trouvée saine et sans blessure

qu'il complète la première relation inédite, en montrant la réalisation des paroles de Mme d'Herculais.

8.

comme elle, par une providence dont les effets lui étaient ordinaires, elle se mit à genoux dans la neige, pour rendre grâces à Dieu; et parce que la litière ne put être retirée de toute la nuit, elle reprit à pied le chemin d'Herculais dans l'obscurité de cette nuit d'hiver. Elle marcha ainsi plusieurs heures dans la montagne, et les pieds dans la boue, avec la même disposition intérieure d'union avec Dieu; jouissant, avouait-elle plus tard, de la plus douce et consolante oraison, et dans une joie inexprimable d'avoir rencontré une occasion de souffrir; car, ajoutait-elle, c'est une grande récréation au cœur que Dieu tient à soi, d'avoir quelque chose à endurer pour son amour ».

« Mes sœurs, l'amour est dans les eaux, l'amour est dans les abîmes. » Dans ce cri échappé de son cœur, Mme d'Herculais résumait toutes les pensées de sa vie : Dieu dans les créatures et toutes les créatures en Dieu. Dans un spectacle, où se mêlent pour les autres l'attrait d'une vaine curiosité, la frayeur inspirée par le déchaînement des forces de la nature, la pitié pour les victimes, les angoisses en présence des dangers auxquels sont exposés des êtres chéris, son regard éclairé par la foi ne voit que Dieu seul, celui qui était l'objet de son amour et dont rien ne pouvait détourner sa pensée. — « *Aquæ multæ non potuerunt extinguere charitatem, nec flumina obruent illam.* » — Dévouée au salut des affligés qui l'entourent, jusqu'à répandre son sang par de cruelles flagellations, empressée pour les soulager et les servir, jusqu'à leur donner sa part de nourriture, prompte à les consoler et à ranimer leur confiance, dans ces exercices de zèle, c'est Dieu sans cesse qu'elle voit, Dieu qu'elle aime et sert dans la personne des pauvres et des affligés, Dieu dont elle voit l'action dans ce fléau, Dieu dont le souvenir l'accompagne jusqu'au fond de l'abîme, où elle a été précipitée. Rien ne l'émeut, rien ne peut la distraire de cet unique objet. Depuis longtemps elle avait ainsi façonné son cœur, à n'être plus sensible qu'aux intérêts de celui qu'elle aimait d'un amour de préférence. Mais il semble qu'à la fin des exercices de sa retraite, elle ait rendu plus vive en elle cette sorte de seconde vue continuelle, qui ne laisse voir aux regards des saints que l'action divine, dans tous les événements de ce monde. C'est par là, en effet, que se terminent les exercices de saint Ignace qu'elle venait de suivre dans sa retraite, et qui sont une si puissante provocation à l'amour de Dieu, par la considération des créatures; et c'est ainsi que les saints traversent la vie, indifférents à tout ce qui n'est pas Dieu, et le rencontrant partout, soit qu'il frappe ou qu'il guérisse, qu'il console ou qu'il afflige, qu'il se manifeste par ses bienfaits, ou par les rigueurs de sa justice.

CHAPITRE XI

LA CONSOMMATION DES VERTUS DANS L'AMOUR DE DIEU.
LES DONS D'ORAISON.

« Marie, esclave de Jésus-Christ[1] », « Marie du Calvaire », tels sont les noms que s'est donnés elle-même Mme d'Herculais, et qu'elle a écrits de son propre sang. Il semble qu'elle se croie indigne

---

1. Cf. *Vie de la Bienheureuse Marguerite-Marie*, II, p. 478, prières composées par la bienheureuse : « O sacrés Cœurs de Jésus et de Marie..., nous voulons faire consister tout notre bonheur et notre félicité, de vivre et de mourir, en qualité d'esclaves de l'adorable Cœur de Jésus. » *Ibid.*, p. 492. « Je vous adore, ô Jésus, Roi puissant, sur votre trône d'amour et de miséricorde; recevez-moi comme votre esclave et votre sujette, et me pardonnez, s'il vous plaît, mes résistances et rébellions à votre souverain domaine sur mon âme. » — « Servum te charitas faciat, quia liberum te veritas fecit. » S. Aug., in Ps. xcix, n. 708. Ces expressions d'humilité et de crainte filiale s'harmonisent très bien avec la charité, et n'ont rien de commun avec les théories extravagantes sur l'Esclavage de Jésus-Christ, condamnées par le pape Clément X en 1673. — *Vie de la Bienheureuse Marguerite-Marie*, II, p. 494 : « Ne me refusez pas l'aimable qualité de fille de votre Cœur, dans lequel je désire mourir à moi-même et au péché, pour ne plus vivre que de sa vie de soumission à l'obéissance. »

d'être élevée plus haut dans le service de son Maître, et qu'elle veuille rester à genoux, au pied de la croix, dans l'attitude de la pécheresse repentante. Cependant ni son humilité ni ses mortifications, ne nous révèlent le trait dominant de sa sainteté. Un artiste du xviie siècle l'a représentée, tenant d'une main le fer avec lequel, dans un accès de ferveur, elle s'est meurtrie jusqu'au sang[1], de l'autre écrivant de ce sang versé, une « protestation d'esclavage à Notre-Seigneur ». Mais c'est bien à tort qu'il a prétendu résumer dans cette parole et ce symbole, une vie qui est marquée d'un tout autre caractère. On ne pardonnera pas non plus au panégyriste d'avoir donné tant de place, dans son discours, au récit des mortifications volontaires de son héroïne, et de n'avoir rien épargné à ses auditeurs, d'un tableau parfois effrayant. Ce fut bien, il est vrai, un grand spectacle et digne d'admiration, que celui de cette jeune femme, victorieuse d'elle-même, domptant la volupté et jusqu'à la douleur. Ce magnifique mépris de la souffrance dans un sexe faible, c'est la victoire même de Dieu. Mais il y a quelque chose de plus grand que la mortification, de plus durable que la foi et l'espérance, c'est la sainte charité, sans laquelle toutes les autres vertus ne sont rien.

Ici vraiment, l'artiste et l'orateur ont trop sacrifié à l'effet, peut-être aussi à ce goût inexplicable de sombre rigorisme, qui flottait alors dans les esprits,

---

1. Bib. Nat. Estampes. Reproduction en tête de cette biographie, où ce détail a été supprimé.

apporté par on ne sait quel souffle, et qui sera à
cette époque une si grande force de l'hérésie. Peut-
être encore furent-ils préoccupés l'un et l'autre par
le désir d'opposer un exemple de vraie mortification, aux fausses vertus de pénitence des hérétiques
du temps[1]. Quoi qu'il en soit, la mortification et
l'humilité, à quelque degré qu'elle ait pratiqué ces
vertus, ne représentent point dans Mme d'Herculais
le vrai caractère de sa sainte vie. C'est plus haut
qu'il faut le chercher, dans cet immense amour de
Dieu, qui s'alluma en elle dès le commencement de
sa vie parfaite, et dans lequel elle se consuma len-
tement jusqu'à son dernier soupir. Son corps, elle
l'a réduit en servitude, et brisé par les jeûnes et les
flagellations; elle a imprimé, comme un cachet, sur
ses bras et sur son cœur, les marques de la passion,
mais afin d'appartenir à son Sauveur crucifié; elle
veut souffrir, mais pour aimer. Dans les premiers
temps de sa conversion à une vie parfaite, c'est un
sentiment d'expiation, qui paraît dominer dans sa
poursuite de la pénitence, mais il est bientôt absorbé dans l'amour. Emportée par une allégresse
inexplicable, vers l'immolation d'elle-même, elle se
jette, comme autrefois une sainte martyre, dans les
flammes de la mortification, sous l'impulsion de son
amour pour Jésus-Christ, son époux, qu'elle veut

1. On croit retrouver les mêmes préoccupations dans le
résumé biographique du P. Bertal, qui donne aussi comme
caractère de la vie de Mme d'Herculais, un amour extraordinaire de la pénitence.

imiter dans sa vie souffrante. Ce n'est pas assez encore, — grand mystère de l'amour divin, — ce qu'elle cherche dans ses souffrances volontaires, ce n'est plus seulement l'expiation ou l'imitation de son Sauveur crucifié, c'est encore un moyen d'aimer davantage, et de donner une plus libre action à son amour, plus dégagé, plus spiritualisé, en quelque sorte, et plus ardent, quand il est délivré, par la mortification, des entraves de l'amour-propre et de la sensualité, et qui s'alimente dans la destruction même de ces obstacles, comme l'amour charnel se nourrit du plaisir.

C'est dans l'oraison que se trouve l'exercice le plus parfait de l'amour de Dieu ; aussi dès le premier moment de sa conversion, Mme d'Herculais, comme on l'a vu plus haut, s'adonne toute entière à la conversation avec Dieu dans la prière. « Je passais plusieurs heures, écrit-elle, et absolument tout le temps que je pouvais soustraire ailleurs, à faire oraison, où n'ayant jamais eu ni précepte ni direction, les matinées et plusieurs heures de suite ne me paraissaient qu'un moment. » Il est dit de la Bienheureuse Marguerite-Marie, que dans le commencement de sa vie parfaite, « elle se sentait au cœur deux grandes faims : une de la très sainte communion, où elle recevait le Dieu de son cœur, l'autre des mépris et de la souffrance[1] ». C'est par des attraits semblables que Dieu fait entrer

______

1. *Vie de la Bienheureuse Marguerite-Marie*, 1, 170.

Mme d'Herculais dans les voies de l'oraison. « Sa prière, écrit son historien, n'avait alors que deux objets : ou la passion du Sauveur, ou le Saint Sacrement de l'autel ; et elle paraissait déjà liée à la divine Eucharistie, par cette chaîne invisible, qui l'a serrée le reste de sa vie. »

Le récit de ses mortifications a montré comment elle a aimé Jésus souffrant, non pas seulement par des témoignages de tendre compassion, mais par un amour, qui allait de toutes ses forces à la participation même des douleurs de la croix. « De son amour pour le sacrement de l'autel, elle a donné, dit son premier historien, des démonstrations, qui sont comme infinies ; et s'il est permis d'user de comparaison avec une passion humaine, pour la plus divine de toutes les affections, il n'y a jamais eu personne au monde, prévenue d'inclination pour une créature, à qui on ait vu des assiduités, des tendresses, des empressements, pareils à ceux qu'on a reconnus à cette véritable Sulamite, pour Notre-Seigneur, dans le sacrement de l'Eucharistie. » Les chapitres précédents en ont donné assez d'exemples, auxquels on peut ajouter ici quelques courts extraits, de ses deux écrits : le *Recueil de grâces* et les *Résolutions*, afin de l'entendre parler elle-même de l'abondance de son cœur [1].

---

1. Il y a dans le *Recueil de grâces,* un cantique spirituel composé après la communion (publié dans *Mme d'Herculais,* par Mlle de Franclieu, p. 189). Il est bon de faire remarquer que ce chant n'est du commencement à la fin qu'une para-

« O amour! que vous rendrai-je, pour cet inconcevable présent que vous venez de me faire! Qu'y a-t-il sur la terre et dans le ciel, hors de ce don excellent, qui ne soit infiniment au-dessous de lui! Je reconnais en lui toute la Trinité adorable et indivisible en sa divinité, inséparable de l'Homme-Dieu, mon Sauveur, que je viens de recevoir. O amour, mon amour! puisque vous êtes en moi, puisque vous m'avez fait don de votre personne sacrée, reconnaissez-vous vous-même, et achevez en moi cette transformation en vous, dont vous m'avez altérée depuis les premières touches de votre amour! Que je ne sois plus qu'une même chose avec vous, que je ne vive plus, que je n'existe plus que par amour, et que je vous oblige à prendre une éternelle complaisance, dans ce cœur que vous remplissez maintenant de votre réelle présence! »

« O mon tout, mon amour et mon cœur, vous êtes tout mien et tous nos biens sont communs [1]. »

phrase du Cantique des Cantiques (III, 2, 3, 4). Par exemple ces vers :

> Dites-moi, gardes de la ville,
> Avez-vous vu celui que j'aime...

traduisent ces paroles : « Invenerunt me vigiles, qui custodiunt civitatem. Num, quem diligit anima mea, vidistis? » (III, 3.) Ce cantique est d'une poésie simple et naïve. Souvent la jubilation chez les mystiques s'exhale par le chant; cela ne veut pas dire que le don de poésie leur soit communiqué, s'ils ne l'ont pas déjà naturellement, comme l'avait sainte Thérèse. Le cantique spirituel de Mᵐᵉ d'Herculais n'est pas supérieur pour la forme à ceux de la Bienheureuse Marguerite-Marie. (*Vie*, etc., II, p. 567.)

1. « Un jour que le désir de recevoir Notre-Seigneur me

« O mon amour, conservez votre esprit dans le mien, afin qu'il me meuve dans toutes les actions de ce jour, pour vous glorifier, et glorifier en vous, votre Père adorable; établissez en moi votre divine vertu, afin que je puisse convertir à mon Jésus, et enflammer de son amour, tous ceux qui désormais converseront avec moi. Faites que, dans toutes mes actions, je porte en esprit mon Jésus, pour les animer à mon tour de son esprit, et glorifier en tout l'adorable Trinité. »

« O mon Dieu, mon amour, ma vie et mon tout, que toute la terre et le ciel vous obéissent et vous aiment; vous glorifient et vous reconnaissent pour ce que vous êtes, afin que vous régniez désormais dans le cœur de toutes les créatures. »

« O adorable chef-d'œuvre de l'amour de mon Sauveur, substantiel effet de son Saint-Esprit, production divine du Verbe, au dehors du secret de sa divinité, et libéral écoulement de la Divinité même dans notre humanité, substantielle et unique union, qui fait un Homme-Dieu et un Dieu tout ensemble! Amour, mon libéral amour, qui dans la soif que vous avez de vous communiquer aux hommes, semblez n'être pas satisfait de ce chef-d'œuvre que vous avez accompli en mon Sauveur Jésus-Christ! C'était peu pour vous, ce semble, de nous honorer

tourmentait, je lui dis : « Mon Seigneur, apprenez-moi ce que vous voulez que je vous dise. » « Rien, me répondit-il, sinon ces paroles : « Mon Dieu, mon unique, mon tout, vous êtes tout pour moi, et je suis toute pour vous. » *Vie de la Bienheureuse Marguerite-Marie*, I, p. 181.

de cette grâce, qui nous donne un Dieu pour frère, ô divin amour, vous voulez rendre cette union encore plus intime, et particulière à chacun de nous. C'est vous, ô divin amour, qui fermez les yeux de mon Sauveur aux ingratitudes des hommes, qui le rendez comme insensible à sa gloire et l'obligez à demeurer constamment dans le Saint-Sacrement. C'est vous qui l'avez poussé à instituer cet aliment qui les nourrit et les fortifie de la chair d'un Homme-Dieu. »

« O amour, secourez-moi dans ce transport, que cette merveille cause à mon âme et qui redouble si fort le trait qui frappe mon cœur, qu'il ne vit plus qu'en mourant d'amour. »

« O mon tout, ma douceur et ma vie, suavité même, qui vous communiquez à votre créature, avec tant d'abondance! Que votre force est bien au-dessus de celle que vous avez communiqué autrefois à votre prophète, par le pain cuit sur la cendre, en vertu duquel il marcha dans le désert pendant quarante jours! Si la figure a fait cette merveille, que ne fera point la réalité que je possède en moi, ce pain de vie, caché sous la cendre de l'humanité, par laquelle vous avez souffert dans votre passion sous la véhémence de votre amour, et m'avez préparé ce pain qui me nourrit et me fortifie. O merveille d'amour, inconcevable bonté, achevez votre dessein, après m'avoir donné ce pain de vie; conduisez-moi par sa vertu, à cette sainte montagne où habitent vos élus! »

« O mon Dieu et mon tout, que votre majesté est libérale envers votre ingrate créature! Vous vous donnez tout à moi, sans avoir égard à mon indignité et à la grandeur de votre excellence; vous venez habiter dans mon cœur, qui n'a pas encore su faire un acte qui vous puisse plaire, et qui de lui-même ne sait que vous offenser. O mon Dieu et mon tout, mon adorable Sauveur, couvrez ce pauvre cœur du manteau de vos miséricordes, noyez dans votre sang tous mes péchés, afin que cet être impur glorifie vos miséricordes. Dieu Tout-Puissant, capable de changer la glace de mon cœur dans la flamme de votre amour, et de faire brûler les eaux mêmes dans le feu, que mon âme brûle continuellement de votre amour, en s'y abîmant et s'y consumant, afin que je communique cette ardeur à tous ceux que je fréquenterai. »

« O mon Dieu et mon tout, si les charbons se sont enflammés en votre présence, que devrait faire maintenant mon cœur, dans l'amoureuse union dont il jouit à cette heure avec votre adorable personne, toute votre Divinité étant en moi. Qu'il soit désormais tout ardent, pour embraser tous ceux qui s'approchent de moi; faites cette merveille, ô mon amour, pour signaler votre entrée en moi, et honorer le séjour que vous y avez fait, par la sainte communion[1]. »

« Le jour de l'Épiphanie, écrit-elle, j'avais des

---

1. *Résolutions et affections,* etc.

désirs si ardents de communier, qu'il ne se peut dire. Il me semblait que ce cœur, qui est tout à mon Jésus, se dilatait et s'enflait, tant j'endurais de grandes douleurs; mais, en même temps, je jouissais d'une paix et d'une consolation indicibles. Je suis allée à la sainte table, embrasée d'amour, pour recevoir Celui qui est la joie de mon âme [1]. »

« Un autre jour, comme j'eus communié, je ressentis mon Dieu, présent dans mon cœur, avec une suavité très grande. Je lui dis alors, dans la consolation dont j'étais enivrée : « Que voulez-vous, ô mon Dieu, quand vous vous unissez si étroitement à moi? » et j'entendis sa voix qui me disait : « C'est ton cœur que je veux [2] ». C'était le même appel, qu'elle avait entendu autrefois au commencement de sa conversion, et qui redouble maintenant l'ardeur de sa prière.

« O amour incompréhensible, qui avez renfermé en moi ce précieux trésor, auquel le Père éternel prend éternellement ses amoureuses délices, et qui fait la félicité des saints! O amour adorable qui par votre libéralité infinie, me mettez en possession de tout ce que le ciel et la terre ont de plus excellent, en me donnant ce chef-d'œuvre de votre toute-puissance, que vous avez formé dans le sein de la glorieuse Vierge Marie! O trésor, qui semble créé pour moi seule, puisqu'il m'est donné si libéralement, toutes les fois que je le veux! Trésor ado-

1. *Recueil*, etc. Cf. de Franclieu, Mme *d'Herculais*, p. 157.
2. *Id.*, *ibid.*, p. 106.

rable, conservé dans la maison que j'habite, pour m'enrichir, à tous les moments du jour et de la nuit, de ses divines excellences; pour me secourir dans ma pauvreté, par l'amoureuse communication de vos grâces[1]! »

Des aspirations si ardentes envers le Dieu de l'Eucharistie, révèlent à quel haut degré de ferveur Mme d'Herculais était élevée dans l'oraison, et expliquent en même temps la rapidité de ses progrès. « Je sais de sa propre bouche, dit son historien, après l'interrogation expresse que je lui en fis, qu'à peine Dieu la retint-il deux ou trois mois au plus, et j'en dis trop, dans l'oraison ordinaire de la méditation; et ses directeurs d'alors, étonnés de ses progrès, avouaient que peu de temps après sa conversion à une vie parfaite, elle passait déjà tout ce qu'on pouvait lui enseigner; que tous les sujets de méditation qu'on lui donnait, étaient infiniment au-dessous de ses attraits; qu'ils ne lui trouvaient plus de livres spirituels qui la pussent nourrir, et que l'Esprit de Dieu qui l'emportait, était son seul maître. »

Rien ne manqua à l'épreuve de ces voies extraordinaires. La Providence avait donné à Mme d'Herculais deux guides expérimentés[2], « qui ne purent

---

1. *Résolutions et affections*, etc.

2. Les PP. Benoît Pesche et Andoche Morel, qui furent successivement ses directeurs, jusqu'à quelques mois avant sa mort. Même dans les états les plus relevés d'oraison, « où l'Esprit-Saint était son seul maître », elle ne cessa jamais de se soumettre à une direction.

jamais concevoir, après un long et mûr examen,
par quel côté une oraison si pure et si sublime
pouvait être accessible à l'esprit malin ». Cette
oraison portait d'ailleurs avec elle la preuve qu'elle
venait d'en haut. Un des caractères les moins
trompeurs qui distinguent l'oraison de la fausse
quiétude, c'est le désir des souffrances et des humiliations. Or voici ce que nous apprend son historien, qui fut aussi son directeur : « Je puis assurer,
dit-il, après la connaissance que j'ai pris d'elle,
par ses propres aveux et par le témoignage qu'elle
a laissé par écrit, que durant près de douze ans,
elle a été dans des transports pour la mortification
de son esprit et de ses sens, qui passent tout ce que
les plus voluptueux savent imaginer pour se satisfaire[1]. »

Mais peut-être trouvait-elle un obstacle à l'exercice de l'oraison, dans la pratique même de ses
mortifications, ou dans l'affaiblissement des forces
corporelles, qui devait en être la suite. « En effet,
sainte Thérèse, comme le remarque ici le P. Bertal,
parmi les empêchements de l'oraison, compte la
mauvaise constitution du corps. La raison en est
que, quand les organes qui y doivent concourir
sont mal disposés, l'âme en ressent les effets; et
les personnes les plus vertueuses, ajoute-t-il,
savent que les grandes maladies — si elles laissent
l'occasion de grands mérites, par l'exercice de la

1. Or. fun.

patience —, ne sont point le temps de faire de grandes oraisons. On a vu tout le contraire dans Mme d'Herculais; dans le plus fort de ses douleurs, elle était le plus hautement élevée en Dieu. Ceux qui sont versés dans la science de l'esprit savent ce que cela signifie : ou qu'elle était arrivée au degré d'une oraison purement intellectuelle, ou dans laquelle Dieu concourait d'une manière fort extraordinaire[1]. »

En effet, c'est bien à un secours particulier de Dieu qu'il faut avoir recours, pour expliquer ce phénomène. Déjà dans ses maladies, la première comme la dernière, les médecins, ne savent ni soulager, ni guérir des maladies, dont l'origine et les symptômes sont enveloppés de mystère[2]; et ce mystère augmente, quand nous voyons que ces souffrances du corps, qu'elles proviennent de la maladie ou des mortifications volontaires, loin d'affaiblir l'esprit, redoublent encore sa vigueur. Comme il a été dit d'un saint — *Homo sine carne aut angelus in carne* — cette vie spirituelle semble ne recevoir aucun secours de son enveloppe de chair. On pourrait trouver dans les comparaisons oratoires du premier historien plusieurs tentatives d'explication de ce phénomène de dédoublement, pour ainsi parler, et de mutuelle

1. *Discours choisis*, etc.
2. « C'est une chose bien digne de réflexion, que ses douleurs semblaient être au-dessus de la nature, et procéder d'un principe purement extérieur et d'une main invisible. » Bertal.

indépendance de la vie du corps et de celle de l'esprit. Il en cherche la cause dans une grâce de Dieu,
qui avait mis « dans son cœur une âme de foudre
pour renverser tous les obstacles »; et plus loin, il
l'assimile « aux esprits bienheureux, qui exécutent
les ordres de Dieu dans le ciel, avec cette ardeur
pleine d'impatience et d'amour, qui fait voler les
saints comme des étincelles parmi les roseaux ». C'est
la même chose que Mme d'Herculais nous laisse entendre, en termes moins poétiques. « On ne peut
mieux apprendre que d'elle-même, écrit le P. Bertal, la manière dont elle souffrait. La joie de son
âme n'effaçait pas le sentiment des douleurs du corps;
et voici comment elle l'a déclaré, à ceux à qui elle
ne devait pas le cacher. « Comme on regarde du
haut d'un étage un chien de garde enchaîné, qui se
débat, qui heurte et qui se désespère dans sa chaîne,
ainsi mon âme, lorsque Dieu l'attire à lui dans la
prière, voit comme d'une haute région, les peines
que mon corps endure, et qu'il sent à la vérité bien
vivement; néanmoins elle les voit, non pas avec indifférence seulement, mais avec une singulière
joie. »

Une dernière épreuve de la pureté de l'oraison se
trouve dans l'indifférence de la volonté, à l'égard des
consolations divines, et dans la patience, quand elles
se retirent, pour faire place à la désolation. « Une
âme qui a tant de délices de l'esprit, remarque le
P. Bertal, est en grand danger de s'attacher à ces
goûts divins, ce qui peut être un grand obstacle au

pur amour, comme l'enseignent ceux qui traitent de la plus haute spiritualité. » Comment Mme d'Herculais fut préservée de ce danger, et quelles preuves elle donna de son parfait abandon à la volonté de Dieu, dans l'oraison, le même auteur nous l'apprend par quelques exemples, qui ont été rapportés dans les chapitres précédents. On peut y joindre ici, ce qu'elle en a écrit elle-même, dans une page qui nous reste de son journal de retraites.

« Le retranchement de tout désir : demeurant dans une grande nudité d'esprit en la présence de Dieu, et une entière indifférence pour toutes les souffrances qui me sont réservées. »

« Je dois me rendre fidèle à m'abandonner dans le sein tout amoureux de Dieu, par une simple remise et confiant repos de tout mon être, tenant mon âme simplement attentive dans ce sein adorable, à la manière que son amour permettra ; conservant mon âme prête à recevoir ses inspirations ; et si son amour veut me laisser dans mon vide, chérir cet état, par amour de lui, entièrement résignée à l'accomplissement de sa très sainte volonté en moi, laquelle doit agir selon son choix et non selon le mien. Souviens-toi, mon âme, de cette importante obligation, que tu as de patienter dans tes dispositions, dans l'attente de l'opération du divin amour en toi ; et du renoncement que tu dois faire, en toutes choses, de ton propre choix, par l'abnégation entière de ta volonté, pour demeurer entièrement soumise à celle de Dieu, et toute sacrifiée à son amour ; te conservant et demeurant en lui, comme une hostie passive, pour recevoir l'action de son feu, soit dans la tribulation, soit dans la consolation, et le tout pour sa plus grande gloire, et par le moyen de sa grâce. Faites-moi cette miséricorde, ô mon Dieu, adorable Trinité, par les mérites de mon Sauveur Jésus-Christ, par l'intercession de la Très Sainte Vierge sa mère et la mienne, et de saint Joseph [1]. »

Dieu lui donna quelque temps l'occasion de pratiquer cette sainte indifférence dans l'oraison. D'après le P. Bertal, cette épreuve aurait été de courte durée. « Il arriva, écrit-il, que les grandes lumières qu'elle recevait du ciel s'éclipsèrent toutes, et firent place à des désolations intérieures et à des ténèbres qui la faisaient souffrir plus qu'on ne peut dire, et que ne peuvent concevoir que ceux qui ont passé par cet état. Néanmoins ce martyre intérieur, qui fut de deux mois, ne lui sembla pas avoir duré un moment. Elle mettait son plaisir à être privée de tout plaisir, pour servir Dieu avec plus de pureté, et sans intérêt. Cette épreuve passée, Dieu lui rendit ses lumières et son premier état d'union. S'il ne la tint pas dans ces privations aussi longtemps que d'autres saintes âmes, c'est qu'elle se traitait elle-même sans pitié, et que d'ailleurs il lui préparait d'autres épreuves bien terribles [2]. »

Deux mois entiers de ténèbres intérieures ! Ce fut la grande désolation ; et le reste de sa vie elle ne

1. *Discours choisis*, etc.
2. *Résolutions et affections*, etc.

ressentit que par intervalles très courts, de nouvelles atteintes de cette première tentation. .Sans
doute, dans son humilité, elle n'expliquait pas cette
conduite particulière de Dieu, comme vient de le
faire son historien. « Mon Maître bien-aimé, disait-
elle, ne me laisse guère dans cet état de désolation,
parce qu'il connaît mon peu de courage et ma faiblesse[1]. » Mais sa vie entière, qui ne fut qu'un
long exercice de patience dans les contrariétés, les
maladies et les mortifications volontaires, nous au-
torise à croire que ce fut en effet pour la soutenir
dans ses épreuves, que Dieu la retenait constamment
unie à lui par la douceur de ses consolations.

Dans ces rares moments de désolation, voici, d'a-
près ses aveux, qui remontent aux premières années
de sa vie parfaite, quelle conduite elle a résolu de
tenir, pour ne point sortir de cette paix intérieure et
indifférence de volonté, dont le défaut opposé lui a
paru, toute sa vie, être le plus grand obstacle à son
avancement spirituel. « En toutes choses, et particulièrement dans l'oraison, écrit-elle, je dois me
laisser entre les bras de Dieu, et m'abandonner toute
entière à la conduite de son amour; me contentant
de patienter dans ma misère et mon inutilité; me
confiant purement et fortement à son sein tout
amoureux, et à sa bonté toute patiente; tâchant de
bannir toute réflexion sur moi-même, pour conserver mon esprit libre et attaché à Dieu seul. Dans

____

1. *Recueil de grâces.* Cf. de Franclieu, *Mme d'Herculais*, p. 105.

quelque obscurité que je me trouve, je ne dois rechercher d'autre secours, que dans une profonde et assurée adoration de mon Dieu et un total anéantissement de moi-même, en sa divine présence; ne recherchant point d'autre appui, que celui qu'une mince et obscure opération de sa divine majesté me pourra fournir, et si cette obscure opération me fait défaut, dans les peines et les angoisses que je trouverai dans l'oraison, quand je ne saurai de quel côté me prendre, je me tournerai du côté de mes propres souffrances et je les embrasserai, ne pouvant me lier à autre chose. » Et elle ajoutait : « Cette peine et affliction me devient si agréable et si délicieuse, bien que je souffre toujours et beaucoup, que non seulement je porterais cette croix toute ma vie, mais que je désirerais encore que Dieu me la rendît plus pesante, si telle est sa divine volonté. »

Il reste à décrire maintenant les grâces d'oraison dont fut favorisée Mme d'Herculais, et sur lesquelles ses deux premiers biographes ont laissé une analyse assez exacte, mais embarrassante quelquefois, dans sa terminologie, dont il n'est pas aisé de trouver toujours les équivalents parfaits, dans les traités anciens et nouveaux de théologie mystique. Mais, comme le fait remarquer le Père Nouet, « cette diversité de sentiments ne doit pas paraître étrange, vu que ceux mêmes que Dieu admet à l'union parfaite avec son infinie bonté, ne peuvent pas comprendre, et beaucoup moins expliquer, ce qui se passe en eux d'une manière si secrète et si ineffable; et d'ailleurs, ce que Dieu opère en chacun d'eux, dans cette admirable communication, est si différent des autres, qu'il ne faut pas s'étonner s'ils en parlent tous diversement [1] ».

« Craindrai-je, dit le plus ancien biographe, ou de trahir la gloire du Dieu de sainteté, si je ne révèle pas tout ce qu'il y a de plus haut dans les grâces qu'elle a reçues de lui, ou de ne m'entendre pas moi-même, ou de n'être entendu que du petit nombre? Je vais donc entreprendre d'ouvrir ce sanctuaire, et de produire aux yeux de la multitude, les hauts et incomparables secrets de la très intime conversation en laquelle elle a vécu avec Dieu, les sept ou huit dernières années de sa vie, dans une conjonction avec lui, si étroite et si liante, que si je pouvais la concevoir, ou même expliquer le peu que j'en conçois, j'espère vous faire avouer que parmi ceux qui ont reçu le don de contemplation, il en est peu [2] qui aient reçu tant de grâces, et une si haute élévation d'oraison. »

Des grâces si abondantes s'expliquent de la part de Dieu, par le désir qu'il a de se communiquer avec

---

1. *L'Homme d'oraison*, III, p. 281. « D'ailleurs, qui ne sait, dit-il en un autre endroit, que les voies par où Dieu nous mène, sont presque aussi différentes que nos visages; et de plus, qu'elles sont si cachées et si secrètes, qu'il est difficile de les connaître, sans une lumière particulière. » *Ibid.*, I, 2.

2. Je lis ainsi d'après les premières paroles de cet auteur : « A Dieu ne plaise que je m'abandonne à l'exagération dans un lieu si saint et devant une assemblée si auguste »; et d'après la correction formelle du second biographe.

d'autant plus de libéralité et de promptitude, qu'il trouve un cœur plus dilaté par l'amour et plus fidèle à ses inspirations ; et ces dispositions nous les avons vues à un rare degré réunies en Mme d'Herculais. En effet, elle ne se lasse pas de vivre unie à Dieu par la prière. Après avoir fait le compte du temps qu'elle a donné à cet exercice, pendant la journée, un de ses biographes a bien raison de s'écrier : « Voilà déjà plus de dix heures d'oraison ! N'était-ce pas assez ? Cette application d'esprit si forte et si longue, ne devait-elle pas détruire les forces de son corps ? C'était beaucoup en soi, mais trop peu en comparaison de l'attrait divin qui l'y appelait » ; et la nuit encore sera consacrée à l'oraison ; et pendant plusieurs années d'une prière si assidue, c'est à peine si elle peut se reprocher devant Dieu quelques minutes de distraction [1]. Les désolations, quelle que soit leur durée ou leur intensité, quand même elles prendraient la forme de ce qu'un de ses historiens appelle « des abandonnements de Dieu » et des « ténèbres palpables », loin de la décourager dans sa prière, ne font qu'augmenter la faim et la soif du retour des consolations divines ; et cette ferveur, cette fidélité sont protégées par l'humilité, qui la préserve des moindres tentations de vaine gloire, et la fait se tenir dans

---

1. « Elle jouissait d'une présence de Dieu si continuelle et si intime, que son Directeur a assuré que tout l'éloignement qu'elle en a eu — par les distractions — en plusieurs années, n'allait pas à un demi-quart d'heure. » Bertal.

une attitude de profond respect, pendant le temps de l'oraison, où souvent elle se prosterne en terre, devant la Majesté divine, ne se reconnaissant digne d'aucun autre titre, que de celui d' « Esclave de Jésus-Christ[1] ».

« Bien qu'elle ait commencé fort jeune à faire l'oraison mentale, écrit le second biographe, à peine demeura-t-elle deux mois dans la pratique de l'oraison ordinaire, qui est la méditation. Après ce temps-là, elle fut élevée à la contemplation. Le premier degré qui lui fut communiqué, fut l'oraison de quiétude ou de recueillement passif. « J'éprouve en l'oraison, écrit-elle, des recueillements extraordinaires. Ils sont si grands, que je n'entends pas lorsqu'on me parle, et j'ai beaucoup de peine à répondre. Ce m'est une croix de me distraire, lorsque je suis en cet état, où ces recueillements me font quasi perdre l'usage de mes sens. Il me semble ressentir la Divinité si proche de moi, qu'il m'est impossible d'en douter. C'est toutefois sans aucune image, ni figure qui me la représente ; je suis si puissamment attirée à la contemplation de cette immense grandeur, que j'en demeure tout hors de moi, et toute enivrée de ses consolations[2]. »

A ces recueillements extraordinaires s'ajoutèrent bientôt les extases, « qu'elle n'a jamais appelées ainsi, fait remarquer son biographe, mais seulement perte et insensibilité totale ». « On l'y a vue ravie

1. *Discours choisis*, etc.
2. *Recueil*, etc. Cf. de Franclieu, *ibid.*, p. 100 et 101.

plusieurs fois, et ces ravissements étaient si ordinaires, si prompts, si durables et si forts, surtout
pendant ses retraites, qu'il fallait l'appeler et la secouer souvent et longtemps, pour la faire revenir à
elle-même ; et ce qui étonne le plus, ils continuaient
plusieurs heures, et quelquefois plusieurs jours,
parmi les conversations, les repas et jusque dans le
sommeil [1], dans une très profonde et très intime
liaison avec Dieu. En effet, loin d'être diminuée,
cette union semblait augmenter par les choses extérieures, où elle ne voyait continuellement que
Dieu seul ; tout le reste n'étant pour elle, comme
elle le disait, que de faibles voiles, à travers lesquels
elle jouissait incessamment, et sans milieu, de la pure
essence divine qui y était cachée. »

Ces dernières paroles et les aveux mêmes de
Mme d'Herculais, qu'on a lus plus haut, se rapportent
à un don d'oraison qui ne peut s'expliquer que par
une intervention miraculeuse de la toute-puissance
de Dieu. « Depuis plusieurs années avant sa mort,
disent ses deux biographes, l'état ordinaire de son
oraison était un attachement à Dieu immédiat, c'est-

---

1. A cet endroit, le P. Bertal, dans son analyse, qui suit pas
à pas celle du premier biographe, fait l'observation suivante :
« Je ne veux pas dire qu'elle y agit avec mérite, ce qui est
un privilège réservé à la sainte Mère de Dieu, mais je dis que
Mme d'Herculais avait l'âme si pleine des idées divines qui
l'accompagnaient pendant le jour, qu'elles lui retournaient dans
l'esprit pendant le sommeil ; ce qui est, selon saint Basile, la
marque que l'habitude de la vertu a jeté des racines très profondes dans un cœur. »

à-dire, en employant les termes de l'école, sans fantômes, sans nuages, sans espèces sensibles[1]. » Le P. Bertal l'explique plus clairement en ces termes : « Voici comment, dit-il, les docteurs qui ont mêlé la théologie scholastique avec la mystique, expliquent ce genre d'oraison, qui est très rare. C'est une oraison purement intellectuelle, qui se fait sans nul secours de l'imagination ; et il est constant parmi les auteurs de théologie mystique, que certaines âmes éminentes parviennent à cette sublime pureté d'oraison, et qu'elles la distinguent sans peine de l'autre, où l'imagination est mêlée ; et c'est à ce degré d'oraison si excellent, que Mme d'Herculais fut élevée. » Comment se faisait cette union mystérieuse ? « Par un lien secret et invisible, disait-elle, par un je ne sais quoi, que je ne puis expliquer et qui est si fort que je ne puis m'y soustraire. » Cet attrait, en effet, était si puissant, comme elle vient de l'avouer, qu'il ne lui fut jamais possible de le maîtriser ou de s'en détourner, malgré les ordres de ses directeurs qui voulaient l'éprouver. « Il était si pur, si étranger à tout ce qui n'est pas Dieu, qu'il la tenait devant la divine Majesté, comme si elle eût été détruite, et ce vide bienheureux, dans lequel on possède le souverain bien, l'accompagnait même hors de l'oraison, et était

---

1. « Sicut Deus miraculose aliquid supernaturaliter, in rebus corporeis operatur, ita etiam et supernaturaliter, et præter communem ordinem, mentes aliquorum in hac carne viventium, sed non sensibus carnis utentium, usque ad visionem suæ essentiæ elevavit. » S. Thomas, S. th. I, q. 12, art. 11, ad 2um et 2ª 2^æ, q. 175, art. 3.

pour elle comme une oraison, qui la séparait de tout. Enfin cet attrait était si sûr, étant élevé au-dessus des sens et de l'imagination, que non seulement il ne souffrait en elle aucune crainte d'être trompée, mais que ceux-là même qui avaient la direction de sa conscience, ne purent jamais surprendre la moindre trace d'une illusion, naturelle ou diabolique, dans une oraison si relevée. »

« Cette motion de Dieu dont elle était prévenue et qu'on ne peut mieux donner à entendre que par analogie avec la façon dont il excite les bienheureux dans le ciel à la vision béatifique, était comme le fond constant et invariable de toutes ses dispositions, auxquelles elle donnait divers noms, selon les diverses modifications qui y survenaient. »

« Quelquefois Dieu attirait toute son âme, par une motion entièrement stérile pour les puissances corporelles ; le corps destitué du soutien de l'âme, toute entière appliquée ailleurs, souffrait des peines indicibles, ne trouvant aucune posture qui ne le fît souffrir, tandis que l'âme, liée mystérieusement[1] à Dieu, ne prenait point garde à ces souffrances. » État vraiment rare, où les délices de l'union divine étaient réservées à l'âme seule, sans rejaillissement sur le corps.

« Quelquefois au contraire, Dieu joignait à cet attrait une impression particulière sur l'âme et ses puissances, qui lui ouvraient les yeux aux larmes et

1. « Inconnuement et ignoramment ».

la bouche aux cris, pour un sujet inconnu. C'est ce qu'elle appelait l'oraison de douleur consolante [1]. »

« Quelquefois il lui semblait qu'à l'entrée de l'oraison son âme, enlevée d'elle-même, s'élevait à une hauteur inconcevable ; et alors les yeux mêmes suivaient ce mouvement, et se tenaient fixés en haut, si fortement et si invariablement, qu'ils semblaient immobiles et cloués. »

« Il y avait une autre sorte d'oraison qu'elle appelait l'inconcevable, l'inexplicable, ou l'oraison d'illustration. Ce fut en l'une de celles-là, qu'en l'année

---

1. « Je l'ai vue, dit en un autre endroit le même auteur, dans des joies qui eussent paru excessives à ceux qui ne la connaissaient pas, mais ces joies avaient leur source dans le torrent qui inonde la cité de Dieu. » Cf. ms. de l'Arsenal. « Elle demanda une chambre séparée des autres et elle dit en confidence à notre chère mère d'alors (la mère de Granieu) qu'elle avait quelquefois de si grandes pressions intérieures, qu'il lui était impossible de recevoir aucun soulagement, que par de grands cris, sans nous dire en particulier ce qui les causait ; et nous croyons que c'étaient les assauts violents du saint amour, qui la possédait si pleinement, qu'à tout moment ces mots : amour, amour, s'exhalaient de ses lèvres. » Et ms. de la Visit. de Romans. « Le Saint-Esprit la faisait parler avec un tel transport qu'elle avait peine à se contenir ; elle jetait de temps en temps de si grands éclats de voix joyeuse, qu'il était aisé de voir qu'ils provenaient de la jubilation divine qui inondait son âme. » V. exemples et explications dans les auteurs de théologie mystique. Benoît XIV, *de Serv. Dei beat.*, t. II, p. 365. « Tum Gravina, tùm de Laurea, verba clamoremque in extasi divina admittunt, tanquam ineffabilis gaudii et alacritatis signa... modo clamores et ejulatus horrorem non inducant. » Exemples tirés de la Vie du B. Gérard, de sainte Catherine de Sienne, « *rugitus et gemitus* », de saint Pierre d'Alcantara, etc.

1647, le 2 de juin [1], le dimanche après l'Ascension
sur le soir, étant à Sainte-Ursule, où elle faisait sa retraite, elle reçut des vues si claires, si pénétrantes,
si distinctes de la Très Sainte Trinité, que ne sa-
chant comment donner à entendre ce qu'elle avait
expérimenté, elle le comparait à une gloire, ou lumière éblouissante. Il faudrait des discours entiers
pour développer ce qui se passa alors dans son âme,
qui sembla depuis ce temps changer d'état. Toutes
ses pensées grandirent en élévation; et en même
temps je remarquai que ses expressions devinrent
plus fortes et sublimes; et depuis ce jour-là jusqu'à
sa mort, hors de quelque intervalle bien court, où
Dieu l'a exercée par des souffrances intérieures, elle
a été enivrée de délices, où elle fut plongée à ce grand
jour, je ne dirai pas dans la vision béatifique, je ne
l'oserais dire, quoique je sois incliné à le croire,
mais pour le moins, dans la plus débordante manifestation de Dieu, dont j'ai encore vu des marques
dans la vie des saints, les plus favorisés des témoignages de l'amour divin. « Alors, disait-elle, les rideaux
étaient tirés, les ténèbres dissipées, et à la faveur
d'un jour inconcevable, répandu dans toute mon
âme, je me voyais dans le fond de l'essence divine
comme dans une fournaise ardente, où je me nour-

1. Dans l'exemplaire de Sélignat, « en l'année 1675, le 12 de
juin ». 1675 est évidemment une faute. Le P. Bértal donne la
date exacte : 1647. Mme d'Herculais avait alors 28 ans. « 12 juin »
est également une date fautive; lire « le 2 juin ». Le dimanche après l'Ascension tombait, en effet, le 2 juin en 1647.

rissais du feu subtil, qui tout ensemble rassasiait et excitait l'impérieuse faim que j'avais de Dieu. »

« Il y avait une autre oraison qu'elle appelait de sa chère alliance, c'était celle où Dieu l'appelait à l'ineffable union, par laquelle il l'avait élevée à la qualité de son épouse [1]. »

« Ces divers états d'oraison, continue le biographe, quelle que fût leur forme, avaient cela de semblable, qu'ils la tenaient occupée dans les affaires, les conversations, dans la solitude comme en public, dans la maladie comme en santé, qu'ils lui duraient les journées et les nuits entières, et enveloppaient toute sa vie, la laissant toujours dans une plus forte et enracinée volonté de plaire à Dieu et de souffrir pour son amour. »

« Après cela, il ne faut pas s'étonner qu'elle nous parût continuellement dans une attention à Dieu et à sa présence, pareille à celle que les saints, qui jouissent de la vision de Dieu, manifesteraient sur leur visage, s'ils se revêtaient encore une fois de leur corps mortel. Après avoir noué une liaison si étroite avec Dieu, et qui pendant les dernières an-

---

1. Il faut remarquer que cette oraison suit immédiatement dans cette analyse méthodique, la vision de la Très Sainte Trinité, et qu'elle se trouve décrite par Mme d'Herculais, dans ses actions de grâces après la communion (ms. Sélignat, fin), et comme une grâce attachée à la sainte Communion. Tout ceci est conforme aux enseignements de la théologie mystique, d'après laquelle la vision de la Très Sainte Trinité est ordinairement le prélude de cette grâce d'oraison très relevée, qui se réalise dans la sainte Communion.

nées de sa vie ne souffrit pas quelques instants d'oubli, il est facile de comprendre, comment elle communiquait ce sentiment de la présence de Dieu à tous ceux qui l'approchaient, et en même temps, comment cette possession de Dieu, la rendait si puissante dans sa prière, qu'il semble qu'elle n'ait jamais rien demandé sans avoir été exaucée. »

CHAPITRE XII

LE DERNIER SACRIFICE.

Jansénisme! Ce nom qui a rempli plus d'un siècle
de l'histoire de l'Église en France, court le risque
de n'être plus entendu aujourd'hui que du petit
nombre. Il n'appartient plus à la langue populaire,
et ceux-là seuls qui ont quelque connaissance de
l'histoire, peuvent se rendre compte de cette longue
crise où se joua, pour ainsi dire, la foi religieuse de
notre pays. Une grâce de choix a préservé la France
de l'apostasie dont plusieurs nations voisines ont donné
le triste spectacle. Que va-t-elle devenir, en face du
Jansénisme, qui n'est au fond que le retour agressif
de l'hérésie de Luther et de Calvin? On pourra
mesurer ce danger nouveau par la longueur de la
lutte, et par la gravité de l'enjeu. Le Jansénisme
victorieux, c'est la France protestante; car entre les
deux la différence n'est que dans les termes. Sous
d'autres formules, Jansénius introduit dans le
dogme le fatalisme de Calvin, pendant que Saint-

Cyran et Arnaud se donnent pour mission d'achever l'œuvre dans sa partie morale, en abolissant l'usage des sacrements.

Puisque les nouveaux hérétiques reprenaient à leur compte le rôle de Calvin, il fallait bien, à l'exemple de cet hérésiarque, qu'ils pussent en imposer au public, par une affectation de mœurs austères. Ils n'y manquèrent point. « Mais si on imposait au public, remarque un historien, il y avait cependant assez de gens solides, qui ne se laissaient nullement éblouir à ces apparences ; et après l'avertissement du Fils de Dieu, dans cette célèbre prophétie des hérétiques des derniers temps, où il déclare qu'ils viendront avec un grand extérieur de probité, sous le vêtement des brebis, ils n'eurent garde de se laisser séduire par une vertu affectée, sous les couleurs de laquelle toutes les hérésies se sont établies [1]. »

Mais si tel était le danger de l'hérésie janséniste, il était bon qu'il y eût dans l'Église de grands exemples des vraies vertus de charité et de mortification, qu'il fallait sauver d'une équivoque perfide [2]. Et c'est ici qu'on peut reconnaître le rôle providen-

---

1. Rapin, *Mémoires*, p. 266.

« Ne veritatis luce carere videantur, umbram severitatis obtendunt. » S. Aug.

2. « Sequetur a quo intellectus intervertatur eorum quæ ad hæreses faciant? A diabolo scilicet, cujus sunt partes intervertendi veritatem, qui ipsas quoque res sacramentorum divinorum, idolorum mysteriis, æmulatur... habet et virgines, habet et continentes. » Tertull., *De præscript.*, 40.

tiel de Mme d'Herculais. « Elle a répandu par tout
le royaume une odeur divine de ces vertus », écrit
d'elle un de ses biographes. En effet, au milieu
d'une génération éprise de rigorisme [1], et qui se
laissait follement séduire par les apparences d'une
vertu austère, elle vient prendre place dans le groupe
des saintes âmes, que l'Église catholique, toujours
féconde, produisit en ce siècle troublé, et dont le caractère est l'amour de Notre-Seigneur dans l'Eucharistie, et l'amour de sa croix, par l'imitation de sa
vie souffrante : sainte phalange, que domine l'image
de la Bienheureuse Marguerite-Marie, ce grand modèle de pénitence et d'amour divin, que la Providence suscitait alors, en face des monastères cor-
rompus par l'hérésie janséniste.

Une chose afflige dans le spectacle de cette défection momentanée de la France catholique, c'est
le rôle de celles qu'on a appelées, les « mères de
l'Église ». Gardiennes, par état, des saintes vertus
du foyer domestique, elles semblent un moment
avoir oublié cette mission. Qui n'est peiné, par
exemple, en lisant les lettres de la grande marquise,
de la légèreté avec laquelle elle parle de l'hérésie,
qui déchirait alors l'Église de France, et de ses sym-
pathies peu déguisées, pour ceux qu'elle appelle
« nos frères [2] »? La duchesse de Longueville, l'âme

----

1. « Il parut dans le livre d'Arnaud un caractère de sévérité
morale, qui ne déplaît pas tout à fait au génie de notre na-
tion. » Rapin, *Mém.*, I, 22.

2. *Lettres*, II, 106. Cf. I, 445; II, 943; VI, 256.

de la Fronde, est en même temps un des plus fermes soutiens du jansénisme.....

Il est consolant de pouvoir mettre en regard d'autres exemples, et de les trouver dans les rangs de cette même noblesse, un instant détournée des traditions de ses ancêtres. Ainsi, Marie de Buhy [1], de la maison de Mornay, persécutée par sa mère janséniste, privée plusieurs fois des sacrements, soumise à un long martyre domestique, persévère jusqu'à la mort, dans son attachement à la foi et son amour de l'Eucharistie. La duchesse d'Aiguillon demeure inébranlable devant les sollicitations de ses amies, « mères de l'Église » titrées, et grandes théologiennes de la secte [2]. La duchesse de Montmorency, devenue religieuse de la Visitation, à qui on présente le formulaire envoyé de Rome, le signe en disant : « Je suis fille de Saint-Pierre, et je tiens les déclarations du Pape pour certaines, parce qu'elles sont celles de Jésus-Christ [3] » : digne héritière des vertus de sainte Jeanne de Chantal, qui portait nuit et jour sur son cœur la profession de foi du concile de Trente, qu'elle avait écrite de son sang [4].

Mme d'Herculais vient prendre place parmi ces chrétiennes généreuses; elle donnera plus que son sang pour la foi : vraie catholique et vraie française,

---

1. Caron, *Les Justes*, p. 47 et suiv.
2. Bermeau-Avenant, *La duchesse d'Aiguillon*, p. 395.
3. Fliche, *Marie-Félice des Ursins*, II, p. 97, 266.
4. Bougaud, *Sainte Chantal*, II, p. 428.

c'est sa propre vie qu'elle offrira à Dieu en sacrifice, pour le salut de l'Église et de la France.

Cet acte héroïque qu'elle avait tenu caché pendant sa vie, ne fut révélé que plus tard, le jour de l'oraison funèbre; et encore ce ne fut alors qu'une demi-révélation. L'orateur, par déférence aux recommandations de l'évêque de Grenoble [1], usa de réticences, pour ne point irriter des plaies, qui venaient à peine d'être fermées. La condamnation solennelle du jansénisme avait été prononcée, et il eût été imprudent de laisser tomber de la chaire une parole provocante. Son langage habile est cependant assez clair, pour laisser tous ses droits à la louange. « Que ne puis-je, s'écrie-t-il, découvrir un secret, que la seule postérité apprendra, et que l'âge présent ne mérite pas de savoir? Il était besoin d'une grande victime, pour détourner le fléau qui ravageait la France et menaçait toute l'Église. Les

---

1. *Recueil de quelques lettres très importantes, écrites sur la condamnation des cinq propositions de Jansénius, fait par le commandement de Mgr l'Illustrissime et Révérendissime évêque de Grenoble, pour l'instruction de son diocèse.* Grenoble, 1653, p. 58 : « Pour le bien de la paix, et pour suivre les sentiments de notre saint Père le Pape, il faut ensevelir cette synagogue avec honneur, *et ne dire ni ne faire rien,* qui puisse tant soit peu blesser les esprits qui se sont laissés emporter à ce torrent. Il les faut accueillir à bras ouverts, et les remettre dans le sein de leur véritable mère, si doucement, qu'il semble qu'ils n'en aient jamais été séparés. » *Ibid.,* p. 146. Ordonnance de Mgr l'évêque de Grenoble du 13 août 1653 : « Exhortez surtout mes curés à la paix, et si vous leur fournissez des armes, que ce ne soit que des défensives, et non des offensives. »

plus intéressés, et ceux qui étaient le plus avant mêlés dans les rangs, ne parlaient que de la langue et de la plume; l'amour cependant dévorait Mme d'Herculais, et le monstre fut étouffé. Elle a brûlé un an entier sur l'autel de son holocauste et s'est ensevelie dans ses palmes [1]. Vous ne m'entendez pas encore; il n'est pas temps; de longtemps je ne parlerai plus clairement; c'est l'amour qui l'a fait mourir. »

« Le fléau qui ravageait la France et menaçait l'Église ». « Le monstre étouffé » : il n'était personne dans l'auditoire, qui ne pût mettre un nom à la place de ces périphrases. On connaissait encore, et il y en avait de présents dans l'assemblée, ces combattants du premier rang, qui par leurs discours et leurs écrits avaient défendu la foi. Ce qu'on ne savait pas, c'était le dévouement caché de celle qui avait soutenu ces combats, par ses prières et ses souffrances, disant à Dieu, comme Moïse : « Ou sauvez ce peuple, ou effacez-moi du livre de vie [2]. »

1. Réminiscences mythologiques d'un à-propos douteux, éveillées dans l'esprit de l'orateur par le nom d'Herculais.

2. Ex., XXXII, 32.

« O mon Sauveur! déchargez sur moi toute votre colère et m'effacez du livre de vie, plutôt que de perdre ces âmes qui vous ont coûté si cher ». — « Mais elles ne t'aiment point et ne cesseront de t'affliger. » — « Il n'importe, mon Dieu, pourvu qu'elles vous aiment. » — « Laisse-moi faire, je ne les peux souffrir davantage. » — « Non, mon Dieu, je ne vous quitterai point, que vous ne leur ayez pardonné »; et il me disait : « Je le veux bien, si tu veux répondre pour elles. » — « Oui, mon Dieu, mais je ne vous paierai toujours qu'avec vos

C'était le secret « que la seule postérité devait apprendre », bien qu'il fût déjà possible aux auditeurs d'en pénétrer quelque chose, à travers le langage transparent du panégyriste. Aujourd'hui, grâce à quelques pages encore conservées, des actions de grâces de Mme d'Herculais, après la communion, ce qui reste de ce mystère nous est dévoilé [1].

Au commencement de l'année 1652, entre la lettre des quatre-vingts évêques de France qui, unis dans une même pensée, ont demandé au Pape de se prononcer une fois de plus contre les nouveautés hérétiques de Jansénius [2], et la réunion des congrégations romaines, chargées de les censurer, les catholiques français traversaient une de ces périodes pleines d'anxiété, qui précèdent les grands événements, dont les conséquences sont encore incertaines. Certes, aucun ne doutait que l'Esprit-Saint n'assistât l'Église et son chef dans ces conjonctures périlleuses ; mais si Dieu ne manque pas aux hommes, les hommes peuvent manquer à Dieu ; et une expérience récente, l'insuccès de la bulle d'Urbain VIII contre Jansénius, venait d'apprendre qu'il y avait encore assez de faiblesse chez quelques-uns, et chez d'au-

propres biens, qui sont les trésors de votre Sacré-Cœur. » C'est de quoi il se tint content. » *Vie de la B. Marguerite-Marie*, II, p. 359.

1. *Résolutions et affections de Mme d'Herculais en divers temps,* ms. de la Chartreuse de Sélignat. Ce ms. est plus complet que celui de la Visitation de Romans.

2. Rapin, *Mém.*, I, 370.

tres assez d'obstination ou de mauvaise foi, pour inspirer la crainte d'un nouveau malheur. C'est vers ce temps-là que nous voyons Mme d'Herculais devant le Saint-Sacrement, répandant son âme en prières pour la conversion des pécheurs [1].

« O amour, amour si libéral envers les hommes

---

1. *Résolutions et affections*, etc. Au 24 janvier 1652. Ces prières n'étaient pas un acte isolé. L'Église entière priait pour le souverain Pontife. « Oratio fiebat sine intermissione ab Ecclesia ad Deum pro eo », et ce texte qui se rapporte aux prières de l'Église pour saint Pierre dans sa prison, n'est pas sans quelque analogie avec la situation où se trouvait alors son successeur. « Il ne se peut dire, écrit le P. Rapin, combien d'obstacles on forma en France, en Espagne, en Flandre et à Rome même, pour s'opposer à cette condamnation, combien d'intrigues on fit jouer dedans et dehors le palais, tant par les dégoûts qu'on donnait au Pape de l'affaire en elle-même, que par les défiances qu'on voulait lui inspirer contre la France. » *Mém.* II, p. 118. Voir (*ibid.*) ce que dit le même historien, de saint Vincent de Paul. « J'ai craint toute ma vie, disait le saint à sa communauté, de me trouver à la naissance de quelque hérésie, faisant réflexion aux désordres que l'hérésie de Luther et de Calvin avait causés dans l'Église. » Dieu toutefois, par une conduite particulière, permit qu'il arrivât pendant sa vie ce qu'il craignait le plus, par la naissance du Jansénisme, qu'il a vu se former et croître sous ses yeux. Mais ce n'était que pour faire paraître davantage la fermeté de sa foi et la rigueur de son zèle, et pour le mettre dans son Église comme une colonne de fer et un mur d'airain. Car, le mal croissant de jour en jour, il ne pouvait voir ses progrès, sans gémir dans le secret de son cœur, devant Dieu, et sans implorer son assistance pour en arrêter le cours. Quelles mortifications ne fit-il pas alors, pour fléchir la colère de Dieu, afin qu'il lui plût de détourner ce malheur, dont les commencements paraissaient déjà si terribles! Ses larmes et ses prières ne furent pas sans effet, etc. » II, p. 316.

et si méconnu d'eux, puisqu'ils n'écoutent que leurs brutales passions, et n'aiment que ce qui nourrit leurs erreurs, s'opposant à vos grâces, et se bandant contre vous, ô mon Dieu, comme des ennemis furieux et irréconciliables! O mon Dieu, ne permettez pas qu'il se trouve au monde de ces insensés! C'est trop de ceux qui sont dans l'enfer. Convertissez, ô mon Dieu, ces misérables, et guérissez leurs plaies, par l'application de votre sang. Rendez altérés et affamés ces malades volontaires, de cette vive source et de ce pain vif; et gardez-les de la mort, ou ressuscitez-les à la grâce. Hé, mon Dieu, je vous expose de nouveau ce précieux trésor que vous m'avez donné. Je vous l'expose, ô mon Dieu, et tout mon être avec lui, pour obtenir de votre miséricordieuse bonté la conversion de ces cœurs infidèles. Hé, mon Dieu, c'est assez d'un enfer dans l'autre vie, pour la punition des démons et des damnés; ne souffrez pas que cet enfer existe dans les cœurs qui doivent vous servir de temple. »

« O mon Dieu, mon Sauveur, divine lumière, éclairez les âmes qui sont enveloppées dans les ténèbres de l'erreur, et ne permettez pas qu'elles soient la proie des démons, après vous avoir coûté tant de sang. O Dieu, détournez ces maux qui menacent votre Église, combattez ses ennemis par l'anéantissement de tout ce qui s'oppose à votre gloire, et à la pureté de notre foi. Convertissez ces infidèles, et faites mourir en leur naissance ces malheureuses erreurs, qui règnent parmi ceux qui ont l'honneur de porter l'habit de vos saints, et qui se disent vos enfants et vos imitateurs. O Dieu, ne permettez pas que des apparences trompeuses séduisent ceux qui veulent être sincèrement à vous, et qui, par leur ignorance et leur faiblesse, se sont égarés de la droiture de vos sentiers. Ramenez-les, Seigneur, et ne les privez pas du fruit de votre passion, pour s'être privés de ses effets jusqu'ici [1]. Souvenez-vous, Seigneur, de vos anciennes miséricordes envers vos enfants égarés. Vous savez bien, ô mon Sauveur, que le cœur de l'homme est enclin au mal par sa nature, et que vous seul êtes le Dieu saint et infaillible, qui pouvez relever ceux qui sont tombés par leur faiblesse. »

« Mon Dieu, je vous expose tout mon être, et vous supplie de verser sur moi tous les effets de votre colère, à la réserve de la privation de votre grâce. Retirez-la de dessus ces âmes qui sont dans les ténèbres de l'erreur et la corruption du péché. Eclairez-les, convertissez-les ; ô mon Dieu, je vous le demande, au nom de votre fils, et versez dans mon cœur toute la malignité de leurs fautes, excepté la privation de votre amour, afin qu'il ne s'en commette plus de nouvelles contre votre divine Majesté, et que celles qui ont été si criminellement commises soient expiées. Que ce cœur souffre, et qu'il soit détruit pour votre gloire ; ne l'épargnez point, ô mon Dieu et mon tout, vous savez bien qu'il est

----

1. C'est-à-dire : de la sainte Communion.

tout à vous et qu'il ne désire que de souffrir pour votre amour, et pour le salut des âmes, qui sont le prix du sang de votre Fils. »

« Mon Dieu, mon Sauveur, qui vous êtes si libéralement et si amoureusement donné pour la rédemption des âmes, donnez-vous encore à présent, et offrez-vous encore, du fond de ce cœur où vous reposez, à votre Père céleste, pour la conversion de ces rebelles, que je lui demande en votre nom. O mon amour, animez mes prières de votre esprit, pour les rendre efficaces, à votre plus grande gloire, et ayez compassion de vos frères qui languissent sous l'esclavage du démon. »

« O amour, mon libéral amour, qui vous oubliant vous-même, et fermant la vue aux ingratitudes des hommes, demeurez constamment sous ce sacrement, pour leur servir de nourriture, les fortifier et les unir à vous, par la plus intime union ! O invention admirable, ô amour, mon tout, quand serez-vous aimé et reconnu pour ce que vous êtes ! O ingratitude des hommes plus criminelle, en quelque façon, que celle des démons, puisqu'ayant le pouvoir de se nourrir de la vie ils ne veulent que la mort ! Dieu vous ouvre ses trésors, et vous préférez vous nourrir de l'infection du péché et des exhalaisons de l'enfer, plutôt que de ce pain vif, qui est descendu du ciel, pour vous donner la vie éternelle, en vous faisant participants de la vie divine. »

« O mon Dieu, mon amour, que votre force réduise tous les cœurs à être sacrifiés à mon Jésus, en expiation de tant de mépris qu'on a faits de son adorable personne, et qu'ils soient tous consommés en ce Cœur de mon Jésus, avec le mien, pour sa plus grande gloire, et qu'il ne s'en trouve plus qui soit infidèle à sa divine charité. O mon Dieu, je vous demande cette grâce, par ce que vous avez de plus cher : votre Fils adorable, que vous m'avez donné et que je viens de recevoir, dans le sacrement de son amour[1]. »

« O mon Dieu et mon tout, il me semble que je porte tous les pécheurs dans mon sein, par l'ardeur et la soif que votre amour me donne de leur conversion[2]. »

Ces prières avaient d'autant plus de mérite dans les intentions de Mme d'Herculais, qu'elle savait comment d'autres semblables avaient été exaucées autrefois, au commencement de sa conversion. Mais ce mérite grandit encore, quand on considère l'inspiration nouvelle, qui les dicte aujourd'hui. Quatorze ans auparavant, quand elle renonce aux vanités du monde, elle s'offre en sacrifice, mais c'est pour elle-même et pour sa propre sanctification. Maintenant — et voici l'effet de ce long exercice de la charité —, son cœur s'est dilaté; il lui semble, comme elle le dit elle-même, « qu'elle porte tous les pécheurs dans son sein », et elle s'approprie dans son sacrifice les sentiments même et les intentions de Notre-Seigneur sur la croix, et dans le sacrifice de

1. *Résolutions*, etc., du 26 janvier 1652.
2. *Ibid.*, du 28 janvier 1652.

l'Eucharistie. Elle appelle sur elle toute la colère de Dieu et, sauf la privation de la grâce, elle accepte toutes les souffrances, pour le salut de l'Église et la conversion des pécheurs. Elle a connu l'hérésie, et l'a vue de près, puisqu'elle en a souffert. Elle sait que plusieurs de ses parents[1] en sont déjà atteints et s'en font les soutiens; mais enfin, jusqu'à présent, autour d'elle, dans le pays qu'elle habite, et dans tout le diocèse même de Grenoble, cette hérésie a fait peu de ravages[2]. C'est donc bien au delà que l'emporte son zèle, et dans une inspiration vraiment catholique, c'est pour l'Église entière qu'elle prie et qu'elle veut souffrir et mourir.

On peut bien croire qu'elle n'attendit pas l'effet de sa demande, et qu'elle alla d'elle-même, par des mortifications volontaires, au-devant de son sacri-

---

1. Sur les relations d'Hugues de Lionne et d'Abel Servien avec les jansénistes, voir Rapin, *passim*. Varin, *La Vérité sur les Arnaud*, II, 127. En 1645, Hugues de Lionne épouse Paule Payen, qui devient ainsi la cousine germaine, par alliance, de Mme d'Herculais. Elle entra dans le Jansénisme, « où elle se donna de certains airs, par des maximes de la morale étroite qu'elle délectoit ». Rapin, *Mém.*, III, 445. Sur la manière dont elle l'entendait en pratique, voir les *Lettres* de Mme de Sévigné, qui la « chassoit du nombre des mères ». II, 305, 331; IV, 223.

2. Cf. *Recueil de lettres*, etc. Ce document renferme toute l'histoire du Jansénisme dans le diocèse de Grenoble, dans ses origines. Comme on le verra dans une note, à la fin de ce volume, il ressort de ce document : 1° que jusqu'à l'année 1650, le Jansénisme fut inconnu dans ce diocèse; 2° qu'en 1653, date de ces lettres, il y a déjà quelques hérétiques, mais peu nombreux. Cf., p. 146, *Lettres de Mgr de Grenoble à M. le Théologal*.

fice. C'est en effet ce qui parait d'un des trop rares documents qui se rapportent aux dernières années de sa vie. La nuit du jeudi au vendredi saint, du 28 au 29 mars 1653, à la veille même du dénouement [1] que les catholiques de France attendent avec impatience et que l'évêque de Grenoble, se faisant l'organe de tous les fidèles de son diocèse, a demandé au Pape, dans une lettre suppliante [2], Mme d'Herculais se trouvait en prière, dans la chapelle du château, où le Saint-Sacrement était exposé. « Elle avait obligé tout le monde à se retirer, écrit son biographe, et après une oraison de plusieurs heures, sentant que le corps ne pouvait plus se soutenir, pour lui rendre douloureux un repos forcé, elle amassa les pierres les plus aiguës qu'elle put trouver, dont elle se fit un lit, et y ayant passé le reste de la nuit, elle en sortit le vendredi saint, au matin, pour se retirer dans sa chambre, où on l'ouït se frapper près d'une demi-heure, avec une discipline de fer », offrant à son Sauveur cette prière et cette flagellation sanglante, pour la conversion des hérétiques et le salut de l'Église.

1. Cf. Rapin, *Mém.*, II, liv. 8°.

2. *Recueil*, etc., p. 15. Cette lettre est distincte de la ettre collective que Mgr Scarron a signée, avec la très grande majorité des autres évêques de France. Elle est une des plus belles pages de l'histoire ecclésiastique du diocèse de Grenoble et justifie bien l'éloge que faisait de ce prélat Mgr Bagni, nonce du Pape, écrivant au secrétaire d'état d'Alexandre VII : « Il vescovo di Grenoble, che per molte anni, con gran lode, ha governato la sua chiesa... » Arch. Vat. N. di F., 181, 15 oct. 1655.

On sait, par l'histoire de la condamnation de l'hérésie janséniste, comment les secours surnaturels
demandés au ciel par tant de prières et de sacrifices, se manifestèrent d'une manière visible et
presque miraculeuse. « Le souverain Pontife Innocent X, écrit un historien, allait à son but, faisant
paraître dans la conduite de cette affaire, une fermeté inébranlable à toutes les considérations hu-
maines ; parce que Dieu l'avait rempli de justice et
de force pour n'écouter plus que son zèle[1]. » Mille
obstacles se dressent devant lui, et il semble que
l'enfer soit déchaîné pour conjurer une condamnation qui doit révéler son œuvre cachée et anéantir,
d'un seul coup, tout un édifice d'erreurs. Deux années de séances interminables, la vieillesse du souverain Pontife, les menées des sectaires à Rome, des
intrigues jusque dans le palais pontifical, des inter-
cessions pour reculer sans cesse l'issue fatale que
l'on redoute dans le camp hérétique, des calomnies
contre les catholiques, des conseils de fausse prudence : tout semble réuni pour ôter tout espoir hu-
main d'un dénouement, que l'église de France
attend comme sa délivrance[2]. Mais à ce moment-
là même, le souverain Pontife « se sentait pressé
intérieurement par une puissance plus forte, qui semblait lui donner de la vigueur[3] », et à ceux qui le
priaient d'avoir égard à sa vieillesse, dans une en-

1. Rapin, *Mém.*, II, 82.
2. *Ibid.*, I, liv. 5 ; II, liv. 7 et 8.
3. *Ibid.*, II, p. 73.

treprise si laborieuse, il répondait « qu'il s'estime-
rait heureux de mourir en travaillant pour la foi, et
qu'il n'aurait pas de peine à donner ce qui lui restait de vie, pour une œuvre d'où dépendait la paix
de la chrétienté, et la sécurité de la religion de Jésus-
Christ [1] ».

Il resterait à dire comment fut exaucée la prière
de Mme d'Herculais. C'est l'histoire de la dernière
année de sa vie. Dans l'intervalle, — trop longue
lacune, où manquent les documents qui pourraient
donner de la continuité à ce récit, — il paraît à propos
de donner place à une série d'événements, dont la
plupart, il est vrai, sont sans date, mais qui peuvent
tous se grouper sous un même titre, et révèlent un
curieux et édifiant aspect de la vie de Mme d'Herculais.

1. *Ibid.* Cf. *Lettres de Lagault*, XVI, 4 nov. 1653. « Dieu
nous assistera... Video *visibiliter* influere Spiritum Sanctum. »
Cf. Lettre XXI, 20 nov. Lettre XLIII, 16 juin : « Le pape
nous a dit qu'il avait reconnu en cette rencontre une assistance très sensible du Saint-Esprit. » Même tém. dans une
lettre de Hallier, Rapin, *Mém.*, II, p. 115, note.

CHAPITRE XIII

Mme d'Herculais vivant dans le monde et gardant
sa place au foyer domestique avait appris cependant,
par l'exemple et les leçons des saints, qu'il n'est
point de meilleur exercice que la retraite, pour se
maintenir dans la ferveur au service de Dieu. Elle
le savait encore par sa propre expérience. Lorsque
par une réclusion forcée de plusieurs années de
cruelles maladiés, elle avait été, pour ainsi dire,
chassée de sa propre maison, isolée du monde et
longtemps abandonnée des siens, elle avait compris
ce qu'on gagne dans le commerce de Dieu, à être
séparée des créatures. Aussi, depuis son retour à
Grenoble, il ne se passe point d'année jusqu'à la
dernière de sa vie, où elle ne vienne se recueillir
pendant quelques jours, tantôt chez les religieuses
Ursulines [1], tantôt chez les Filles de Saint-François

1. « Mme la Présidente de Lescot est entrée dans ce monastère, pour y faire une retraite; nous faisant l'honneur de le
choisir pour ce sujet, aussi bien que feue Mme d'Herculais,
d'heureuse et sainte mémoire, qui y avait fait ses exercices

de Sales, au couvent de Sainte-Marie-d'en-Haut[1];
et, chose singulière, par un privilège[2] qu'elle avait
sans doute sollicité, et qu'elle devait à sa haute réputation de sainteté, pendant tout le temps de sa
retraite, nous la voyons mêlée à la communauté,
au chœur, au réfectoire, en récréation; elle vit de
la vie religieuse; on lui donne le nom de sœur ou de
mère, et elle obéit à la supérieure, comme la plus
jeune et la plus fervente des novices.

Ainsi Dieu qui ne l'avait pas appelée à vivre dans
le cloître, l'avait cependant destinée à y exercer
l'apostolat de l'exemple. Il arriva même plus d'une

---

sept ou huit fois, ces dernières années. » *Chronique inédite du
couvent des Ursulines de Grenoble*, p. 236.

1. *Remarques faites sur la Vie de Marie de Valernod, dame
d'Herculais, par les Religieuses de Sainte-Marie-d'en-Haut, à
Grenoble, où elle faisait souvent ses retraites.* Ms. de l'Arsenal
2735, 11. B-F, p. 111. — *Recueil d'un entretien que nous a
fait Mme d'Herculez.* Ms. de la Visitation de Romans.

2. La Mère Constance de Bressand, qui fut supérieure de
Sainte-Marie-d'en-Haut pendant la plus grande partie du
temps, où Mme d'Herculais vint à la Visitation, était particulièrement sévère pour ce genre de permission. « Elle a évité
avec adresse, écrit son historien, l'entrée dans ses monastères
de plusieurs personnes, qui étaient fort en faveur auprès des
supérieurs, qu'elle devait apparemment choquer par de tels
refus... Elle procura avec grande sagesse la rupture d'un
traité fait avec une dame bienfaitrice, qui donnait à une de ses
maisons 1.000 livres de pension viagère et 16.000 de capital,
pour avoir l'entrée parmi ses filles; car apprenant à la suite
du temps, qu'elle n'avait pas les qualités requises pour une retraite de longue durée, sans avoir égard au profit temporel,
elle préféra la tranquillité de son monastère à cet avantage
temporel, méprisant tous respects et intérêts humains. » *Vie
de la Mère Constance de Bressand*, p. 78.

fois qu'on la contraignit, au nom de l'obéissance, à laquelle elle s'était momentanément soumise, à édifier par ses entretiens, ses compagnes d'un jour; et ce n'est pas un spectacle sans intérêt, tant il est rare dans l'histoire des saints, de les voir réunies autour de cette femme du monde, écoutant avec avidité ses leçons, bien qu'elle soit plus jeune que la plupart d'entre elles — elle n'a pas trente ans — et qu'elle leur parle de la perfection d'un état qui n'est pas le sien. On ne se contentait pas de l'entendre; on ne voulait rien perdre de ses enseignements et de ses exemples et, après sa mort, les Visitandines de Sainte-Marie-d'en-Haut les avaient encore si présents à la mémoire, qu'elles voulurent dresser par écrit le journal de ses retraites, pour le conserver fidèlement et le transmettre aux autres monastères de la Visitation, comme un précieux héritage de famille[1].

C'est d'après ce journal que seront écrits les deux chapitres suivants, auxquels on pourrait donner pour titre : « La vie de Mme d'Herculais dans le cloître », ou plutôt, c'est ce journal qui sera résumé ici, afin

---

1. C'est ainsi qu'une copie fut envoyée au couvent de la rue Saint-Jacques, à Paris. Cette copie, actuellement à la Bibl. de l'Arsenal, est précédée de la remarque suivante : « On n'a rien voulu changer au style, dans lequel ces mémoires furent écrits immédiatement après sa mort, par les Dames de la Visitation (de Grenoble); on les a insérés ici, pour donner dans la suite une instruction plus entière de sa vie au public, que celle que lui a laissée un Révérend Père de la Compagnie de Jésus, et qu'il a fait imprimer à Lyon. » Ces derniers mots font allusion aux *Discours choisis* du P. Bertal, imprimés à Lyon en 1687.

de laisser parler les témoins eux-mêmes sur ce qu'ils
ont vu et entendu [1].

*Remarques faites par les Visitandines de Sainte-
Marie-d'en-Haut, sur les retraites de Mme d'Herculais dans leur monastère.*

« Lorsque Mme d'Herculais venait en ce monastère
pour y faire ses retraites, sa première visite était
pour la chapelle, où elle allait adorer le Saint-Sacrement, puis elle allait se prosterner à la porte, pour
recevoir la bénédiction de la Supérieure [2]. Aux
sœurs qui venaient au-devant d'elle, pour lui souhaiter la bienvenue, elle répondait par ces paroles
d'amour et d'humilité : « O amour ! amour ! mes
chères sœurs, voici venir cette misérable pécheresse, indigne de paraître devant les épouses de
mon Maître. » Elle retournait ensuite adorer le
Saint-Sacrement et se rendait à sa cellule, qu'elle
désirait fort être très éloignée des autres, sans doute
pour y être plus libre de flageller son corps par les
disciplines. Elle donna, en toute confidence, une
autre raison à notre chère mère, c'est qu'elle avait

1. Dans les deux chapitres qui suivent, on changera les expressions aujourd'hui hors d'usage, et on résumera en quelques
pages les deux mss. de la Visitation, pour éviter des redites et
des longueurs insupportables.

2. Ce manuscrit est sans date. De 1641 à 1654, les supé-
rieures de Sainte-Marie-d'en-Haut sont, (1641 à 1647) : Mère
Catherine de Sautereau ; (1647 à 1653) : Mère Constance de
Bressand; (1653 à 1696) : Mère Séraphique de Chevrières.

parfois de si grandes pressions intérieures, qu'il lui était impossible de recevoir aucun soulagement que par de grands cris, dont elle ne pouvait se défendre. C'étaient, nous n'en doutons pas, les assauts violents du saint amour, qui la possédait si pleinement, qu'à tout moment elle laissait échapper ces paroles : « O amour, amour! » Elle les répétait plusieurs fois de suite, avec une gaieté et suavité sans pareilles, mais sans rien de forcé ou de violent ; elles étaient son salut ordinaire, et interrompaient à tout instant son discours, comme une exhalaison continuelle de son cœur sur ses lèvres. »

« Son entretien était fort agréable, suave et dévot. Elle allait à Dieu et y portait celles qui avaient le bonheur d'être avec elle. Elle ne parlait jamais que de Dieu, mais d'une manière si aimable et gracieuse, qu'elle donnait de la joie à toutes celles qui l'entendaient. On le savait, et on cherchait avec empressement à la faire parler de l'abondance de son cœur. Une sœur lui demanda un jour comment elle pourrait pratiquer les béatitudes, qu'elle avait tirées au sort, selon notre usage. « Bienheureux ceux qui sont persécutés pour la justice.» Ma chère sœur, répondit-elle, nous serons heureuses, en persécutant nos passions et les humeurs de notre propre esprit, en faisant mourir notre jugement et notre volonté, pour faire régner Dieu en nous. « Bienheureux ceux qui ont faim et soif de la justice. » Heureux ceux qui ont une grande faim d'accomplir les desseins de Dieu sur nous et une soif ardente de sa gloire! La justice nous fait rendre à Dieu ce que nous lui devons, et à nous-mêmes ce qui nous appartient, qui n'est que le mépris et le total anéantissement de notre amour-propre. Par elle, nous renonçons à toutes choses, en réservant à Dieu seul l'honneur de nos pensées, de nos paroles et de nos actions; et nous purifions incessamment notre âme, afin de la rendre à Dieu dans la même pureté avec laquelle il l'a sanctifiée par sa grâce. Par cette même justice, nous laissons notre âme tellement abandonnée à Dieu son maître, qu'il puisse la conduire au gré de son divin Esprit, sans aucune opposition de notre volonté. « Bienheureux ceux qui pleurent. » Ma chère sœur, il nous faut pleurer nos péchés, mais il faut aussi faire pleurer la nature, qui est la source de ces péchés. Qu'elle gémisse dans les privations, qu'elle meure par la mortification. Ah! ma chère sœur, c'est une chose si précieuse que la souffrance, que si les bienheureux pouvaient souhaiter quelque chose, ce serait d'être à notre place, afin de pouvoir souffrir encore pour l'amour de Dieu; et si cet amour était vivant en nous, nous aurions un insatiable désir de la souffrance, afin d'être plus conformes à notre Sauveur crucifié. »

« On lui demandait un jour, en récréation, si l'on devait tellement s'abandonner à Dieu, dans l'œuvre de la grâce, que l'on demeurât passif et inerte, en laissant à Dieu seul le soin d'agir en nous. « Non, mes chères sœurs, répondait Mme d'Herculais, nous devons être au contraire, surtout dans les commence-

11.

ments, très agissantes dans le travail de notre sanctification »[1], et elle ajoutait cette comparaison : « Si vous avez gâté quelque ouvrage, vous devez de vos propres mains défaire ce qui a été mal fait, avant de le reprendre à nouveau. Ainsi lorsque par le péché vous avez gâté l'ouvrage de Dieu, vous devez travailler de toutes vos forces à vous corriger vous-mêmes, et à détruire la mauvaise nature, afin que Dieu rétablisse en vous l'ouvrage de sa grâce. »

« Une autre fois, nos sœurs lui demandèrent ce qu'elle pensait de la vertu d'obéissance. « C'est le charme de Dieu, répondit-elle. Mes chères sœurs, je vous en conjure, ne regardez point en vos supé-

1. Cette question trahit les préoccupations qui étaient alors dans les esprits, sous l'influence des idées protestantes et jansénistes. C'est par une solution fausse de cette question, très simple et banale en apparence, que Luther avait inauguré la prétendue réforme, et que Jansénius renouvelait alors la même hérésie sous un autre masque. Il ne faut point rapprocher ici des événements sans proportion, et comparer ces grands mouvements de doctrines hérétiques qui ont ébranlé l'Europe, aux entretiens pieux d'un cénacle de Visitandines qui écoutent la parole d'une femme; mais il est bon cependant de rappeler que dans cette même ville de Grenoble, et dans un monastère voisin de Sainte-Marie-d'en-Haut, vingt ans plus tard, on voyait un auditoire aussi modeste que le premier, groupé autour d'une autre femme du monde, qui s'appelait Mme Guyon, et qui, sur le même thème, développait la doctrine d'où est sorti le quiétisme. Mme Guyon organisa ses conférences dans le couvent du Verbe-Incarné, et c'est à Grenoble qu'elle imprima le « *Moyen court* ». Puis, munie de lettres de recommandation d'un grand personnage, elle alla à Verceil, et ensuite à Paris, colporter ses théories mystiques.

rieures leurs talents naturels ou surnaturels, quelque grands qu'ils soient, mais uniquement et purement Dieu, dont elles tiennent la place. Vous ne devez jamais les aborder sans cet acte de foi, qui nous fait découvrir avec adoration et soumission Notre-Seigneur Jésus-Christ, qui réside en ceux qui ont le droit de nous commander. Si vous regardez la créature, vous ne trouverez que la créature; si vous cherchez Dieu, c'est Lui que vous trouverez. Plus vous grandirez en perfection, plus vous devez être obéissantes; je veux dire que vous ne devez point alors vous dispenser des voies ordinaires de l'oraison, ni des moindres observances, sans l'aveu de la sainte obéissance. »

« Ayez une grande simplicité pour manifester votre conscience. Je vous avoue, mes chères sœurs, que je n'hésiterais pas à rendre obéissance, même à une personne peu instruite des choses spirituelles, si elle avait autorité sur moi; parce que je ne regarderais ni sa science, ni sa vertu, mais uniquement la volonté de Dieu dans la sienne. »

« Mme d'Herculais nous donna, en mainte occasion, de rares exemples de cette vertu. Elle rendait un grand respect à notre mère supérieure, pour laquelle elle avait une très grande estime et affection; et il n'y avait pas de légère permission qu'elle ne lui demandât, en se mettant à genoux. Il n'y avait pas non plus de règle, ou d'ordonnance pour le bon ordre de la maison, à laquelle elle ne s'assujettît avec la ponctualité d'une novice. Notre Mère supé-

rieure qui connaissait son amour pour l'obéissance
voulut plusieurs fois, pour nous édifier, en faire
l'épreuve devant nous. Elle la reprenait publiquement de ses fautes, en lui demandant de faire répa-
ration en présence de la communauté. Elle était trop
lente, elle s'arrêtait aux moindres choses, elle montrait de l'amour-propre, elle ne joignait pas les mains
devant le Saint-Sacrement; une fois entr'autres, elle
avait manqué d'humilité en parlant à une de ses
parentes, qui se trouvait avec elle dans notre monastère. Mme d'Herculais, à genoux au milieu de
nos sœurs, recevait ces corrections avec grande douceur et humilité; elle se reconnaissait coupable et
avouait que toutes ces fautes étaient le fruit de son
immortification. »

« Malgré le désir qu'elle avait de nous édifier, ce
n'était pas sans se faire violence qu'elle nous adressait la parole, lorsque nous étions toutes réunies
autour d'elle. Son humilité souffrait de ce rôle
qu'on lui imposait; et une fois il lui échappa de
dire à notre révérende Mère, que Dieu ne lui inspirait rien pour le moment, qu'elle pût communiquer
pour notre édification; mais, ce premier mouvement
passé, elle se mit à genoux, en demandant pardon
de cet acte de désobéissance. »

« Notre révérende Mère poussa l'épreuve jusqu'à
priver sa sainte amie de visiter le Saint-Sacrement,
un jour qu'il était exposé; et l'obligea de suivre la
communauté en récréation. Mme d'Herculais obéit
sans réplique, mais comme son cœur était tout entier

près de l'autel, elle ne put s'empêcher de dire avec une grâce merveilleuse : « Mon Dieu que le feu soit là-bas, et que je souffre ici du froid ! » Elle demeura néanmoins avec nous jusqu'à la fin, dans la même dévotion et douceur. »

« L'obéissance de Mme d'Herculais avait sa source dans sa profonde humilité et douceur, et elle se portait à ces vertus, avec toute la promptitude de sa dévotion. Nous la voyions, lorsque nos sœurs recevaient les réprimandes de l'obéissance, se mettre à genoux au milieu d'elles, demandant sa part de cette mortification ; puis au réfectoire, dire ses coulpes avec grande humilité, s'accusant d'avoir parlé des choses spirituelles, avec des sentiments de complaisance ; d'avoir manqué de gravité en récréation ; demandant à Dieu de la corriger de son orgueil. Elle se joignait ensuite à celles de nos sœurs qui, selon l'usage, pratiquaient des actes de mortification ; tantôt priant les bras en croix, tantôt se prosternant pour baiser les pieds. »

« Elle ne pouvait se défendre de donner aux dernières d'entre nous, des marques de profond respect. Ce lui était trop d'honneur, disait-elle, de rester à genoux, devant les épouses de son Maître, à elle, indigne pécheresse. »

« Elle demandait souvent, en récréation, que nos sœurs la reprissent publiquement de ses défauts ; mais cette prière n'était pas toujours exaucée selon ses désirs : ou bien on n'avait rien trouvé qui fût répréhensible, ou les remarques que l'on faisait tournaient à son éloge. « Eh! mes chères sœurs, répondait-elle gracieusement, pourquoi ne pratiquez-vous pas la charité et l'obéissance? » La récréation terminée, elle allait se ranger la dernière, après les sœurs converses, pour recevoir à son tour les ordres de la supérieure, et ne se retirait point sans avoir reçu à genoux sa bénédiction. »

« Son inclination la portait à édifier et à consoler les plus humbles d'entre nos sœurs, et toute sa joie était de se trouver dans la société de nos sœurs converses. Elles le savaient bien, et elles étaient parfois si empressées de jouir de ses entretiens, qu'elles ne craignaient pas d'aller la troubler au milieu de son oraison, pour l'inviter à venir au lieu de leur office, à la cuisine même, où elle les animait par de pieux discours à l'amour de leur vocation. « Voyez ce feu, mes chères sœurs, leur disait-elle un jour, il est l'image de cette ardeur intérieure que vous devez avoir au service de votre Maître. L'amour aussi est un feu qui doit être l'âme de toutes vos actions; il purifiera vos intentions, dans les humbles fonctions que vous a assignées l'obéissance. Mes chères sœurs, votre vie est cachée en Dieu, elle n'a aucun éclat, ni dans le monde, ni dans l'intérieur du couvent. Vous lui donnerez du prix par l'ardeur de votre charité, et vous trouverez votre modèle dans saint Joseph, pour lequel vous devez avoir une particulière dévotion. Comme lui, vous devez vivre d'une vie cachée en Dieu, qui se consomme toute dans des occupations obscures, mais qui sera d'un très grand mérite devant Dieu. »

« Notre Mère supérieure avait désigné une de nos sœurs converses pour la servir, mais elle ne voulut jamais consentir à recevoir d'elle le moindre office. Non seulement elle se passait de domestique dans le couvent, pour le soin de sa chambre, mais elle se faisait elle-même la servante des autres. C'était une grâce qu'elle sollicitait avec instance, et on la voyait alors tout heureuse de se mêler avec les sœurs converses et de partager leurs travaux, en choisissant de préférence les plus humiliants et les plus pénibles. Quand elle rencontrait de nos sœurs chargées de fardeaux, elle les suppliait jusqu'à se mettre à genoux, de lui permettre de prendre sa part de leur charge. Devant ces actes d'humilité plus d'une d'elles se jetait à genoux à son tour. « Ma chère sœur, leur disait-elle, ne profanez pas votre condition devant une misérable, qui est venue manger le pain des épouses de mon Maître. » On la voyait encore aller à la cuisine, pour laver la vaisselle, balayer le réfectoire, desservir les tables, étendre le linge de la lessive, par les froids les plus rigoureux ; puis, son office terminé, venir prendre sa place en récréation, tout près de ses chères sœurs converses, qu'elle entretenait et animait à se réjouir saintement dans le Seigneur. »

« Il lui fallait bien cependant se résigner à recevoir leurs soins, lorsqu'elle retombait dans les états de faiblesse extrême, qui lui étaient ordinaires. Un jour, une des sœurs l'assistait et lui témoignait toute la peine qu'elle avait de la voir dans de pareilles souffrances. Mme d'Herculais lui répondit qu'elle souffrait plus encore de la peine qu'elle causait à celle qui la soignait. « Pour moi, ajouta-t-elle, mon Maître me veut réduire à l'extrémité, pour faire de moi l'œuvre de sa grâce. » Ici, notre bonne sœur ajouta une réflexion naïve : « Hélas ! madame, lui dit-elle, je crains bien de mourir avant vous, et je n'aurai pas la consolation de voir votre vie écrite, ce que je désire fort. » « Vous la verrez », répondit cette sainte dame, en pénétrant l'avenir [1] ; puis, cet aveu échappé à son humilité et à sa charité pour cette bonne sœur, elle se répandit en paroles de mépris sur elle-même. »

« Ce ne fut pas la seule marque qu'elle nous donna de ce don de prophétie. Une jeune novice avait été retardée pour la profession, et on appréhendait fort de ne la pouvoir former à la vie religieuse. Mme d'Herculais, qui la vit tout en larmes, désolée de voir ajournée son entrée en religion, et craignant d'être renvoyée du monastère, s'empressa de la consoler. « Ma chère petite sœur, lui dit-elle, je vous donne l'assurance que vous serez reçue un jour, et je ne vous demande, en retour de ma promesse, que d'être à

---

1. Elle la vit, en effet, comme le remarque le journal. La biographie du P. Bertal, très incomplète, il est vrai, fut publiée à Lyon, en 1687. C'était donc plus de 30 ans de vie qu'elle promettait à cette religieuse qui se croyait alors si près de sa fin.

l'avenir plus humble et plus obéissante. » Cette
même sœur novice fut un jour privée de la communion, pour quelque légèreté de jeunesse. Mme d'Herculais se fit son avocate, et supplia à genoux notre
Mère supérieure de pardonner à la coupable, et de
lever la défense, en ajoutant qu'elle se rendait cau-
tion de son futur amendement. Cette novice devint
en effet une très bonne religieuse, et singulièrement
dévote au Saint-Sacrement. Nous attribuons cette
conversion aux prières de cette sainte défunte, qui,
en plusieurs rencontres, a parlé si clairement et si
efficacement de toutes choses, qu'on eût dit qu'elle
voyait dans l'avenir et qu'elle lisait dans les cœurs. »

« Cette parfaite amante de la croix nous laissa de
grands exemples de son amour de la mortification.
Le silence, elle le pratiquait avec rigueur, en dehors
du temps de la récréation. Elle voulait aussi que la
discrétion réglât les entretiens, et une chose entre
autres lui déplaisait grandement : « Mes chères
sœurs, disait-elle, je vous en prie, ne louez jamais
quelqu'un en sa présence, vous feriez l'office du
démon. »

« Pendant les froids les plus rigoureux de l'hiver,
qui est très rude dans ces contrées, elle ne s'approchait jamais du feu, et si on l'y contraignait, ce
n'était que pour quelques instants, et à l'endroit où
il fumait ; elle ne souffrait point non plus qu'on fît
du feu dans sa chambre, sinon fort peu et rarement.
On a remarqué que jamais elle ne se donnait toutes
ses aises, en quelque posture qu'elle fût, ne s'ap-

puyant point, et se mettant sur le bord des sièges
à l'endroit le plus incommode, et ne s'asseyant jamais au chœur, jusqu'à ce que l'extrême faiblesse l'y
contraignait. »

« Au réfectoire, ses préférences étaient pour les
mets les plus grossiers. Elle ne prenait jamais
que la première portion, et n'eût point touché aux
autres, si on ne l'eût pressée, bien qu'elle eût besoin de nourriture, à cause de la chaleur intérieure qui la dévorait. Quand on lui offrait des
fruits, elle choisissait toujours le véreux et le
pourri; elle demandait avec instance qu'on lui
donnât le pain grossier des pauvres et le potage
qu'on leur avait préparé. Les restes de repas les
plus dégoûtants, les croûtes de pain laissés par les
pauvres étaient ses mets de délices; et il n'y avait
pas d'industries qu'elle n'employât, pour mortifier
la sensualité et satisfaire son désir de continuelle
mortification. »

« Elle fut sujette pendant son séjour chez nous à
de graves infirmités. Elle dut subir en particulier
une opération très douloureuse du côté du cœur.
Des sueurs extraordinaires la jetaient dans une
grande faiblesse, qu'augmentaient encore des vomissements et des douleurs d'estomac. Au milieu de
tant de souffrances, nous n'avons jamais aperçu
ombre de chagrin sur son visage, toujours souriant,
aucune plainte dans ses paroles. Elle obéissait avec
une docilité d'enfant à son directeur et à ceux qui
prenaient soin de sa santé, sans faire aucune ré-

flexion sur elle-même; comme il parut encore en ce que M. d'Herculais, lui ayant envoyé un équipage pour s'en retourner à Herculais, lequel arriva un jour qu'il faisait grand froid et grande neige, nous eûmes grand'peine à l'empêcher de sortir de céans, en ce mauvais temps et fort tard, dans l'état de faiblesse où elle se trouvait. Il fallait, disait-elle, obéir à ses supérieurs; et elle fût partie de la ville, le lendemain, nonobstant la rigueur du temps, si son directeur ne l'eût arrêtée, par un bonheur extraordinaire pour nous. »

« Sa grande dévotion était pour Notre-Seigneur Jésus-Christ, dans le Saint-Sacrement de l'autel. Les premières années qu'elle vint céans, elle ne pouvait s'empêcher de témoigner le désir qu'elle avait de voir le Saint-Sacrement à découvert, et disait à notre chère Mère d'un air gracieux : « Ne me ferez-vous point voir mon Maître »; et témoignait une grande joie, lorsqu'on écartait le rideau qui est devant la grille. « Oh! disait-elle, que vous satisfaites mon amour! » Elle tenait alors ses yeux attachés si finement sur le tabernacle, qu'on eût dit qu'elle les y avait collés; elle les gardait constamment tournés de ce côté; et chaque fois qu'elle passait devant le Saint-Sacrement, elle faisait de grandes et profondes révérences; et, en dehors de la chapelle, elle se prosternait pour baiser la terre, vers la porte qui ouvre vers le sanctuaire. Elle donnait encore de grandes marques de respect et de dévotion aux images des saints, qui sont dans le monastère, et

prenait fréquemment de l'eau bénite, pour paraître,
disait-elle, toujours plus pure devant son Dieu. »

« Dieu elle le voyait en toutes choses, et s'élevait
à lui, par l'aspect et la contemplation des créatures.
Quand elle se promenait au jardin, elle disait, en
regardant les fleurs : « Voilà bien des langues
muettes, qui annoncent la grandeur de mon Maître » ;
puis, levant les yeux au ciel : « Mon Dieu, qu'il
sera beau le séjour de votre gloire ! » Toutes celles
d'entre nous qui l'ont vue et entendue, reconnaissent avoir été profondément touchées de ses saints
entretiens qu'elle faisait avec une gravité surnaturelle, qui resplendissait en son visage, parfaitement
doux, ses yeux élevés au ciel, son maintien angélique et un air tout divin qui ressentait le paradis.
On ne pouvait douter que ce ne fût l'esprit de Dieu
qui parlait en elle, et avec des termes si expressifs,
pour insinuer ce qu'elle disait, quel'on était sur-le-
champ pénétré par l'effet de ses paroles. Plusieurs
d'entre nous en ont fait la déposition [1], et ont un
regret indicible de n'avoir pas eu plus de lumières,
pour remarquer tout ce que cette très sainte dame a
dit et fait pour la gloire de Dieu, dans ce monastère,
qui s'estimera à jamais très heureux d'avoir eu ce
rare exemple de toutes les vertus. Nous en sommes
demeurées tout embaumées, et désireuses de les
imiter ; ce que nous espérons par ses saintes inter-

---

1. Ces paroles supposent une première enquête officieuse,
faite quelque temps après la mort de Mme d'Herculais, au couvent de Sainte-Marie-d'en-Haut.

cessions, toutes ressentant un mouvement particulier à l'invoquer dans leurs besoins. »

Les voies de Dieu sont admirables ! Quel attrait Mme d'Herculais éprouvait-elle pour ce monastère de la Visitation ? Cette maison est une des premières, la quatrième, fondée par saint François de Sales et sainte Jeanne de Chantal. Le saint lui-même en a posé la première pierre [1], et c'est sainte Chantal qui a conduit à Grenoble les premières religieuses de la fondation. La maison qui leur sert d'abri provisoire est située rue de Bonne, tout proche de l'hôtel que Mme de Valernod habitait pendant son séjour à Grenoble, et où fut célébré le mariage de sa fille. C'était un souvenir. On ne trouve, il est vrai, aucune preuve dans les rares documents qui restent de cette époque, que Mme de Valernod ait eu quelques relations avec les deux saints fondateurs de la Visitation ; mais son frère, Mgr Artus de Lionne, oncle de Mme d'Herculais, compte parmi les auxiliaires les plus dévoués que saint François de Sales ait rencontrés à Grenoble, quand il vint en 1618 préparer la fondation du premier monastère de Sainte-Marie. C'est le très « bon et très vertueux M. d'Aoste, le vrai fils [2] » de saint François de Sales, celui qui par dévouement accepte d'être le premier aumônier du monastère [3] ; et sainte Jeanne de Chantal féli-

1. Mgr Servonnet, *Saint François de Sales à Grenoble*. Grenoble, 1867.

2. Sainte Jeanne de Chantal à Sr Catherine de Sautereau : *Lettres*, III, p. 486.

3. Il était déjà chargé du monastère des Ursulines, depuis

cite ses filles de Grenoble d'avoir un père spirituel, « tout spirituel, dit-elle, et dressé par notre Bienheureux Père [1] ».

Artus de Lionne se trouvait à Grenoble, en 1635, quand Marie de Valernod vint s'y fixer, par son mariage avec M. d'Herculais. Elle eut encore la bonne fortune d'y rencontrer, à cette époque, dans une de ses parentes, Mme de Granieu, une fervente disciple de saint François de Sales et une amie de sainte Jeanne de Chantal. « C'est une âme d'une éminente vertu, écrivait l'évêque de Genève, elle embaume toute la ville de ses saints exemples. [2] » Madeleine de Granieu, sa fille, à l'âge de quinze ans, allait en pèlerinage à Annecy, au tombeau du saint, pour lui recommander sa vocation à la vie religieuse, et « elle agréa si fort à sainte Chantal, disent les *Annales de la Visitation* [3], que la sainte l'admit de suite au noviciat, et l'envoya plus tard au monastère de sa ville natale [4] où sa mère ne tarda

---

1614. Cf. *Chronique inédite du couvent des Ursulines de Grenoble*. On y parle du dévouement qu'il déploya, pendant 21 ans, au service des religieuses, en particulier pendant la peste de 1629. « Il ne nous quitta point, bien que sa personne fût en grand péril, et nous rendit tous les offices de charité que son zèle et sa piété lui purent suggérer. Il établit un si bon ordre touchant le spirituel et le temporel, que par la miséricorde de Dieu, nous fûmes entièrement préservées du fléau. »

1. *Lettres*, ibid., II, p. 424.

2. Saint François de Sales à sainte Chantal, 1618.

3. *Année sainte*, II, p. 198.

4. En 1636, dix ans plus tard, elle est envoyée au second monastère où elle devient supérieure.

pas à la rejoindre ». Ainsi Mme d'Herculais retrouvait dans ses deux parentes visitandines la tradition vivante de l'esprit de saint François de Sales et de sainte Chantal; et c'est en leur compagnie, qu'elle faisait ses retraites à la Visitation de Sainte-Marie, dans une maison encore tout embaumée du souvenir des deux saints fondateurs, et toute fervente de ses origines.

On ne sait si, avant ses adieux à une vie mondaine, elle a entretenu quelques relations avec la Visitation; mais depuis son retour à Grenoble et à Herculais, en 1643, et sa profession déclarée d'une vie toute consacrée au service de Dieu, le monastère de Sainte-Marie-d'en-Haut, cette oasis de paix et de solitude, qui s'élève sur la colline, au-dessus de la ville de Grenoble, devient son séjour de prédilection. Elle s'y trouve chez elle, comme dans sa propre maison; elle vit au milieu de la communauté, comme dans une seconde famille, visitandine par le cœur, fille de Saint-François de Sales, rivalisant avec ses sœurs, comme elle les appelle, dans la pratique des vertus de douceur, d'humilité et d'ardente charité, que le saint Fondateur a laissées à ses filles de la Visitation, comme le caractère de leur vocation religieuse. Ce n'est pas à la Visitation que Mme d'Herculais a reçu la révélation du Sacré-Cœur, mais c'est là que le premier feu de sa dévotion trouve, jusqu'à la fin, un continuel aliment. Déjà, en effet, dans l'esprit que saint François de Sales demande à ses filles, on pressent que c'est dans sa famille religieuse que les deux vertus que Notre-Seigneur a proposées à notre imitation dans la révélation de son Sacré-Cœur, vont donner ce parfum qui va réjouir l'Église affligée alors par tant de défections. Et lorsque, plus tard, la dévotion au Sacré-Cœur sortira des monastères de la Visitation, elle ne sera que l'épanouissement surnaturel de ce même esprit que Dieu lui a donné à l'origine par l'entremise du saint Fondateur [1].

Mais voici une autre rencontre providentielle, qui dans les desseins de Dieu, doit attacher Mme d'Herculais, par des liens encore plus étroits, à l'ordre de la Visitation, en la faisant pénétrer, autant que le lui permet sa condition de femme du monde, au sein même de la famille religieuse de saint François de Sales. Deux ou trois ans après son retour à Grenoble, en 1647, la Mère Constance de Bressand devient supérieure de Sainte-Marie-d'en-Haut, où elle reste jusqu'en 1653. Ces deux âmes privilégiées l'une et l'autre des faveurs divines, ne tardent pas à se comprendre et à s'unir d'une sainte amitié. La

1. « Dieu m'a donné la pensée que votre maison de la Visitation est assez noble, pour avoir ses armes, sa devise et son cri d'armes... J'ai donc pensé qu'il nous faut prendre pour armes un unique cœur percé de deux flèches, renfermé dans une couronne d'épines. »

« Hier, je vous vis, ce me semble, voyant le côté de Notre-Seigneur ouvert ; vous vouliez prendre son cœur pour le mettre dans le vôtre, comme un roi dans un petit royaume... Que Notre-Seigneur est bon, ma très chère fille, que son Cœur est aimable ! Demeurons là, en ce saint domicile. » (*Lettres,* 71, édit. 1758.)

Mère de Bressand a vite reconnu en Mme d'Herculais, une vraie et digne fille de Saint-François de
Sales et de Sainte-Chantal; et c'est elle qui, par un
privilège vraiment inouï, l'admet au rang des religieuses, pendant ses retraites, et reçoit son obéissance qu'elle se plaît à éprouver pour l'édification
de ses sœurs. Une pareille intimité permet de croire
que Mme d'Herculais, si réservée d'ordinaire sur les
grâces qu'elle recevait de Dieu, ne tint rien de caché
à sa sainte amie[1], qu'elle regardait comme une supérieure pendant ses intermittences de vie religieuse,

1. « Elle avait une inclination profonde à cacher les grâces
qu'elle recevait de Dieu; toutefois, sitôt qu'elle était persua-
dée que le prochain pût être édifié, il n'est rien qu'elle n'eût
manifesté; et je sais des personnes, qui n'ayant rien pu tirer
d'elles par d'autres voies, l'ont fait s'ouvrir sur des choses
très cachées, parce qu'ils avaient su la persuader que cette
communication leur serait utile. » *Or. fun.* Mêmes dispositions dans la Mère Constance de Bressand. « Quand il
fallait parler des choses de Dieu, elle ressentait une joie sensible. Quand elle rencontrait quelque bonne âme qui sût cor-
respondre à sa passion sainte de s'entretenir de choses spirituelles, elle s'est oubliée des deux ou trois heures, en ces
colloques célestes, croyant n'y avoir été que peu de temps. »
Vie de la Mère de Bressand, p. 86.
La Mère de Bressand dut sa vocation à saint François de
Sales. « Dieu qui la destinait pour être une des pierres fon-
damentales de notre petite congrégation permit tous ces empêchements (à son entrée en religion), pour la conserver au
nouvel édifice, qu'élevait lors en son Église notre saint fondateur, que la divine Providence envoya, dans le même temps,
prêcher à Grenoble. Elle eut le bonheur d'apprendre de sa
bouche que Dieu l'avait choisie pour son épouse. Elle se
rangea sous sa direction et il l'estima très avancée dans les
voies intérieures de la perfection. » (*Vie*, p. 10.)

et qu'elle lui fit connaître l'intérieur de son âme comme l'une de ses filles les plus obéissantes[1].

Or, voici ce qu'on lit dans le *Journal des retraites* de la Mère de Bressand, à la date de 1637.

« Sur le crucifiement de Notre-Seigneur, il ne m'est venu qu'une simple vue, qu'il se laissa clouer et attacher à la croix, sans résistance, parce que c'était la volonté de Dieu son Père... Après un peu d'attention, il me sembla que Notre-Seigneur me montrait son côté, et me disait qu'il avait été ouvert, afin de nous montrer son amour, et à dessein de recevoir tous nos cœurs dans le sien. Sur quoi, y voulant jeter le mien, d'abord cela m'a été refusé, comme étant indigne de cette grâce; mais il me semblait que ce refus n'était que pour me la faire demander plus instamment; ce que j'ai fait avec grande affection; et enfin mon cœur a été tiré près de ce Sacré-Cœur, qui s'est joint et serré au mien, ce me semblait, d'une façon fort intime, douce et suave, avec la vue ou idée que c'était pour lui imprimer ses qualités, et afin de le fermer et sceller, en sorte que jamais plus il n'y puisse entrer autre

---

1. Dans la correspondance de M. Olier, la Mère de Bressand apparaît encore, comme la conseillère et l'amie de Mme d'Herculais. Voici ce qu'il écrit à la Supérieure de Sainte-Marie-d'en-Haut : « Madame de Rochefort m'a parlé d'une Madame d'Herculais, son nom m'a touché le cœur. Je pense que c'est une âme simple et humble, par conséquent, libre et dégagée. Faites qu'elle prie pour le pauvre serviteur inutile qui vous écrit, qui a la joie de la voir devant Dieu; et cela en la manière que vous savez le faire, sans que cela nuise à sa simplicité. » Faillon, *Vie de M. Olier*, II, p. 584 et 614.

affection que celle de son divin amour, lequel m'a assuré par plusieurs paroles d'amour et de confiance, de sa spéciale protection et assistance, en toutes les occasions que j'aurai recours à lui[1]. »

Ainsi la Mère de Bressand avait la joie de retrouver dans Mme d'Herculais une âme privilégiée, comme elle, de la manifestation du Sacré-Cœur de Jésus ; et c'est à la Visitation, dans la maison de saint François de Sales et de sainte Chantal, que ces deux âmes se rencontrent ; comme si la Providence avait voulu donner ce prélude des apparitions de Paray-le-Monial, et annoncer, par ces premières lueurs qui illuminent l'ordre de la Visitation, que c'est de là que la dévotion au Sacré-Cœur de Jésus rayonnera un jour sur toute l'Église.

1. *Vie de la Mère Constance de Bressand,* p. 101.

A la Visitation de Voiron, copie du *Journal de retraites,* portant ce titre : « Recueil abrégé de quelques vues, lumières « et grâces dont Dieu a gratifié feue notre très précieuse et « vertueuse Mère, Marie-Constance de Bressand, dans le temps « de ses retraites et hors d'icelles, et qu'on a trouvées écrites « de sa bénite main. » Le passage précédent (p. 53 du manuscrit) porte la date 1637 qui manque dans la Vie publiée.

On peut voir aussi dans le même *Recueil* de la Mère de Bressand (*Vie,* p. 102) quelques réflexions sur un verset du Cantique des Cantiques (*Pone me ut signaculum super cor tuum,* « Il s'est fait une impression du Cœur de Jésus au mien, qui a été comme le sceau de cette possession, etc. »), qui ont une ressemblance frappante de sens et d'expression, avec un passage d'une exhortation de Mme d'Herculais aux Visitandines. Cf. *infra,* ch. XIV.

CHAPITRE XIV

Dans le *Journal de la Visitation,* rapporté dans
le chapitre précédent, les religieuses de Sainte-Marie-
d'en-Haut ont donné le résumé de leurs souvenirs,
sur le séjour de Mme d'Herculais au milieu d'elles. Il
ne renferme rien cependant sur sa dernière retraite,
dont le récit est conservé dans un autre manuscrit
de la Visitation de Romans. Ici, peu de détails sur
la retraite elle-même. Celle qui a écrit ce mémoire
ne s'est souvenue que du discours ou entretien spirituel, que Mme d'Herculais eut avec la communauté,
avant de quitter le monastère. Il fit tant d'impression sur l'esprit de celles qui l'écoutaient, qu'il
semble qu'il ait été recueilli de suite, comme un testament spirituel que Mme d'Herculais laissait à ses
chères sœurs, et dont on ne voulait pas laisser perdre
la moindre parcelle. Ce fut en effet la dernière
fois que sa voix se fit entendre au monastère de
Sainte-Marie-d'en-Haut. Mme d'Herculais était venue
s'y préparer par la retraite à célébrer la fête de la
Très Sainte Trinité. Le samedi des Quatre-temps,

sa retraite terminée, elle faisait ses adieux à ses
chères sœurs, en leur adressant les paroles qui suivent; et une année plus tard, encore le même jour,
veille de la même fête, elle quittait la terre pour
aller célébrer dans le ciel, l'éternelle fête de ce
mystère, qui fut ici-bas sa grande dévotion, ou plutôt
la consommation de sa vie d'union avec Dieu.

*Recueil d'un entretien spirituel, que nous a fait
Mme d'Herculais, le 6 juin 1653.*

« Notre communauté étant assemblée, notre révérende Mère[1] s'adressa à Mme d'Herculais : « Ma
chère Mère, lui dit-elle, nos sœurs viennent avec
grande avidité et empressement s'entretenir avec
vous, des grandeurs et perfections de notre Dieu; et
comme vous sortez de retraite, elles voudraient que
vous répandiez sur elles quelque chose de la plénitude de votre cœur. » Mme d'Herculais, toute confuse,
répondit d'une façon extrêmement humble : « C'est
à celle qui tient la place de mon Dieu, et qui est la
source d'eau vive, qu'il convient de s'adresser. Eh
quoi, ma Mère, voulez-vous qu'une misérable créature, plus vile qu'un ver de terre, ose parler aux
épouses de mon Dieu! Mais, puisque vous me le de-
mandez et me le commandez, avec l'autorité de mon
Dieu, je le ferai pour vous obéir. Que vous dirai-je,
mes chères sœurs? Il me semble, (et en disant ces

1. Mère Constance de Brossand.

12.

paroles elle parut toute transportée), il me semble
que Dieu est affamé de nous. » Puis, tout étonnée
elle-même de ces paroles, elle se prit à sourire :
« De quelle façon parlé-je! C'est une impertinence,
il est vrai, cependant je veux le redire : oui, Dieu
est affamé de nous[1]! »

« **Avez-vous** remarqué la précipitation avec laquelle on se jette parfois sur la nourriture. Elle ne
peut avoir que deux causes : ou l'extrémité de la faim,
ou l'horreur naturelle d'une nourriture qui répugne.
Si en Dieu il pouvait y avoir cette répugnance, il
semble que ce serait la cause qui l'obligerait à ce
désir empressé, mais je dis que c'est son amour qui
lui donne cette faim insatiable de nous-mêmes. Que
n'a-t-il pas fait pour la satisfaire! Il nous a donné
son Verbe, qui sortant de son sein, et se faisant
homme, a, pour ainsi parler, consommé sans la détruire notre nature, en s'unissant à elle. Par là, il
nous préparait à devenir nous-mêmes l'éternel aliment de son amour, qui est un feu consumant. »

« Ici on l'interrompit, en lui disant que dans l'Eucharistie, Notre-Seigneur se donne lui-même en
nourriture. « Il est vrai, dit-elle, mais ce n'est que
pour mieux nous atteindre et nous consommer en
lui. Ah! mes chères sœurs, qu'arrive-t-il, c'est que
nous voulons rester ce que nous sommes, et nous
refusons de nous assimiler en Dieu par cette mysté-

1. « O doux Jésus, tirez-moi toujours plus avant dans votre
Cœur, afin que votre amour m'engloutisse, et que je sois du
tout abîmé en sa douceur. » Saint François de Sales.

rieuse nourriture. Croyez-moi, mes chères sœurs, laissez-vous devenir l'aliment de Dieu. Toute notre félicité est dans cette communion mutuelle. Il faut nous sacrifier, nous immoler en victimes, tout nous-mêmes : notre âme, notre corps, nos sens. Que tout ce qui est en nous et qui appartient à Dieu, retourne à lui et s'absorbe en lui par l'amour. Sans cela, il arrivera qu'au lieu d'être unie à Dieu par la communion, notre âme, par nos sens, sera sacrifiée à l'union avec les créatures. Hé ! Dieu n'est-il pas assez riche et libéral, pour faire le bonheur de tout nous-même, des puissances de notre âme et de nos sens. »

« Ce furent ses premières paroles ; par ce début, où elle parlait de l'abondance de son cœur, et avec une sorte d'ivresse surnaturelle, elle nous avait montré le terme proposé à la perfection religieuse. Elle ajouta les réflexions suivantes, pour nous apprendre les moyens d'y parvenir. »

« Les premières opérations de Dieu dans les âmes, mes très chères sœurs, consistent à les purifier de leurs péchés, de leurs mauvaises habitudes et de leurs dernières imperfections. Et quels moyens prend-il ? Il est le divin médecin, et dans sa sagesse, il proportionne les remèdes au mal. S'il est encore faible et peu enraciné, le remède sera facile et lé-ger ; mais dans les maladies dangereuses et invété-rées, il emploie sans pitié le fer et le feu, les inci-sions, les médecines amères ; car il veut avant tout nous guérir. Chez les âmes qui sont portées au bien, de telle sorte que la moindre touche qu'elles en ont, est capable de les retirer du mal, ces remèdes violents sont moins nécessaires; mais il ne les épargne pas, lorsqu'il s'agit de guérir une âme de graves défauts, d'habitudes mauvaises, fortement enracinées dans sa nature. Il lui envoie de pesantes croix, et la fait passer par des peines intérieures qui opèrent en elle l'évacuation des mauvaises humeurs de sa nature corrompue. Telle est, mes chères sœurs, la conduite du céleste médecin. Quelle doit être celle du malade? Il est des âmes qui n'acceptent ces remèdes qu'à contre-cœur, qui les rejettent à moitié, et aussi qui ne guérissent qu'à moitié, ou fort peu. Elles font tout ce qu'elles peuvent pour amoindrir la vertu de ces remèdes, par la répugnance qu'elles mettent à les recevoir; elles voudraient des remèdes pleins de douceur, des croix toutes dorées. Au contraire, les âmes malades qui s'offrent généreusement aux opérations de Dieu, tâchent de goûter toute l'amertume du remède et de le broyer sous les dents. Hé! mes chères sœurs, si nous connaissions l'heureux sort des âmes, que Dieu conduit par la voie des peines intérieures, bien loin de les appréhender, nous les souhaiterions ardemment, comme l'état dans lequel nous pouvons faire de très grands progrès, dans la voie du pur et saint amour. »

« Mme d'Herculais nous parla ensuite de trois breuvages dont Dieu fait part aux âmes selon leurs divers états. Celles qui ne font que commencer dans la voie de la perfection, il les traite comme des enfants, qui entrent dans la vie, et leur donne le lait des consolations [1]. Mais il ne les traite ainsi que fort peu de temps, car il serait à craindre que cette nourriture n'engendre l'orgueil, une fausse complaisance et un attachement désordonné, produisant dans leurs âmes les mêmes effets, que dans le corps l'usage prolongé des friandises. Le deuxième breuvage est celui d'un vin mêlé, lorsque Dieu pour sauver les âmes qui ont fait déjà quelque progrès en la vertu, mêle l'amertume aux consolations qu'il leur donne, et aux satisfactions naturelles qu'elles-mêmes demandent aux créatures. Il les détache ainsi peu à peu de tout ce qu'elles pourraient chercher en dehors de Lui. Le troisième breuvage est celui qu'il donne aux âmes plus parfaites. C'est un vin tout pur et sans mélange, qui les rend fortes et généreuses, en sorte qu'elles ne respirent que pour les croix, tant intérieures qu'extérieures. Elles ne se contentent pas de celles qui leur viennent des créatures, par la permission de Dieu, mais elles en sont si affamées, qu'elles les cherchent d'elles-mêmes. Elles courent, elles volent vers les humiliations, avec un empressement que rien ne peut satisfaire. Ces âmes enfin arrivent à un si parfait oubli et dégagement d'elles-mêmes, qu'elles perdent de vue tout intérêt propre pour ne voir que Dieu seul, après quoi, « le Roi, leur époux, les introduit dans ses celliers [2] » où elles boivent à longs traits. »

1. I Cor., III, 2.
2. Cant., I, 3.

« Ici une de nos sœurs, sa parente[1], l'interrompit :
« Hé! ma cousine, vous parlez d'expérience. Vous
aussi, avez bu de ce breuvage. » Mme d'Herculais
repartit en riant : « Vous le croyez »; puis, se tour-
nant du côté de notre révérende Mère : « On croit,
dit-elle, que je n'ai que des consolations, mais, je
vous prie, ne parlons pas de cela. »

« On la pria ensuite de dire en quoi consistaient
les devoirs d'une âme religieuse. De pareilles de-
mandes là mortifiaient extrêmement. Elle n'abor-
dait jamais ce sujet sans quelque acte d'humilité, et
seulement lorsqu'elle y était contrainte par un
ordre de la Supérieure. « J'ai tort, dit-elle, après
avoir demandé pardon à genoux de ce qu'elle regardait comme un acte d'audace, j'ai tort de me
regarder moi-même, et puisque vous me le comman-
diez, ma révérende Mère, je suis tout heureuse de
faire la volonté de Dieu, en faisant la vôtre. » Je
pense, ajouta-t-elle, que le premier devoir d'une
âme religieuse, est de s'affermir dans la croyance de
cette vérité, fondée sur les paroles mêmes de Notre-
Seigneur Jésus-Christ dans l'Évangile, que la volonté
de Dieu nous est manifestée par la voix de nos
supérieurs; en sorte que, ne faisant aucune attention à la créature, nous reportions sans cesse notre
regard sur Dieu seul, qui nous commande et à qui
seul nous devons obéissance. Mes chères sœurs, avec
ce regard surnaturel de la foi, notre obéissance

1. Mre Madeleine de Granieu. V. sa notice, *Année sainte de
la Vis.*, II, p. 198.

nou seulement sera parfaite, mais encore nous la pratiquerons avec joie; car nous serons tout heureuses de l'honneur que Dieu nous fait, en nous appelant à faire sa sainte volonté. »

« Le second devoir d'une bonne religieuse consiste dans une grande estime de la vocation, par laquelle Dieu l'a appelée dans ce saint état. Notre-Seigneur vous a séparées du monde, et comme ses épouses, vous a marquées d'un caractère, qui est celui de son amour. Il a mis, en effet, son Cœur comme un cachet sur le vôtre[1], afin qu'il soit scellé, que rien n'y entre que lui seul, et qu'il en soit le maître absolu. Ce titre d'épouses, ce sceau qu'il a imprimé en vous par son Cœur, vous obligent à avoir avec Lui une parfaite ressemblance. Or considérez-le, mes chères Sœurs. Il a été marqué d'opprobres; il a été fait un signe de contradiction, devant les hommes; les ornements dont il s'est paré, le jour de ses noces, ont été les crachats sur son visage, la couronne d'épines très poignante sur son chef sacré, les clous sanglants, qui ont percé ses mains et ses pieds. Toutes sortes de tourments et de peines intérieures ont affligé son corps et son âme; il est mort pour nous sur une croix, où il a voulu avoir le côté ouvert, pour nous faire entrer « dans le trou de la pierre »[2]. Voilà votre modèle, et dans sa passion vous trouverez tous les traits de ressemblance qui doivent vous rendre conformes à Lui. Qu'elle

1. Cant., viii, 6.
2. *Ib.*, i, 14.

ne vous inspire point de frayeur. Ne craignez point
les épines, elles sont émoussées dans son sang.
Votre Maître sait changer l'amertume en douceur et
les tourments en délices à ceux qui l'aiment. Regardez la croix, mes chères sœurs, et voyez dans les
clous qui y tiennent votre Maître attaché, l'image
de vos saints vœux : l'obéissance qui vous lie à la
volonté de Dieu, manifestée par vos règles et les
ordres des supérieurs; la pauvreté qui vous séparant
des créatures, vous donne en échange un trésor, puisque c'est Dieu qui se donne à vous; la chasteté, par
laquelle vous faites à Notre-Seigneur Jésus-Christ
un sacrifice de vos sens, en offrant à sa divinité la
mortification de l'esprit et à son humanité sainte,
celle de votre corps. »

« Que vous dirai-je d'un autre devoir d'une âme
religieuse, qui est la fidélité dans les observances de
la règle, qui paraissent de peu d'importance aux regards de la prudence humaine. Votre Dieu, mes
chères sœurs, demande de ses épouses une si grande
fidélité, que les moindres fautes volontaires les rendent désagréables à ses yeux, et l'obligent à les
priver de ses communications divines, jusqu'à ce
qu'elles aient réparé leurs infidélités, par un doux
et amoureux retour; car il est miséricordieux, con-
naissant le limon dont il nous a formés, et toujours
prompt à nous pardonner et à nous consoler dans
nos défaillances. »

« Après ces observations générales, Mme d'Herculais ajouta une remarque sur la nécessité qu'il y a

de connaître parfaitement, par quels attraits et par quelle voie spéciale, Dieu veut que nous allions à Lui. « Pour cela, disait-elle, il faut faire grand état de la direction, ouvrir entièrement son âme, et se laisser guider par l'obéissance. » C'est à ce dernier point qu'elle ramenait tous ses conseils, et c'est la vertu qu'elle tâchait de nous faire aimer par mille comparaisons. C'est dans l'obéissance, disait-elle, que vous jouirez de la paix et de la tranquillité, comme dans un lit de repos; c'est en elle que vous trouverez tous les biens, et la communication de la bonté maternelle de Dieu. »

« Elle termina son entretien par une exhortation à l'union et à la charité, qui doit régner dans les communautés religieuses. Elle nous fit voir qu'elle devait être si intime, qu'on devait en chercher le modèle dans la très sainte Trinité, en qui, non seulement l'union est rencontre, mais encore unité de substance; et que le plus grand obstacle à cette charité se trouvait dans les amitiés particulières, qui divisent les communautés, et dont le châtiment est dans le refroidissement de l'amitié de Dieu. »

« Dans les paroles qu'elle nous adressa dans cette dernière exhortation, elle paraissait toute de feu. On voyait que le Saint-Esprit la faisait parler, et avec tant de force, et dans un tel transport, qu'elle avait peine à se contenir. De temps en temps, il lui échappait comme de grands éclats de voix joyeuse et de jubilation divine, dont son âme était inondée. »

« En finissant, elle demanda à notre révérende
Mère la permission de dire sa coulpe, devant toute
la communauté. Elle s'accusa avec larmes, des moindres fautes qui lui avaient échappé, pendant sa retraite. « J'ai aussi témoigné quelque affection particulière, dit-elle entre autres choses, ce qui a pu
donner sujet de mauvaise édification, et, il faut que
je le dise, mon Dieu me fait sentir combien ce défaut lui déplaît. Qu'on me pardonne cet aveu, qui
n'est pas un reproche à la communauté. « Sa coulpe
terminée, elle demanda une pénitence, et au réfectoire, elle baisa les pieds de nos sœurs avec une
promptitude et une ferveur extraordinaires, mettant
le visage sous les pieds, en signe de profonde humilité. Bientôt après le dîner, elle prit congé de nous,
après avoir reçu la bénédiction de notre révérende
Mère, et sortit fort promptement, parce que Mᵍʳ de
Grenoble lui avait fait dire de se trouver à une heure
à l'évêché. Toute notre communauté resta fort
édifiée des rares exemples qu'elle nous avait
donnés pendant sa retraite, et nous eûmes le sentiment qu'un grand trésor venait de nous être enlevé à jamais. En effet, elle nous parut si pleine
de Dieu, et parlant de Lui avec une telle abondance
de cœur, que nous jugeâmes bien qu'elle était par-
venue à cette consommation parfaite, après laquelle
il ne lui restait plus qu'à quitter cette terre pour
s'unir à Dieu éternellement dans le ciel, comme en
effet il est arrivé. »

CHAPITRE XV

Mme d'Herculais, au sortir de sa retraite au couvent de la Visitation, était mandée auprès de l'évêque de Grenoble, le 6 juin 1653. Ce jour-là, on avait pu recevoir de Rome quelque assurance de la condamnation de l'hérésie janséniste, qui avait été prononcée, le dimanche précédent, le jour de la Pentecôte[1]; et ce fut sans doute cette nouvelle, que Mgr Scarron avait hâte de communiquer à Mme d'Herculais. Il savait tout ce qu'elle avait prodigué de prières et de mortifications, pour le soutenir dans la lutte où il avait combattu au premier rang[2]; il

1. Le 31 mai.

2. Il y a dans l'ensemble des documents qui ont servi à cette biographie, non des preuves, mais de grandes probabilités, que Mme d'Herculais faisait partie de la Compagnie du Saint-Sacrement, sorte de ligue pour les intérêts catholiques, vaste société répandue par toute la France, et établie à Grenoble sous le haut patronage de Mgr Scarron (Cf. Rapin, *Mém.*, II, p. 325). « Mgr Scarron, dit un historien, veilla avec un soin jaloux à écarter des chaires dauphinoises, les dangereuses nouveautés de Jansénius. » Prudhomme, *Hist. de Grenoble*, p. 499. Il y a en note cette référence: (Arch. de l'Isère : G. inv. des titres de l'évêché de Grenoble, n° 253, 254, 260). Les pièces désignées par cet inventaire n'ont pas été retrouvées.

était donc juste qu'elle fût une des premières à apprendre que ses vœux étaient enfin exaucés. Mais c'était l'avertir en même temps, qu'il ne lui restait plus qu'à payer la rançon qu'elle avait si généreusement promise. Encore toute fervente de ses exercices, où elle a renouvelé à Dieu son offrande, et où on l'a vue « toute de feu », et parlant « de la plénitude du Saint-Esprit », elle était prête pour le sacrifice ; et c'est le cœur plein d'allégresse, qu'elle s'avance au-devant de son martyre.

Elle avait quitté la solitude du château d'Herculais, pour se rendre à Grenoble, au couvent de Sainte-Marie-d'en-Haut. A peine sortie de cet asile, où elle ne devait plus retourner, et où, sans le savoir, elle était venue se préparer à son éternité, au commencement de juillet de cette même année 1653, elle fut saisie presque subitement d'une maladie mystérieuse, qui ne devait se terminer que par la mort, après une lente agonie de onze mois[1]. Aux premières atteintes du mal, on songea à la reconduire dans les montagnes, loin de la ville. Le moment des chaleurs était arrivé, et on espérait que

----

1. « Elle a brûlé un an entier sur l'holocauste », écrit ailleurs le P. Morin. On s'est servi à tort de ces paroles pour placer au 31 mai 1653, l'offrande héroïque de Mme d'Herculais, qui remonte bien plus haut, comme on la vu ; c'est-à-dire au commencement de l'année 1652. L'orateur, dans ce passage, ne parle que de la durée des souffrances de cette expiation, qui fut de onze mois, comme il le dit ailleurs, en termes exprès, et commença, par conséquent, dans les premiers jours de juillet 1653.

le changement d'air, la fraîcheur du climat, dans le vallon de Theyts, apporteraient quelque soulagement à son mal; mais toutes les tentatives furent inutiles. Si elle avait pu càcher autrefois ses mortifications et sa patience dans la retraite d'un cloître, ou dans la solitude d'Herculais, le moment était venu où la Providence voulait manifester ses vertus au sein d'une grande ville, et donner mille témoins à cette lente consommation de son sacrifice. C'est dans le secret qu'elle avait reçu les faveurs des révélations divines, et beaucoup même les ignorèrent longtemps; mais pour cette grâce de la patience et de l'amour de la croix, qui renferme en elle l'œuvre même de la perfection chrétienne[1], il était dans les desseins de Dieu d'en donner, dans la personne de sa servante, des exemples éclatants. Cette disposition divine n'a pas échappé à son premier historien. « Pourquoi, disait-il, la tirer de la solitude, où elle avait son paradis, l'enchaîner dans Grenoble, durant onze mois, et rompre cent fois toutes les occasions de son départ, sinon pour nous donner à tous, des leçons d'une vertu parfaite. Mme d'Herculais, qui, selon toutes les vraisemblances, devait finir ses jours loin de nous, et s'ensevelir dans les montagnes, par un dessein tout visible de Dieu est morte à Grenoble, afin qu'elle ne mourût pas toute entière, et que, dans une ville où elle a eu tant de compagnes de sa vanité, vous soyez obligées de

---

1. « Patientia perfectum opus habet. » Jac., I, 14.

lui donner quelques imitatrices de sa pénitence ».

On ne sait quel nom donner à cette dernière maladie, ni quels termes employer pour la décrire. Une seconde fois, toute la science du temps la déclara inexplicable. Cette vie, qui se termine à la fleur de l'âge, ressemble à un feu, qui s'alimente à un foyer inconnu, grandit sans cesse en ardeur et en éclat, jusqu'à ce qu'il ait consumé sa victime dans des flammes invisibles. « C'est l'amour qui a été cause de sa mort », disent ses historiens : on ne chercha point d'autre explication. Et comment en trouver d'autre, remarquent-ils encore, dans un mal « si extraordinaire en tous ses symptômes, dont la cause était profondément cachée, et que tous les remèdes et rafraîchissements ne faisaient qu'aggraver ».

Elle n'attendit pas longtemps la récompense inséparable de tout sacrifice. Elle s'était oubliée, en prodiguant sa vie pour le salut du prochain, et voici que tout le prix de cet acte de charité rejaillit sur elle et c'est Dieu lui-même qui lui en donnera l'assurance, en venant la fortifier, dès le commencement de sa passion, par la plus précieuse grâce qu'une âme puisse recevoir en ce monde. Ce fut le jour de la fête de saint Augustin, dont les hérétiques d'alors avaient si souvent profané le nom, du grand saint de la charité et de la grâce. Notre-Seigneur lui fit entendre ces paroles : « *Sponsabo te mihi in æternum* [1]. » Il lui dit « qu'il serait toujours à elle, et

1. Osée, II, 19.

qu'elle serait toujours à lui, et que jamais il ne la désunirait de soi [1] ». Que pouvait-elle souhaiter de plus que cette promesse d'être inscrite au livre de vie? Cette consolation la préparait, en même temps, à de plus grandes souffrances.

Quelques semaines après, ne pouvant plus se soutenir, elle tomba accablée sur son lit de douleur, sans repos, ni la nuit, ni le jour. Est-ce imprévoyance de ceux qui la servent, ou patience et charité de la malade, qui dissimule son mal? On ne sait, mais pendant tout ce temps, les visites se succèdent. Qui ne voudrait avoir la consolation d'entretenir une sainte, d'être témoin de sa patience, de se recommander à ses prières, de lui demander ses conseils? Tous sont accueillis avec la même douceur. Elle oublie ses propres souffrances, pour continuer pendant sa maladie cet apostolat, qu'elle a exercé toute sa vie. Les visites sont importunes : des conservations « de six à sept heures »; cependant aucune marque d'impatience, aucune altération de cette charité douce et prévenante, qu'on lui a connue quand elle était en santé. Dans cet état d'épreuve, où le corps succombe de faiblesse, pendant une maladie qui dure de longs mois, il est bien rare que l'âme reste jusqu'au bout maîtresse d'elle-même, sans un moment de défaillance. C'est sans doute pour cette raison que le premier biographe, qui parle comme témoin, a jugé utile d'affirmer par serment, un si grand

1. Or. fun.

exemple de vertu. « Parmi tant d'occasions de ceux qui lui donnent leurs soins, de longueurs de discours, de questions importunes, qui pouvaient lui donner quelque sujet d'ennui ou de dégoût, je puis jurer saintement, dit-il, qu'on n'a jamais surpris en elle aucune trace de passion mal mortifiée; bien que l'accablement où elle se trouvait fût si grand, qu'elle y ressentait une espèce de torture. »

Vers la fête de la Purification de la Sainte-Vierge qui fut l'époque, treize ans auparavant, d'une aggravation de sa première maladie, on remarqua une nouvelle recrudescence de son mal. « Chaque jour des sueurs prodigieuses, dit son historien, qui durent des cinq heures, et auxquelles succèdent des tremblements, des convulsions, des douleurs dans les jointures des membres. Aucun soulagement sur son lit de douleur, où elle demeure paralysée jusqu'à quinze jours de suite; les pieds et les mains percés par des clous invisibles n'ont aucun mouvement qui n'augmente son tourment; la poitrine déchirée semble lui aller en pièces; dans la tête des douleurs si étourdissantes, qu'elle lui donne la sensation d'une enclume frappée à coups redoublés; la langue comme une plaie sanglante; d'énormes enflures dans les membres, qui ne laissent pas un moment de repos, ni la nuit, ni le jour; une fièvre ardente, continue, jusqu'à lui faire pétiller les yeux dans la tête, et avec deux accès par jour; et comme si ce n'était pas assez de tant de maux, des désolations intérieures, des abandonnements de Dieu, des ténèbres palpables venaient fondre sur son esprit, déjà accablé par les tourments du corps. »

Il ne paraît pas que cette dernière épreuve ait été de longue durée. Ailleurs, en effet, faisant allusion à cette désolation suprême, le même historien avertissait déjà que « depuis la vision de la très sainte Trinité, dont elle fut favorisée sept ans avant sa mort, elle ne cessa pas, hors de quelque intervalle bien court, auquel Dieu l'a exercée par des souffrances intérieures, d'être enivrée des délices où elle fut plongée à ce grand jour ».

Il semblait qu'à la suite de tant de maux réunis, sa force d'âme dût être ébranlée, et qu'elle dût soupirer après quelque rafraîchissement, comme au sein d'une fournaise ardente. Cependant plus elle souffre, puis elle désire souffrir ; et le cri de sainte Thérèse revient sur ses lèvres mourantes : « Ou souffrir, ô mon Dieu, ou mourir. » Aucune parole, aucun signe d'impatience ; ces longs mois de souffrances, elle en fait l'aveu à son confesseur, ne lui ont paru qu'un moment. Mais il faut ajouter quelque chose à tant de souffrances, et lutter, pour ainsi dire, avec Dieu lui-même. Elle demande en grâce, qu'on lui donne ses bracelets et sa ceinture hérissés de pointes de fer ; on lui refuse ; mais au moins qu'on lui permette de semer secrètement des orties sur son lit ; qu'elle en soit environnée comme d'un vêtement, et que, pour honorer la passion du Sauveur, dont l'Église célèbre alors la mémoire, il n'y ait plus en elle, de la plante des pieds à la tête, que blessures et douleurs cuisantes, qui s'unissent au mal intérieur qui la consume.

Ainsi, par une gradation ascendante, la maladie augmente, mais toujours sous la même forme, et on ne peut que refléter ici la pensée de ceux qui en furent les témoins. Elle est toujours la même. « C'est un feu dévorant », disent-ils, et c'est à cette comparaison qu'ils reviennent sans cesse. « Cette âme souverainement éprise de son Dieu, ne pouvait plus se nourrir que de lui seul, tout pur et sans mélange ; et cet amour ne pouvait plus qu'avec une extrême violence demeurer là où on ne jouit de Dieu que sous le voile, et dans le nuage. Cet amour allait à Dieu avec une impétuosité qui ne pouvait souffrir de relâche ; et après avoir cherché l'issue de sa prison mortelle, qui lui apportait des retards insupportables, il fit son dernier effort sur le cœur, comme sur l'endroit où il régnait avec plus d'empire, y alluma tout ce qu'il put de feu, et après un incendie de plusieurs mois, consuma cette vie dans sa source. »

Le 31 mai 1654, la veille de la fête de la très sainte Trinité, « le mystère de sa plus haute dévotion », un samedi, « jour qu'elle avait chaque semaine révéré si tendrement, en l'honneur de Marie sa très chère Mère », Mᵐᵉ d'Herculais, dans un dernier transport d'amour, rendait son âme à Dieu. Elle était âgée de trente-cinq ans.

CHAPITRE XVI

FUNÉRAILLES. LA CHAPELLE DU SACRÉ-CŒUR.

Il n'y a point de deuil dans la mort des amis de Dieu; le ciel semble s'ouvrir, et communiquer à la terre quelque chose de son éternelle joie. Les funérailles de Mme d'Herculais furent un véritable triomphe, et une fête publique, tant il y avait dans tous les cœurs ce sentiment, qu'elle n'avait quitté la terre que pour prendre possession du bonheur éternel; et il répondait à la pensée de tous, celui qui prononça l'oraison funèbre, quand il s'écriait : « Vous avez donné au ciel une sainte. Je n'agis pas avec précipitation, quand je vous parle d'elle avec cet éloge. Il est vrai qu'il appartient à une autre bouche de donner ce nom, mais il est vrai que ce ne sont pas d'autres actions que celles de Mme d'Herculais, qui en donnent l'effet; et nous pouvons dire, à la gloire de Dieu, qu'il y a plusieurs saints, dont on fait les fêtes, dont on ne sait pas de plus grandes choses. »

« Je n'ai rien ordonné touchant mes funérailles, écrivait Mme d'Herculais, dans son testament, parce qu'ayant toujours désiré de me soumettre aux volontés du mari que Dieu m'a donné pour supérieur, je veux encore lui laisser entièrement ce soin; le priant, au nom du même Dieu, de ne permettre aucune pompe à mes obsèques, mais de me faire enterrer comme une pauvre, aimant beaucoup mieux que les frais qui se feraient pour des honneurs mondains, soient convertis en bonnes œuvres [1]. »

Ces prières, faites « au nom de Dieu », inspirées par l'amour de l'humilité et de la pauvreté, ne furent pas exaucées, car jamais funérailles ne furent plus solennelles, et ne réunirent un si grand concours de peuple. Le clergé, la noblesse, le parlement, les congrégations religieuses, qu'elle avait tant aimées, et auxquelles elle laissait, dans son testament, une dernière preuve de sa charité [2], ses parents, ses

1. Or. fun.
2. Arch. de l'Isère. *Testament de Marie de Valernod*. Tous les biens dont elle peut disposer, après avoir laissé aux siens une part convenable, sont consacrés aux bonnes œuvres. La liste est longue, et forme le texte à peu près entier du testament. (Publié dans *Mme d'Herculais*, par Mlle de Franclieu, p. 191.) Les legs pies sont pour l'église de Theyts, « dont elle est paroissienne », les pauvres, ses domestiques, et les communautés religieuses de Grenoble, de Theyts et de Saint-Vallier. Plusieurs fondations de messes : deux messes perpétuelles, tous les jours, l'une à l'honneur de la Très Sainte Vierge, pour la conversion des pécheurs, une autre en l'honneur de la Très Sainte Trinité, pour la persévérance et la perfection des justes; une messe, le premier jeudi de chaque mois, en l'honneur du Très Saint Sacrement, dans la chapelle du château d'Herculais, avec prières pour les âmes du Purgatoire. Legs pour la décoration de l'autel où repose le Saint Sacrement. Une fondation pour l'église des Jésuites de Grenoble et l'entretien « de deux missionnaires, lesquels, suivant l'ordre de leurs supérieurs, iront par la campagne, prêcher,

amis, une foule immense, où se trouvaient confondus tous les rangs, les affligés qu'elle avait consolés, les pécheurs qu'elle avait ramenés à Dieu, les pauvres qu'elle avait soulagés de ses aumônes, et qui avaient été les préférés de son cœur, tous s'empressèrent autour de son cercueil et l'accompagnèrent à sa dernière demeure [1], unissant leurs prières, moins pour obtenir de Dieu le repos de son âme, que pour se recommander à sa puissante intercession; car maintenant, plus que jamais, elle est, selon le mot de son historien, « celle qui obtient de Dieu tout ce qu'elle veut », et la mort n'a fait que rendre plus vaste et plus fécond l'apostolat de charité qu'elle a commencé sur la terre.

catéchiser et confesser à la plus grande gloire de Dieu » ; au moins « prêcher et catéchiser à la campagne, les bons jours de fête » (codiciles), etc.

1. « Honestatum est funus ea pompa, quæ supplicationi quam exequiis propior esset ». *Litt. ann. S. J.*, 1657-1659. Arch. dom.

Cf. de Boissat, *Pro epicedionio pæan*. Les premiers vers renferment une description de ces funérailles.

> Este procul lacrymæ indecoræ, suspiriaque alto
> Ducta sinu : procul este gravi male versa dolore
> Pectora, degeneresque alibi spargentia questus !
> Parcite felicis cineres temerare sepulchri !
> Non hic uda genas ululavit præfica : non hos
> Moesta fatigavit singultu funera manes,
> Confuditve solo sparsim, sacra marmora propter,
> Infelix apium cum ferali cyparisso.
> Quin Elegi imbelles altum siluere...
> Compta sed heroo micuerunt carmina cultu,
> Totaque congesta latuit sub Daphnide moles.
> Quam circum effusi lato juvenesque senesque
> Atque omnis procerum mixto cùm sanguine plebes
> Certat inexhausto florum conspergere nymbo...

Au couvent de la Visitation Sainte-Marie, son
asile préféré, là où elle avait laissé tant de souvenirs
de ses mortifications, de sa charité et de son amour
pour la vie religieuse, appartenait l'honneur et
presque le droit de posséder son cœur [1]. C'est là
qu'il fut déposé : précieux trésor, vénéré presque
à l'égal d'une relique, par les pieuses filles de saint
François de Sales et de sainte Chantal.

Un mois après sa mort, dans l'église du collège
de la Compagnie de Jésus, qu'elle avait elle-même
choisie pour le lieu de sa sépulture [2], l'éloge funèbre

---

1. « Une maladie si longue, jointe aux défaillances continuelles, faisait juger que le cœur serait flétri. Il fut trouvé
plein de sang vermeil, mais entouré d'une membrane dessé-
chée. »

2. Ici se placerait l'histoire d'une longue contestation, entre
les chanoines de la cathédrale et les religieux de la Compagnie de Jésus; les uns et les autres prétendant pour leur
église, à l'honneur de cette sépulture. Quelques termes des
Litteræ annuæ S. J. laissent entendre combien elle fut vive, et
comment on eut de la peine à empêcher les premiers d'employer la force, pour s'emparer de ces restes mortels, auxquels
tous attachaient le plus grand prix. Mme d'Herculais n'avait
rien voulu régler dans son testament, au sujet de ces funérailles,
mais avait exprimé le désir d'être enterrée dans l'église du
collège. Cette dernière volonté, sans avoir été écrite, devait
être respectée. Aussi Mgr Scarron et le parlement, choisis pour
arbitres par M^r d'Herculais et les deux églises rivales, donnèrent gain de cause à l'église du collège. « Tanto erat in
pretio illustris fœminæ virtus, ut licet cùm pecunia non modica nobis corpus legavisset, vix impetrari potuerit à principis templi canonicis, ut ne per vim corpus eriperent. Authoritatem super ea re Illustrissimus Antistes interposuit, cum
senatu ipso. » Cf. Salvaing de Boissieu, *De pia controversia*

fut prononcé, devant la même foule qu'on avait vue aux funérailles, et par l'ordre exprès de Monseigneur l'évêque de Grenoble [1].

L'orateur, après avoir parcouru à grands traits la vie de son héroïne et rappelé le sacrifice qui en fut le couronnement, s'écriait en terminant : « Hé Dieu ! que tant de circonstances d'une si belle mort, balancent bien justement la douleur dont aucun de ceux qui l'ont connue n'a pu se défendre ! Nous avons perdu par son éloignement, cette charmante modestie, qui par son seul aspect eût pu désarmer l'insolence, et affermir l'honneur des autels, et qui redoublait la sainteté des temples, par le respect qu'il y inspirait. Ce grand exemple plus impérieux que les lois et aussi touchant que les miracles nous est enlevé. Ces yeux qui imprimaient Dieu par leurs regards, cette bouche qui ne s'ouvrait jamais que pour embraser par ses discours enflammés, sont fermés pour toujours. Cette vive source de consolations est tarie pour les affligés. Cette racine féconde de tant de saintes actions s'est subitement arrachée. Ce trésor de force pour encourager les pusilla-

---

quæ fuit inter Canonicos B. Mariæ et Patres Societatis Jesu de sepelienda Maria Valernodia.

1. « C'est par le commandement exprès qu'il a plu à Monseigneur de Grenoble de me faire, que j'entreprends aujourd'hui de donner au public un abrégé d'une grande vie, et de satisfaire aux justes désirs d'un nombre presque infini de personnes qui ont souhaité d'apprendre quelque chose de plus particulier, des vertus incomparables de feue dame Marie de Valernod, dame d'Herculais. »

nimes nous a été enlevé, et cette chrétienne accomplie, où la nature n'avait rien épargné de tout ce qu'elle peut donner de qualités de corps et d'esprit, et où la grâce avait versé tous ses dons avec profusion, ne vivra plus parmi nous que par le souvenir. Quelle perte pour le monde où l'iniquité abonde, où les âmes de cette hauteur sont si rares et d'où elles sont si promptement enlevées !... »

Mais ces regrets, l'orateur les tempère aussitôt en rappelant « la joie de cette grande âme qui, par le retranchement de quelques années, a avancé son éternité, où elle aspirait avec tant d'ardeur, récompensée de tant d'efforts et de mortifications héroïques, par la possession d'un bonheur qui ne finira point, buvant à la source même de l'eau jaillissante de la vie éternelle, au sortir des flammes de son sacrifice, et après de si ardentes et fidèles poursuites, unie à son Dieu par un amour qui n'aura jamais de séparation ».

Enfin, à ceux qu'elle a laissés sur la terre, il offre les consolations surnaturelles de la foi, que l'on rencontre infailliblement dans la mort des saints. Il rappelle « les amoureux desseins de la divine Providence, qui nous a donné, dans une sainte vie, un modèle où nous trouverons à la fois, et les leçons de la perfection chrétienne et les motifs les plus pressants pour nous animer à la pratiquer »; puis, montrant le ciel et dans un langage qui ne parut à aucun de ceux qui l'entendirent une hardiesse d'éloquence : « Votre plus chère et solide gloire, leur dit-il, sera toujours d'avoir possédé au milieu de vous et donné à l'Église cette héroïne dont la tête mérite les rayons du soleil; et si Dieu a daigné la recevoir en son paradis, comme tant de si saintes actions nous forcent de le croire, vous jouirez, en retour des honneurs que vous lui rendez aujourd'hui, des effets de sa charité pour vous et de son intercession puissante auprès de Dieu [1]. »

*
* *

Cette vie a son épilogue. Ce serait l'histoire d'un demi-siècle où l'on verrait cette même hérésie janséniste que l'on croyait terrassée à jamais, reprendre peu à peu de nouvelles forces, et comme le démon de l'évangile, rentrer plus furieuse dans la maison d'où elle a été chassée. Mystérieux desseins de la Providence qui permet le mal pour des fins toujours dignes de sa sagesse, mais où nos jugements seraient confondus si nous pouvions oublier que Dieu est patient parce qu'il a pour lui et le temps et l'éternité! Cinquante ans après la mort de Mme d'Herculais, dans ce même diocèse de Grenoble, où on a vu jadis tant de dévouement pour la défense de la foi, le jansénisme [2] est un moment en plein triomphe. A ce moment sans doute, les âmes pusillanimes, si la

1. Or. fun. V. les *Litteræ annuæ* écrites en 1657, trois ans après la mort de Mme d'Herculais : « Visum est Deo famulæ virtutem *insignibus prodigiis* commendare. » Cf. app. X.
2. Cf. Pra S. J., *Les Jésuites à Grenoble.*

tradition avait gardé le souvenir des paroles prononcées par le panégyriste de Mme d'Herculais, « du
monstre étouffé », « de la grande victime qui était
nécessaire pour détourner le fléau qui ravageait la
France et menaçait l'Église », ne durent plus voir
dans ce chant de victoire qu'une magnifique ironie.
En effet, tout paraissait perdu, et c'était en apparence
l'échec de tant d'efforts, de prières et de sacrifices.
Mais à ce moment-là même, la Providence divine
préparait le salut par les mêmes moyens qu'elle
avait employés à l'origine, c'est-à-dire par la dévotion au Sacré-Cœur de Jésus. Et c'est chose bien
digne de remarque, que nous ayons à retrouver le
premier gage de ce salut, près de la tombe même de
Mme d'Herculais.

En 1706, le P. de Gallifet, ce religieux qu'on a
appelé « le fidèle disciple et l'héritier du Vénérable
Père de la Colombière [1] », fit consacrer dans l'église

----

1. « Au sortir de mon noviciat, j'eus le bonheur de tomber
sous la conduite spirituelle du R. P. de la Colombière, le
directeur que Dieu avait donné à la Vénérable Marguerite,
laquelle était alors encore vivante. C'est de ce serviteur de
Dieu que j'ai reçu les premières instructions touchant la dévotion au Sacré-Cœur de Jésus, commençant dès lors à l'estimer et à m'y affectionner. » *De l'excellence de la dévotion
au Cœur adorable de Jésus-Christ.* Dans une maladie où on
désespérait de sa guérison, un de ses amis promit à Notre-
Seigneur que s'il lui plaisait de lui conserver la vie, il l'em-
ploierait toute entière à la gloire de son Sacré-Cœur. « J'igno-
rais le vœu fait à mon insu, dit-il, mais le danger passé, je le
ratifiai de tout mon cœur et je me regardai dès lors, comme
voué par un choix de la Providence au Cœur adorable de
mon divin Maître. » « Tout ce qui regardait sa gloire me

du collège de Grenoble, où il était recteur, une chapelle qui fut une des premières érigées dans le monde entier au Sacré-Cœur de Jésus. Ce fut le commencement, disent les *Annales du collège de Grenoble*, d'une dévotion qui alla toujours croissant et donna naissance, quelques années plus tard, à une confrérie du Sacré-Cœur, approuvée et enrichie d'indulgences par Mgr de Caulet, évêque de Grenoble [1], et le souverain pontife, Benoît XIII [2]. Le nombre des confrères se compta bientôt par milliers et c'est dans ce groupe de « vrais adorateurs », puisant dans la dévotion au Sacré-Cœur de Jésus leur amour de l'Eucharistie et leur attachement à la foi de l'Église, que se trouva le point d'appui qui permit de triompher, une seconde fois, des nouveautés hérétiques dans le diocèse de Grenoble. A chacun soit le mérite qui lui revient dans cette œuvre de salut. Ce n'est pas à nous à faire ce partage. Qu'il suffise de rappeler que, selon la parole de la sainte Écriture, « c'est en vain que les sentinelles veillent sur la cité, si Dieu lui-même ne la prend sous sa garde [3] ».

devint précieux et j'en fis l'objet de tout mon zèle. » *Ibid.* En effet, remarque un de ses historiens, « c'est à lui qu'appartient en grande partie l'honneur d'avoir préparé et amené le triomphe de la dévotion au Cœur de Jésus, pour laquelle il subit longtemps de très dures contradictions ».

1. Arch. de l'Isère. Cette approbation est du 3 juillet 1727.

2. Le 3 septembre 1627. Du même jour un bref accordant les indulgences de l'autel privilégié à la chapelle du Sacré-Cœur. Voir à la fin du volume les *Litt. ann.* du collège de Grenoble, 1727-1730, App. X et XII.

3. Ps. XXVI, 1.

La cause de cette victoire finale sur le mal, il faut donc la chercher en haut, dans le secours de Dieu, et en voir l'aurore dans les commencements du culte public rendu au Sacré-Cœur de Jésus, dès l'année 1706, dans cette chapelle du collège de Grenoble, près de laquelle reposent les restes de Mme d'Herculais. Qu'il soit permis de voir dans ce rapprochement ou cette attraction mystérieuse, une preuve que Notre-Seigneur exauça une seconde fois les prières de sa servante dans le ciel pour le triomphe de la foi et la dilatation du culte de son divin Cœur.

FIN.

APPENDICES

I

Bibliographie.

MANUSCRITS.

I

Oraison funèbre de dame Marie de Valernod, dame d'Her-culès, décédée à Grenoble en odeur de sainteté, en 1654.

— A la bibliothèque de Troyes (Cf. Catal., p. 466). [Il existe un grand nombre de copies qui proviennent pour la plupart des anciens couvents de la Visitation, d'où ils passèrent à la Révolution dans diverses bibliothèques. Il y a dans les titres des variantes qui offrent de l'intérêt. Plusieurs portent, en appendice, quelques-unes des pièces qui furent composées pour servir un jour à écrire une biographie définitive. C'est ce que dit expressément la copie de l'Arsenal : « On a encore une infinité de mémoires de personnes qui l'ont connue particulièrement, qui pourront servir à composer sa vie. »]

— *Id.,*..... *par le P. Morin, jésuite.*
A la bibliothèque impériale de Saint-Pétersbourg, fonds Zaluski, 12 Z. (Cf. catalogue, *Revue des Sociétés savantes,* nov.-déc. 1873, p. 566).
A la suite : « *Sentiments de l'âme revenant de la communion* », comme dans la copie de Sélignat.

— *Id.* A la bibliothèque de Valence. A la suite, les distiques latins de Salvaing de Boissieu (Cf. *inf.*).

— *Id.* A la bibliothèque du grand séminaire de Romans.

— *Id.,..... par le P. Mourin de la Compagnie de Jésus.* Cité par le P. Sommervogel (*Biblioth. des écrivains de la Compagnie de Jésus*, V. p. 1347. Cf. p. 1325).

— *Id.,..... de feue Mad° Marie de Valernod, décédée le 3 mai* (lege : 30) *1654, la veille de la S. Trinité, à trois heures après midi; prononcée à la fin du mois de son décès, par le R. P. Mourin, de la Compagnie de Jésus.*

A la bibliothèque de la Chartreuse de Sélignat. A la suite : *Résolutions et affections de feue Mme d'Herculais en divers temps.*

Défauts qu'elle remarque en elle.

Remarques sur ses derniers exercices.

Sentiments de l'âme revenant de la communion.

— *Id.,..... décédée à Grenoble, le trentiesme de may 1654..... Elle fut prononcée en l'Église Nostre Dame, au bout de son trentein, par le R. P. Morin, son confesseur.*

Bibl. du couvent de la Visitation de Romans. A la suite : *Recueil d'un entretien spirituel que nous a fait Mme d'Herculais, le 6 juin 1635.*

Résolutions etc., comme dans l'exemplaire de Sélignat, mais avec des variantes.

— *Id.,..... prononcée en présence du Parlement dans l'Église des Révérends Pères de la Compagnie de Jésus, de la ville de Grenoble, où repose son corps, par le R. P. Morin, de la même Compagnie, son directeur.*

A la bibl. de l'Arsenal (cat., III, p. 87). [L'oraison funèbre fut prononcée, non à l'église du collège des Jésuites, mais à la cathédrale de Grenoble.]

A la suite :

Les distiques de Salvaing de Boissieu (Cf. *infra*).

Mémoire tiré d'un manuscrit de la main de messire Pierre de Valernod, évesque de Nismes, conservé dans les archives de messieurs de Valernod dans leur château de Rioux, près de Saint-Valier en Dauphiné.

Abrégé de la vie de Pierre de Valernod, évesque de Nismes.

Remarques faites sur la vie de Mme de Valernod, dame d'Herculais, par les dames religieuses du monastère de Sainte-Marie-d'en-Haut, de Grenoble, où elle faisait souvent ses retraites.

— *Id.* — Fragment aux archives du château de Moidière.

Sur l'auteur de cette oraison funèbre, Cf. Rapin, *Mémoires sur le Jansénisme*, II, p. 486, III, p. 149; et Pra, S. J., *Les Jésuites à Grenoble*. Après avoir vécu longtemps dans la religion, comme le dit le P. Rapin, « en réputation d'un grand homme de bien », il fut infidèle à sa vocation et affligea par sa défection les catholiques de Grenoble auxquels son éloquence l'avait rendu cher. D'après les *Litt. ann. S. J.* 1664-1665, le premier éclat de cette défection doit être placé dans les premiers mois de 1665, onze ans après la mort de Mᵐᵉ d'Herculais. Il ne la connut que peu de temps et pendant sa dernière maladie, puisqu'il n'arriva à Grenoble qu'au mois d'octobre 1653, et il ne dut qu'à son talent oratoire l'honneur d'avoir été désigné par l'évêque de Grenoble, pour prononcer son oraison funèbre.

II

Recueil des grâces que mon âme a reçues de son Créateur.
Propriété de la famille de Tourneuf.

Unique exemplaire et probablement autographe. Il contient les révélations du Sacré-Cœur, mais s'arrête malheureusement au mois d'août 1643. Sur une vie de trente-cinq ans, ce n'est donc que l'histoire de onze mois, du mois de septembre 1642 au mois d'août de l'année suivante. Les particularités les plus intéressantes de la vie de Mᵐᵉ d'Herculais sont fournies par la biographie insérée dans l'oraison funèbre, la notice du P. Bertal et les chroniques de la Visitation.

III

Recueil des actions remarquables de feue Mᵘᵉ Marie de Valernod, dame d'Herculais, avec des réflexions ou pensées dévotes sur chacune d'ycelles.

Répétition de ce qui se trouve ailleurs dans d'autres mémoires et dans les deux biographies connues, sauf un trait ou deux cités dans: *Mᵐᵉ d'Herculais*, par Mᵘᵉ de Franclieu.

IV

Quelques pièces aux archives du château de Moidière, en particulier lettre autographe de Mᵐᵉ d'Herculais à M. d'Herculais, de Tencin, 10 oct. [1649].

V

Testament de Marie de Valernod (Extraits dans *Mme d'Hercu-lais*, par Mlle de Franclieu, p. 191). Mémoires et légats à exé-cuter en vertu de son testament solennel (*ibid.*).
Lettres, comptes, etc.
Aux Archives de l'Isère.

VI

Procès-verbal de la commission instituée par ordre de Mon-seigneur l'évêque de Grenoble, du 29 mai 1892, pour la recon-naissance des restes de Marie de Valernod, retrouvés dans la chapelle de l'ancien collège des Jésuites (Cf. *Mme d'Herculais* p. 191).
Aux Archives de l'évêché de Grenoble.

VII

Abrégé sur la vie et la mort de Mme d'Herculais.
Litt. ann. S. J. Arch. dom.

IMPRIMÉS.

I

Discours choisis sur diverses matières importantes de la foi et des mœurs, par le P. Étienne Bertal de la Compagnie de Jésus. Lyon, 1687, Discours VI.

II

P. M. et æternæ memoriæ Mariæ de Valernod, Dom. d'Her-cules, quæ post receptam miraculo sanitatem perpetuum ipsa consummatæ sanctitatis miraculum fuit : quippe florem æta-tis et formæ decus oblita, incredibili erga Deum pietate, erga omnes charitate, in seipsam odio exquisitis afflictationibus exasperato, vitam intra conjugii fœdus cœlo quam terræ pro-piorem tamdiù vixit, donec ad cœlestem sponsum inexplica bili amore succensa ex corporis vinculis evolavit, ætatis anno XXXIII, salutis MDCLIV, III. Kal. Jun. (s. l. n. d. in-4°).

A la fin, cette signature : « Dionysius Salvagnius Boessius,
Regi ab intimis consiliis idemque Delphinatis Rationalium
Curiæ primarius Præses, fæminæ honoribus æternis dignis-
simæ parentavit. »

Le titre contient une erreur qui se retrouve en bas du
portrait gravé. Il faut lire : ætatis anno XXXV.

Plaquette très rare, je n'en connais que deux exemplaires,
un à la Bibliothèque nationale et l'autre à la bibliothèque de
Valence. Elle commence par ces vers qui s'expliquent par
l'erreur qui vient d'être signalée sur la date de la mort de
Mme d'Herculais :

> I, felix anima et cœlestibus addita Divis
>   Intuitu Sponsi pascere, sponsa, tui.
> Par fuit, ante tuos annos rapereris ab illo,
>   Ausus amor toties quem rapuisse tuus.
> Par fuit, æquales essent ætatibus ambo,
>   Quos sacer æterno fœdere junxit hymen.

III

*Mariæ Valernodix Joannis Claudii Tornetii Erculesii To-
parchæ Uxori, pro epicedionio pæan,* par P. de Boissat.
Cf. *Elegiarum libri tres.* Exemplaire à la bibliothèque de Grenoble (l'unique exemplaire connu, dit Nicéron, *Mém.,* 13, p.
394) et autrefois dans la bibliothèque des Jésuites de Lyon.
Prosopopée et stances, par le même, publiées dans *Madame d'Herculais,* par Mlle de Franclieu, p. 219.

Le début de la première pièce contient une description poé-
tique des funérailles de Mme d'Herculais.

> Este procul lacrymæ indecores, suspiriaque alto
> Ducta sinu; procul este gravi mersa dolore
> Pectora, degeneresque alibi spargentia questus;
> Parcite felicis cineres temerare sepulchri.
> Non hic uda genas ululavit præfica, non hos
> Mœsta fatigavit singultu funera manes,
> Confuditve solo sparsim sacra marmora propter,
> Infelix apium cum ferali cyparisso.

14

Quin Elegi imbelles altum silucre, neque isthæc
Per delubra gemens incendit Nænia luctum,
Compta sed heroo micuerunt carmina cultu,
Totaque congesta latuit sub Daphnide moles.
Quam circum effusi lato juvenesque senesque
Atque omnis procerum mixto cum sanguine plebes
Certat inexhausto florum conspergere nymbo...

Sed quam divitior subvecta mente triumphus!
Quam sacra, terrigenum quam non polluta veneno,
Informis quam nulla trahens contagia sæcli
Fuit olympiaca gavisa ad numina pompa!
Cœlicolas, hominum primori ex ordine lectos,
Obviaque Aligerum toto procul æthere signa,
Fertur ad occursum nymphæ thalamosque verendos
Cœlituum atque hominum radians excisse tyrannus.
Haud mora : proripuere poli se sedibus almis
Pars superum, bifores late patuere tremendi
Regis ad imperium valvæ sonitumque dedere...

Ante alios properant pubes invicta periclis,
Sponte cruentato velati corpus amictu,
Queis pulchras animas magno pro nomine Jesu
Contigit efflasse, et summos hausisse dolores,
Tùm Mystæ egressi...
Dein se Virgineæ pulchro dant ordine mentes,
Sordibus insanis turba intemerata, Diones
Et sponsum, eximium sponsum quocumque sequuta
Intulerit gressus...
Illa autem : Nam quis te hominum superumque voluptas,
Quis te Dive, meo tam longum invidit amori,
O mea lux, mea chara salus, mea gloria, Christe,
O Deus, o stricto mortalibus addite vinclo,
Ut vitam hanc post fata dares! Nec plura, sed ultro
Tollitur et regis fragrantibus insilit ulnis...
I, præclara anima, et felicibus utere fatis,
Actutum i; pete sacra adyta, et te Cordis amati
Jàm regina infer mediam, jàm diva latebris;
Utilis et nostræ cura est tibi si qua saluti,
Da facile immeritis Numen, precibusque juvatos
Impare, sed simili tecum fac sorte potiri.

IV

Madame d'Herculais, par Mlle de Franclieu, Grenoble, 1893.

En outre il est fait mention de Mme d'Herculais dans les ouvrages suivants :

Guy Allard. — *Dictionnaire du Dauphiné*, 1864.

Champollion-Figeac. — *Chroniques dauphinoises et documents inédits relatifs au Dauphiné*. Vienne, 1881, p. 296.

[Picot], *Essai historique sur l'influence de la religion en France pendant le* xviie *siècle*. Louvain, 1824, t. I, p. 464.

Faillon. — *Vie de M. Olier*, II, p. 584 et 614.

Année Sainte de la Visitation. Lyon, 1867, III, p. 42.

Pra, S. J. — *Les Jésuites à Grenoble*.

Études, par des Pères de la Compagnie de Jésus, juin 1899, p. 734.

Le cabinet des Estampes de la Bibliothèque nationale contient deux gravures de Mme d'Herculais, provenant de la collection historique de Fevret de Fontette (*Revue des Deux-Mondes*, 15 nov. 1872, p. 358).

II

Généalogie de la famille de Valernod.

D'après les preuves de noblesse de Hughes Joseph de Valernod, dressées sur les titres de famille. (La généalogie donnée par Guy Allard et d'autres contient quelques erreurs.)

JEAN DE VALERNOD.

JEAN DE VALERNOD.	PIERRE, évêque de Nîmes.	ALEXANDRE DE VALERNOD.	SÉBASTIEN DE LIONNE.

JEAN DE VALERNOD, marié à LOUISE DE LIONNE. | ARTUS. | HUGUES.

HUGUES, seigneur de Fay.	HUMBERT, abbé de Saint-Ruf à Valence.	MARIE DE VALERNOD, dame D'HERCULAIS (1619-1654).	SÉBASTIENNE, religieuse de Saint-Just à Romans.	marié à ISABEAU SERVIEN, sœur D'ADEL SERVIEN ; devenu veuf, entre dans les ordres, évêque de Gap.

HUGUES DE LIONNE, ministre de Louis XIV, épouse PAULE PAYEN.

La famille de Valernod, originaire de Saint-Vallier (Drôme), est connue depuis *Jean* de Valernod, seigneur de Pardaillan et de Champfagot, qui épousa Françoise du Luc. Ils eurent trois fils :

1° *Jean* de Valernod, seigneur de Pardaillan et de Champfagot, qui épousa Thiphème de Rozel dont il n'eut qu'une fille, Françoise, mariée à Pierre de Beauxhostes. Leur descendance se fondit dans les maisons d'Aragon et de Franquières.

2° *Pierre*, évêque de Nîmes, 1551-1625.

3° *Alexandre* qui continua la descendance, maître auditeur en la Chambre des comptes de Dauphiné (1584). Il épousa Sébastienne de Garagnol et fut père de *Jean* de Valernod, avocat consistorial au Parlement de Grenoble qui épousa, le 24 avril 1604, Louise de Lionne. Entre autres enfants il eut Marie de Valernod, mariée à Claude de Tournet de Theys, seigneur d'Herculais, et

Hugues de Valernod, qui fut capitaine au régiment de Dauphiné, lieutenant-colonel, puis maréchal des camps et batailles de Sa Majesté. Il épousa Anne Mistral et fut père de :

Jean-Baptiste de Valernod, seigneur de Fay, conseiller du Roi, époux de Anne Le Camus de Chavagnieu, dont il eut :

Hugues-Joseph de Valernod, président du présidial de Valence et lieutenant en la sénéchaussée. Celui-ci épousa Louise de Montferrand dont il eut deux filles, qui laissèrent une nombreuse postérité encore existante :

1° Marie de Valernod, mariée le 4 juillet 1759 à Victor de Murat, marquis de Lens Lestang, dont la descendance est représentée aujourd'hui par Mme Nodler, née Murat de Lestang, et son fils; le vicomte Charles Dugon et sa famille; les enfants du marquis Arthur de Murat de Lestang, le comte de Murat de Lestang, les enfants du vicomte de Breuil.

2° Louise Gabrielle de Valernod, mariée le 28 avril 1768 à Joseph-Augustin de la Baume de Tertulle, marquis de Pluvinel, connu sous le nom de marquis de la Roque, dont les descendants sont aujourd'hui :

Les fils du comte Tancrède de la Baume Pluvinel, décédé, dont Gontran, marquis de la Baume Pluvinel. Le comte Aymar de la Baume Pluvinel et ses enfants.

Mlle de la Baume Pluvinel.

Les enfants de la vicomtesse de Villiers de la Noue, née La Baume Pluvinel.

Les descendants de la marquise de Ferrero d'Ormea, née La Baume Pluvinel, qui habitent Turin.

[Généalogie dressée sur les titres de la famille, archives de Moidière et de Marcoussis]

14.

Après la mort de Marie de Valernod, M. d'Herculais se re-
maria. Il eut une fille, mariée dans la famille d'Alloys, dont
les descendants relevèrent le nom d'Herculais.

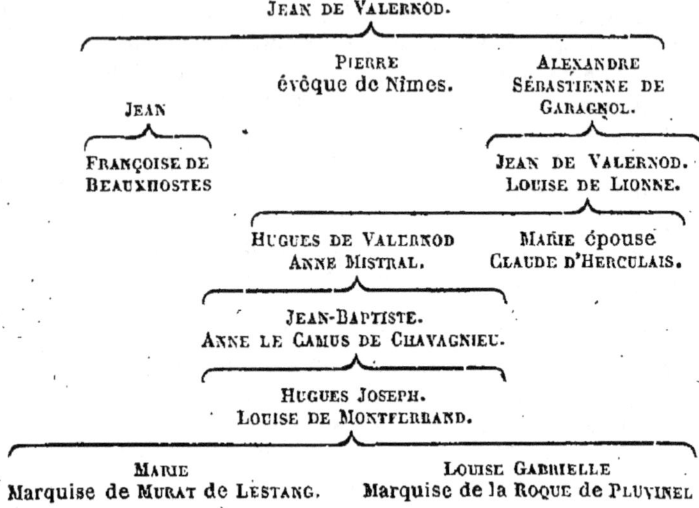

III

Le Duc de Montmorency au Cardinal Aldobrandini

D'Amiens, 31 août 1596.

« Monsieur, je mande au Seigneur Pamphile de vous faire entendre comme le roy a eu pour agréable, à ma supplication, de nommer en l'évesché de Nismes le Sr de Valernod, docteur en saints décrets, homme d'insigne piété et louable vye, qui a esté toujours de ma maison, pour vous supplier en mon nom, ainsy que je fays de toute mon affection par cestuy-cy, de le vouloir assister pour lui faire obtenir de Sa Saincteté gratificaion de ses bulles, en considération de ce que, par le malheur des troubles passés, les églises de son diocèse ont esté toutes démolies et le service divin intermis assez longtemps, au grand préjudice des pauvres habitants catholiques, qui sont demeurés privés de l'administration des sacrements. Au restablissement de quoy et rédification des églises il s'est résolu d'employer tout ce qui proviendra de la libéralité de Sa Saincteté, ains ce qu'il pourra épargner de son revenu... » Arch. Borgh. I, 636, Fol. 281.

IV

« **Mémoire tiré d'un manuscrit de la main de Messire
Pierre de Valernod, évesque de Nîmes, conservé
dans les archives de Messieurs de Valernod dans
leur château des Rioux, près de Saint-Valier en
Dauphiné.** »

Die X° Junii

« In octava corporis X^i, die mensis 8 Junii, ante meridiem
post concionem Petri Cotonii ex Societate Jesu, quam habuit
in fine missæ majoris, quando presbyteri cantabant : « Panis
quem ego dabo, alleluia, caro mea est. Litigabant Judæi ad in-
vicem dicentes : Quomodo potest hic nobis carnem suam dare
ad manducandum. Alleluia. Dixit eis Jesus : Nisi manducave-
ritis carnem Filii hominis et biberitis ejus sanguinem non
habebitis vitam in vobis. Alleluia. Qui manducat meam carnem et bibit meum sanguinem, habet vitam æternam, alleluia », tunc et quamdiù decantabatur, Dominus Jesus Christus,
immensa sua bonitate, mihi miserrimo peccatori, sacratissi-
mam faciem suam ostendit in ipso vasculo ubi erat hostia sacra quæ per octavam reclusa fuerat. Attestor verum esse. »

P. de VALERNOD.

« Le jeudi, huitième du présent mois de Juin, dans l'octave de
la feste de Dieu, j'atteste que N.-S. m'a fait tant de grâces que
de me faire voir sa sacrée face dans le vase où reposait la
Sainte Hostie, etc. »

Le mémoire autographe a été perdu dans la dispersion des
archives des Rioux, à la grande Révolution. Une copie est
conservée à la bibl. de l'Arsenal, mss. 2735, Fol. 107.

V

Mgr de Valernod fut enterré dans l'église de Saint-Vallier et l'inscription suivante gravée sur sa tombe:

D. O. M. et P. M.

Reverendissimi clarissimique D. D. Petri de Valernod, episcopi et comitis Nemausensis, in utroque regis Galliarum christianissimi consilio consiliarii.

Assidet huic tumulo præses venerandus in ævum,
  Qui pietate viris, relligione Deo,
Relligione Deo placuit, virtutis amator,
  Qui summus summis, qui sibi parvus erat,
Sollicitusque, potens, insignis, castus, adorans
  Cura, doctrina, sanguine, mente, Deum.
Dura nimis tulit, impia abhorruit. Ædificavit
  Sacrilega passim diruta templa manu.
Nemausi occiderat superi reverentia cultus,
  Et decus et priscæ relligionis amor,
Rarus et incerta errabat statione sacerdos,
  Nec dabat auctori debita sacra suo.
At dum ter denos antistes præfuit annos
  Bisque octo usque adeo lustra peracta sibi,
Edocuit, statuit, firmavit, fecit, adauxit,
  Ignaros, cultum, pectora, sacra, gregem.
Divitias, laudes, terram, dedit, expulit, odit,
  Vana, Deum, cœlum, sprevit, amavit, habet.
Ergo velis superest tibi dicamus : vale noster
  Esse penes Dominum ovis cupidus.

Gallia christ., VI, p. 459.

VI

Le Frère Antoine Flandin.

« Un jour, disait saint Vincent de Paul à ses missionnaires, on demandait à un bon frère que l'on appelait frère Antoine, dont voici le portrait en cette salle. (C'était un homme qui ne savait ni lire ni écrire et cependant avait l'esprit de Dieu en abondance; peu de la compagnie qui sont ici l'ont vu, si ce n'est M. Portail. Pour moi, je l'ai vu; il y a déjà assez long-temps qu'il est mort... Chacun en ce temps-là voulait le voir.) On lui demandait un jour : « Mais, mon frère, comment faites-vous à l'égard des maladies qui vous viennent... » « Voyez-vous, disait-il, quand quelque fièvre m'arrive, je la reçois ainsi et lui dis : Or sus, ma sœur la maladie, vous venez de la part de Dieu, or sus, puisque cela est, soyez la bienvenue ». Voilà, mes frères, comment en usait ce saint homme; c'est ainsi qu'ont coutume d'en user les serviteurs de Notre-Seigneur, les amateurs de sa croix. » *Confér. aux missionnaires,* 28 juin 1658; et aux Sœurs de la Charité : « Savez-vous quelle était la pratique du Frère Antoine, qui est un grand servi-teur de Dieu?... Si on venait lui dire : « Frère Antoine, il y a bien des gens qui sont mécontents de vous; on dit que vous êtes un enjôleur et que vous trompez le monde. » A cela il répondait : « Ma sœur la détraction, soyez la bienvenue ». J'estime que ce bon frère est un des plus saints personnages que nous ayons vus de notre temps; sa grande maxime est de prendre toutes les contrariétés comme venant de la part de Dieu. » *Conf. aux Filles de la Charité,* 19 septembre 1649.

Dans une Chronique inédite des Ursulines de Grenoble (p. 161), on parle des entretiens spirituels du « vénérable Frère Flandy (*sic*), qui décéda à Montuel, où à son tombeau il s'est fait des miracles ». Cf. *Semaine religieuse de Grenoble,* 10 fé-vrier 1898.

VII

Sur la date et le lieu des apparitions
du Sacré-Cœur.

Le *Recueil de grâces* où se trouve la révélation du Sacré-Cœur s'arrête au mois d'août 1643[1], et dans l'oraison funèbre il est dit que le jour de sa guérison miraculeuse, Mme d'Herculais reçut une grâce intérieure qui fut, selon son aveu, l'origine de toutes celles qu'elle reçut dans la suite. Ce jour-là marque donc un point de départ d'un état nouveau, différent du premier qui a précédé sa guérison. Jusque-là, elle a pratiqué l'amour de la mortification et de la prière, le mépris du monde, la patience dans les maladies. Après sa guérison seulement, commencent les grâces extraordinaires. En 1637, époque de sa conversion, entendue comme il a été dit plus haut, et de sa confession générale, aucun mémoire de sa vie ne lui est demandé par son directeur ; les grâces de patience, de prière, d'amour de la croix, de mépris des vanités, n'étant pas sujettes aux illusions de l'imagination et du mauvais esprit et n'ayant pas besoin d'être examinées avec l'attention qui devient nécessaire dès qu'il s'agit de visions ou d'extases. Le temps qui sépare sa conversion de sa guérison miraculeuse, de 1637 à 1642, n'est qu'un acte continuel de patience et les voies extraordinaires n'ont pas encore commencé, étant toutes renfermées, j'entends celles du *Recueil de grâces*, dans la dernière période, qui va du mois de septembre 1642 au mois d'août 1643. D'ailleurs, toute l'allure du style dans le *Recueil* montre que Mme d'Herculais quand elle parle de visions et de révélations

---

1. C'est ainsi qu'il ne contient pas la vision de la Très Sainte Trinité qui est de 1647, et qui n'est connue que par l'oraison funèbre.

n'est plus clouée sur son lit de douleur; elle va, elle vient, elle s'occupe de divers travaux et de lectures : « J'allai à la communion », écrit-elle quelque part. Ainsi il n'y a pas de doute que la révélation du Sacré-Cœur, comme les autres grâces de ce genre, ne doive être placée entre le 9 septembre 1642 et le mois d'août 1643.

Les révélations du Sacré-Cœur coïncident avec le refus de la communion elles sont donc postérieures à l'époque où la communion lui est encore permise. Or il est question plusieurs fois de communions dans le *Recueil de grâces*, et en particulier le jour de l'Épiphanie. Les révélations doivent donc être placées après cette date, entre le 6 janvier et le mois d'août de l'année 1643. On pourrait préciser davantage, si on savait exactement l'époque où le livre de la *Fréquente Communion* tomba entre les mains du directeur de Mme d'Herculais. On a déjà vu comment les plaintes de Mme d'Herculais s'inspirent du *Chapelet secret*, mais cette particularité ne peut guère servir ici, puisque ce libelle remonte à l'année 1632. Au contraire, dans ces paroles : « Soyez béni, ô mon Dieu, puisque vous l'avez ainsi ordonné », on voit clairement qu'à ce moment, Mme d'Herculais a reçu un enseignement raisonné, qu'on ne trouve pas dans le *Chapelet secret*, sorte de recueil d'oraisons jaculatoires hérétiques, mais qui est au contraire très développé dans le livre d'Arnaud. A quelle époque ce livre pénétra-t-il à Saint-Vallier, où se trouvait alors Mme d'Herculais? On peut croire que les environs de Valence, pour les raisons qu'on lira plus loin, furent servis des premiers, probablement vers les mois de mai, ou juin, car c'est l'époque où l'on sollicite les approbations des évêques et des docteurs. L' « achevé d'imprimer » est du 26 août, mais il y a plus de dix mois que le livre circule, moins la préface et les approbations, et il est déjà dénoncé du haut de la chaire, le premier dimanche de l'avent, 1642. On peut donc placer les révélations du Sacré-Cœur à l'époque où le livre de la *Fréquente Communion* commença à faire école, et où les sectaires de province, encouragés par les premiers triomphes du jansénisme à Paris, prirent de l'audace et mirent ses doctrines en pratique, c'est-à-dire vers le mois de mai-juin 1643.

Dans un article publié dans les *Études* (1890 juin, p. 734), sur la foi d'une indication inexacte, j'ai indiqué la ville de Theyts comme le lieu des révélations. Voici les raisons qui m'obligent à corriger ici cette erreur involontaire.

Pendant tout le temps qui suit sa guérison et même en remontant plus avant, dès le commencement de sa conversion, Mme d'Herculais habite tour à tour Grenoble, Theyts-Herculais et Saint-Vallier, et ces trois villes seulement. Grenoble doit être exclu, puisqu'elle y avait pour directeurs les Pères de la Compagnie de Jésus. Theyts doit l'être également. Cette ville étant tout proche de Grenoble, comment comprendrait-on ces paroles de Mme d'Herculais : « Il me semblait impossible de rester six mois sans communier. » Elles n'ont point de sens, Mme d'Herculais est déjà rentrée à Theyts, puisqu'elle avait l'espoir d'échapper avec facilité au rigorisme de son confesseur, en s'adressant à son directeur ordinaire à Grenoble. Il n'en était pas de même à Saint-Vallier où elle subissait un exil dont elle ignorait le terme et qui la tenait éloignée de ses directeurs de Grenoble, avec lesquels, d'ailleurs, elle n'avait plus de relations depuis cinq ans.

A Theyts encore, petit village situé au fond d'une vallée solitaire des Alpes, aux extrémités de la France, comment le jansénisme qui n'en était encore qu'à ses débuts en 1643, aurait-il eu quelque accès? Comment le livre de la *Fréquente Communion* y aurait-il pénétré? Je ne pouvais l'expliquer que par une sorte de prodige de diffusion rapide (*Etudes*, ibid.). Mais ces difficultés, il faut le reconnaître, ne donnent que de grandes probabilités. La plus grave raison pour écarter le jansénisme de la ville de Theyts nous est fournie par ce que nous savons du zèle de Mgr Scarron, évêque de Grenoble, et de ses auxiliaires dans le clergé et les communautés religieuses contre cette hérésie naissante, et il ne nous est pas permis de croire qu'un de ses prêtres ait osé le braver dans son diocèse, et tout proche de sa ville épiscopale. Et de fait, le diocèse de Grenoble qui eut plus tard de si étranges destinées dans l'histoire du jansénisme, en fut préservé pendant longtemps, et sans la moindre tache. C'est ce qu'affirme plus tard Mgr Scarron en 1650, dans sa lettre à Innocent X : « Quamvis ejus venenum (Jansenianæ hæreseos) nondum diœcesim nostram pervaserit, quamvis Delphinatus, Sabaudiæque optima pars, *cui Dei benignitate præsumus, ne levem quidem hujus illuviei asperginem senserit*, non possumus tamen non magnopere dolere cum videamus hanc luem impune alibi grassari [1] ». Et dans la lettre que publie en son nom, trois ans plus tard, en 1659, un de ses grands vicaires, et qu'il adresse aux curés de son diocèse, nous retrouvons le même témoignage : « Quoique cette ivraie n'eût pas encore été semée dans son diocèse, etc. » Cette ligne suffit, mais tout le Recueil d'où elle est tirée serait à lire, si on veut avoir une surabondance de preuve que le jansénisme ne fit aucune conquête à Grenoble, pendant l'épiscopat de Mgr Scarron, au moins jusqu'à l'année 1650.

Il reste donc que les révélations ont eu lieu à Saint-Vallier. Et pour expliquer le jansénisme dans cette ville, les arguments, hélas! ne sont que trop nombreux. Si les communications entre Paris, centre du jansénisme, et le village de Theyts, perdu dans un vallon des frontières de la France, sont difficiles, il n'en est pas de même pour Saint-Vallier, situé sur une grande route de communication. Le mauvais livre d'Arnaud y pénétra vite. Saint-Vallier dépend du diocèse de Vienne, mais se trouve très rapproché de Valence, ville dévouée au jansénisme dans la personne du chef du diocèse, Mgr Gélas de Léberon, fauteur ardent et propagateur des nouveautés hérétiques (Rapin, *Mém.*, I, p. 310). En cette année 1643, il se trouve à Paris, aux funérailles de Saint-Cyran (Id., *Hist. du Jansén.*, p. 506) et il est un des onze évêques qui plaident les premiers auprès du Pape la cause de Jansénius (Id., *Mémoires*, I, 380-382). Saint-Vallier appartient encore à la sphère d'influence de cette ville par son prieuré de Saint-Ruf auquel la cure est annexée et dont la maison-mère est à Valence [2]. Il est donc facile d'expliquer la pénétration du jansénisme dans le diocèse de Valence et à Saint-Vallier, qui avait avec le chef-lieu du diocèse voisin des communications faciles et fréquentes et des relations de dépendance par son prieuré.

Un dernier argument nous est fourni par le testament de

---

1. *Recueil de quelques lettres très importantes, escrites sur la condamnation de cinq propositions de Corn. Jansénius.* Grenoble, 1643, p. 15.

2. Sur les traditions anciennes de cette église, déjà jansénistes de pratique, avant Jansénius, cf. *Lettres de S. Pie V*, p. 231. Elles peuvent servir à résoudre, en partie, le problème déjà posé dans la *Semaine religieuse de Valence* par Mr l'abbé Fillet (24 mars et 1er avril 1892), sous ce titre : *Si jadis on communiait souvent en Dauphiné.*

Mme d'Herculais [1]. Le fait que les révélations ont eu lieu à Saint-Vallier, c'est-à-dire, là seulement où elle pouvait avoir un directeur janséniste, peut seul nous donner la clef d'une lacune vraiment inexplicable de ce testament. Comme on peut le voir, il n'est qu'une suite de libéralités envers les communautés religieuses des trois pays qu'elle a habités : Saint-Vallier, Grenoble et Theyts. A Theyts, il n'existe pas encore de communauté religieuse, mais elle songe à celle de l'avenir que son mari M. d'Herculais a l'intention de fonder. A Grenoble, les diverses communautés ont leur part de ses libéralités. A Saint-Vallier, son pays natal, où elle a vécu vingt ans des trente-cinq années de sa vie, deux communautés religieuses pouvaient se recommander à sa charité : les Pères du Tiers-Ordre de saint François et les Chanoines réguliers de Saint-Ruf. Ceux-là sont, on peut le dire, les privilégiés de son testament. Ils viennent les premiers dans la liste, et l'aumône qu'elle leur laisse est considérable. Quant aux seconds, dans un testament qu'elle écrit, « après avoir prié Dieu et lui avoir recommandé la conduite de toutes ses actions », ils ne sont pas même nommés. Je me trompe, elle ne se souvient d'eux que pour les exclure formellement dans la personne de son frère, qui est entré dans leur congrégation à Valence, et qui « étant religieux, écrit-elle, n'a pas besoin de mes biens et est même incapable de succession ». Une pareille lacune dans son testament, vis-à-vis du couvent de Saint-Ruf, de Saint-Vallier, s'explique très naturellement, si on remarque qu'elle ne devait avoir aucune inclination à soutenir de ses aumônes une maison, où elle avait trouvé autrefois un directeur empreint d'idées hérétiques.

Ce dernier argument n'est qu'une confirmation des preuves précédentes; pris en lui-même et séparément, il ne prouve pas absolument que le prieuré de Saint-Ruf ait été entaché de jansénisme. Quoi qu'il en soit, il laisse intactes les premières preuves qui se suffisent par elles-mêmes.

1. Aux archives de l'Isère.

VIII

Extraits des distiques de Salvaing de Boissieu.

Votum ejusdem Mariæ de Valernod, cum incisa brachio lævo cruce, cor suum amore X[ti] saucium profluente sanguine delinearet.

> Crux mea, crux ferro nostris impressa lacertis,
> Aptius in nostro corde recisa fores !
> Fallor ; ab hoc sanguis manat qui vulnere, nostri
> Utilior cordis pingere vulnus erit.
> Non dolet hoc vulnus, sed quæ tibi, Christe, scelesti
> Vulnera fecerunt, hæc mihi, Christe dolent.
> Ah ! mihi si liceat confestim membra paterent,
> Tot mea vulneribus quot tua, Christe, patent.
> Hinc latus, inde pedes, hinc utraque palma nataret
> Sanguine, spina meo vertice densa foret.
> Saltem perpetiar liceat tot corde dolores,
> Christe, quot ærumnas hac ego parte feram.

De câdem, quum subditæ manibus flammæ cruciatum diutissime sustineret.

> Ardentem manibus teneris dum subderet ignem
> Herculia, in pœnas ingeniosa novas,
> Concipe, dicebat, majores, flamma, calores ;
> Acrius in nostro pectore flagrat amor.

De câdem, cum amaritudinem cibo, aloe intermista, conciliaret.

> Ingratis aloes succis dum temperat escas,
> Et natat in tristi felleus ore sapor,

Quanta serenatam pertentant gaudia mentem !
Scilicet ambrosiis roribus illa madet.

De eâdem, cum foliis urticæ lectum substerneret.

Urticæ foliis dum circumfusa jaceret,
Et teneram mordax pungeret herba cutem,
Sponse, veni, dixit, nostris hæsura lacertis ;
Extruxi thalamum qui tibi gratus erit.

De eâdem, cum lecticâ quâ ferebatur in præcipitia delatâ,
ipsa eodem mentis statu, præsentissimum Deum haberet.

Dum ruit in præceps, flexu lectica viarum,
Immota stabilis mente Maria cadit.
Scilicet ancipitis cui mens est nescia lapsus
Præcipiti nescit pertimuisse loco.

De ardore febris et amoris divini quo succensa interiit.

Hinc amor, inde febris certant ardoribus æquis.
Artubus hæc, menti vim facit ille piæ.
Tandem vicit amor; dum frigent corporis artus
Libera mens Sponsi flagrat amore sui.

IX

Fondation du collège de Grenoble.

Extrait.

« Au nom de Dieu et de la glorieuse Vierge Marie sa Mère, soit ainsy que l'an mil six cents soixante, et le second jour du moys de juillet après midy, par devant Abel Lavorel notaire royal garde notes héréditaire de la ville de Grenoble soubsigné et présent, les témoins cy-bas nommés furent présentés en leurs personnes : le Révérend Père Laurens Grannon, provincial de la Compagnie de Jésus en la province de Lyon, le Révérend Père Bertrand Bras, recteur de la maison et collège de la mesme Compagnie dans ceste ville, et le Révérend Père Claude Mercier de la dicte compagnie, scindic dudict collège, lesquels suivant les conclusions et résolutions de leur Compagnie, pour la gloire de Dieu et advancement de son service désirant bastir une église dans la présente ville de Grenoble, joignant à leur collège... » On ajoute que le seigneur de l'Albenc doit faire construire à ses frais le chœur de l'église, en se réservant le droit de sépulture pour sa famille dans les caveaux, en-dessous du chœur. « Mesme et par exprès le corps de la feue dame d'Herculais sera porté dans les voûtes du dit chœur, attendu la vénération que ledit sieur de l'Albenc a pour la mémoire de la dite feue dame d'Herculais... »

Cette dernière clause ne fut pas agréée par M. d'Herculais. Le mois suivant 18 août, il s'engageait à faire bâtir une chapelle spéciale pour sa famille, au-dessus du caveau où avait été ensevelie Mme d'Herculais, dans l'église provisoire du collège.

« Le seigneur de l'Albenc... sur l'opposition que formait monsieur d'Herculais au transport du corps de la feue dame d'Herculais sa femme, le corps de laquelle il désirait reposer au lieu où il était, et y faire construire une chapelle à ses frais... s'est départi de ladite concession. »

Arch. dom. Un double aux Arch. de l'Isère.

X

Litt. ann. Coll. Gratianopolitani S. J. 1653-1657.

« Hic juvat adscribere sanctissimum Dæ de Valernod, dominæ
d'Hercules interitum. Quis dicendo consequatur ejus in se sævi-
tiam, lenitatem in cæteros, divini amoris æstum, studium orandi
et virtutes heroïcas? Paucis quibus vixit annis ea fecit quæ
nostrorum annalium non capiunt angustiæ. Dabit ejus vitam
quam litteris aggressus est sociorum aliquis, ipsi notus in
paucis. Tanto erat in pretio illustris fœminæ virtus, ut licet
cum pecunia non modica nobis corpus legavisset, vix impetrari
potuerit a principis templi Canonicis ut ne per vim corpus
eriperent. Authoritatem super eâ re. Illustrissimus Antistes
interposuit cum senatu ipso. Honestatum est funus eâ pompâ
quæ supplicationi quam exsequiis propior esset. Visum est Deo
famulæ virtutem insignibus prodigiis commendare. »

Arch. dom.

Id. ann. 1727-1730.

« Ineunto anno 1727 in æde sacra collegii, primùm instituta
est sub Sacratissimi Cordis Jesu titulo confraternitas. Cui con-
fraternitati viam jam aperuerat, aut potius quasi aliquod jam
initium dederat anno 1706, R. P. Josephus de Gallifet, nunc
Galliæ assistens, dum, tunc temporis collegium Gratianopoli-
tanum moderaretur, erigendo scilicet in SS. Cordis Jesu hono-
rem sacellum in templo nostro. Quippe ab eo tempore, seu ab
eodem anno 1706, viri non pauci plurimæque mulieres pietate
stimulante, frequenter ad id sacellum confluebant, ibi SS. Cor

D^{nʳ} Nostri Jesu X^{ti} peculiari cultu veneraturi. Ne veró sensim refrigesceret zelus, Illustrissimus Dominus Joannes de Caulet, episcopus Gratianopolitanus erigendæ in SS. Cordis Jesu cultum confraternitatis, a tribus circiter annis, concessit licentiam, sodalibusque quadraginta indulgentiarum dies, singulis cujuslibet mensis sextis feriis largitus est. Qua authoritate munita, thesauroque dotata, mirum in modum propagata est sodalitas. Quocirca visum est rogandum esse Summum Pontificem piæ memoriæ Benedictum XIII, ut illam confirmaret gratiasque et indulgentias sodalitatibus concedi solitas huic concederet. Annuit Beatissimus Pater, votisque sodalium cumulate satisfecit. Inde majora quoque incrementa cepit confraternitas, jamque ultra mille et ducentos utriusque sexus sodales numerat. »

Arch. dom.

XI

Le Père Bertal second biographe de Mme d'Herculais et le Vénérable Père de la Colombière.

Le Père Bertal a connu les traditions, encore vivantes de son temps, sur Mme d'Herculais puisqu'il est né et a grandi tout près de la patrie de son héroïne, et il a trente ans lorsqu'elle meurt en 1654. Outre la tradition, il a eu à son service des manuscrits de grande valeur. « Mon récit est fidèle, écrit-il, étant tiré de mémoires fort asseurez qui me sont tombés entre les mains. » Parmi ces mémoires faut-il compter le *Recueil de grâces* et a-t-il connu les révélations du Sacré-Cœur? Tout porte à le croire, car il écrit à une époque où les divers documents manuscrits relatifs à Mme d'Herculais ne sont pas encore dispersés ou perdus, et dans une ville très rapprochée de Grenoble, où il a dû entrer en relations, avant de rien publier, avec les religieux du collège qui avaient connu Mme d'Herculais, et gardé quelque temps le même *Recueil.* Il ne parle pas de ces révélations, mais le Père Morin qui les a certainement connues [1], n'en parle pas davantage; et si l'on songe que, vingt ans plus tard, le Vénérable Père de la Colombière usera d'une extrême réserve dans ses écrits, sur une dévotion dont l'origine divine est certaine, mais non encore reconnue par l'Église et qui n'entrera que bien plus tard dans le culte public, après l'épreuve de longues contradictions, ce silence ne paraîtra pas étonnant.

Or sept après la mort de Mme d'Herculais, en 1661, le Père Bertal se trouve au collège d'Avignon, où il est, pendant deux

---

1. « ..... ainsi que l'ai trouvé écrit dans un recueil qu'elle fit des grâces qu'elle avait reçues de Dieu depuis sa naissance, jusques au mois d'août mil six cent quarante-trois... » Or. fun.

ans (1661-1663), le compagnon du Vénérable : « Maistre Claude Colombier », alors professeur de sixième au collège [1]. C'est lui qui est chargé de la direction des jeunes professeurs [2], et « par sa belle intelligence, son grand jugement, son habileté dans les lettres et l'enseignement, il exerça bientôt une heureuse influence sur le jeune maître qu'il était chargé de former » [3]. A ce moment, la vénération dont Mme d'Herculais avait été l'objet dans ses dernières années, l'éclat de ses funérailles, son portrait qu'on commence à distribuer, le bruit des grâces obtenues par son intercession, le magnifique éloge de ses vertus dans les *Lettres annuelles* [4], qui circulent dans les maisons de la province de Lyon et que le Vénérable a dû lire dès son noviciat en 1658, l'année qui suit leur publication : tant de circonstances ne permettent pas de douter que le Père Bertal et le Vénérable ne se soient entretenus souvent des vertus de Mme d'Herculais, et que le premier, mieux renseigné, n'ait fait connaître à son disciple les faveurs extraordinaires dont elle fut prévenue de Dieu et aussi les révélations du Sacré-Cœur. Mme d'Herculais était pour l'un et l'autre une des gloires du Dauphiné, leur province d'origine, et presque une compatriote. Le Vénérable est né à Saint-Symphorien-d'Ozon, tout près de Vienne, patrie du Père Bertal ; et ces deux villes sont très rapprochées de Saint-Vallier et situées dans le même diocèse. Mais dans les âmes surnaturelles il faut chercher des motifs plus relevés que le « *dulcis amor patriæ* », et on les trouve dans quelques passages de la biographie publiée par le Père Bertal, où l'on voit qu'il s'est donné pour mission de faire connaître autour de lui et de sauver de l'oubli de grands exemples de vertu. « Je crois, dit-il, qu'il est difficile de trouver quelqu'un qui se soit sacrifié d'une manière plus héroïque à la gloire de Dieu, qu'une illustre dame qui est morte à Grenoble depuis peu d'années, et qui a répandu par tout le royaume une odeur divine de ses

---

1. Charrier, S. J. *Vie du Vén. P. de la Colombière*, I, note FF et liv. II, ch. II.

2. *Ibid.* P. Stephanus Bertal... « dirigit junior. mag. in studiis ».

3. *Ibid.* Remarquer que le premier biographe, le P. Morin, est aussi attaché au collège d'Avignon à la même époque (1662-1663) (*Ibid.*); mais sa résidence habituelle est, d'après le catalogue de cette année, « apud Screniss. Princip. de Conti ».

4. Cf. *supra* Append., n° X.

vertus. C'est Marie de Valernod, dame d'Herculais. On a attendu longtemps l'histoire de sa vie pleine d'exemples inouïs
de sainteté. Ce serait une perte considérable pour les âmes et
une espèce d'injustice que notre siècle commettrait s'il laissait
ensevelie sur la terre une vertu qui reluit au ciel avec tant
d'éclat[1]. »

1. *Discours choisis.*

XII

La chapelle du Sacré-Cœur et la chapelle de la Sainte-Vierge, lieu de sépulture de Mme d'Herculais, à l'église de l'ancien collège des Jésuites de Grenoble.

La chapelle du Sacré-Cœur du collège des Jésuites de Grenoble fut érigée en 1706, par le Père de Gallifet. C'était la première à droite en entrant, vis-à-vis de la chapelle des Saints-Anges [1]. Elle est une des plus anciennes chapelles publiques du Sacré-Cœur, et voici, autant qu'il est possible de le dire d'après les documents connus, quelle place elle occupe dans l'ordre chronologique [2].

D'une lettre d'un missionnaire du Brésil (1er janvier 1903), j'extrais le passage suivant, que je n'ai pas le temps, au moment où ce livre est sous presse, d'accompagner de preuves et d'explications, me contentant de la bonne foi et de la science de l'auteur. Je donne au moins le fait simplement, comme thème d'études pour les historiens de la dévotion au Sacré-Cœur.

« Votre Révérence n'apprendra pas sans étonnement une chose vraiment nouvelle et inouïe, « *cosa nuova e inaudita* », c'est que le Brésil est le premier-né de la dévotion publique au Sacré-Cœur de Jésus. En effet, en 1585, le Vénérable Père Anchieta S. J. érigeait l'église du Sacré-Cœur de Jésus, dans la mission de Guarapary, aujourd'hui église paroissiale dans

1. Livre de la dépense faite pour la bâtisse du portail de l'église des Jésuites de Grenoble, p. 46. Arch. de l'Isère.

2. Je ne parle ici ni des oratoires domestiques, ni des chapelles de jardin, érigées de bonne heure à Paray-le-Monial et ailleurs. Elles appartiennent à l'histoire du culte privé de la dévotion au Sacré-Cœur. Cf. *Vie de la Bienheureuse Marguerite-Marie*, par les Visitandines de Paray, II, p. 94.

le diocèse de Spirito Santo [1]. Rempli de l'espritprophétique, le Vénérable écrivait déjà dès 1562 la prière suivante, en l'honneur du Sacré-Cœur.

« O vulnus dulci præcordia vulnere findens,
Qua patet ad Christi Cor via lata pium...
Da mihi ut ingrediar per apertum cuspide pectus,
Ut possim in Domini vivere Corde mei...
Hic mea sanguineo redimam delicta liquore,
Hic animi sordes munda lavabit aqua.
His mihi sub tectis erit, his in sedibus omnes
Vivere dulce dies, hic mihi dulce mori. »

Ainsi les sauvages du nouveau monde seraient les premiers qui auraient rendu des hommages publics au Sacré-Cœur.

Après les révélations de Paray-le-Monial, la première chapelle publique est celle de Bois-Sainte-Marie, dans le diocèse d'Autun (1687-1690) [2]. D'après les indications fournies par le Père Letierce [3], entre cette date et 1705 année où fut érigée la chapelle de Grenoble, on ne compte qu'un petit nombre de chapelles publiques dans les villes suivantes. Dijon (1692) [4], Bordeaux (1693) [5], Marseille (1695) [6], Aurillac (1693-1696) [7], Romans (1701) [8] et Besançon (vers 1702) [9]. Celle de Grenoble qui vient ensuite reste donc une des premières.

1. Dans la première moitié du XVIIe siècle, bien avant les révélations de Paray-le-Monial, le Sacré-Cœur était sculpté dans les armoiries du collège des Jésuites de Rio-de-Janeiro, sur le fronton de l'église du collège, où on le voit encore aujourd'hui. Cette église fut bâtie par le V. P. Anchieta.

2. Lettre de la Bienheureuse à la Mère de Saumaise, 12 avril 1689. « Oui, ma très chère mère, c'est mon frère le séculier qui fait faire la chapelle dont je vous ai parlé, dans le Bois-Sainte-Marie... et mon frère le séculier y fonde une messe à perpétuité, tous les vendredis de l'année. » *Vie*, etc., II, p. 211. Cette chapelle, dont il ne reste plus rien aujourd'hui, était située dans l'église de paroisse au sommet de la nef méridionale, immédiatement après les piliers qui soutiennent le clocher. L'acte de fondation est du 18 juillet 1690.

3. *Étude sur le Sacré-Cœur*.

4. *Ib.*, p. 297.

5. *Ib.*, p. 392.

6. *Ib.*, p. 460.

7. *Année Sainte de la Visitation*, IX, p. 424.

8. *Étude sur le Sacré-Cœur*, p. 314.

9. *Ib.*, p. 403.

La chapelle de la Sainte Vierge, bâtie par M. d'Herculais et choisie par lui pour le lieu de sépulture de sa famille, se trouvait, d'après un mémoire des archives de l'Isère, « en la chapelle à main droite du dôme », la troisième après celle du Sacré-Cœur.

La sépulture de Mme d'Herculais ne fut pas provisoire comme on l'a écrit, mais définitive dès le commencement, selon la volonté expresse de la défunte elle-même et de M. d'Herculais, confirmée, après la dispute dont il a été parlé plus haut, par sentence de Mgr l'évêque de Grenoble et du parlement.

Le 20 août 1891, l'ancienne église du collège des Jésuites de Grenoble fut transformée en gymnase pour un lycée de filles. En descellant une dalle du pavé, on découvrit par hasard le cercueil de Mme d'Herculais qui fut transporté, le 22 mars 1892, dans les caveaux de l'ancienne Visitation de Sainte-Marie-d'en-Haut, actuellement couvent des Ursulines, où il repose encore aujourd'hui. Dans le *Procès-verbal de la commission chargée par Mgr l'Évêque de Grenoble de la reconnaissance des restes de Marie de Valernod*[1], on remarque que ces restes ont été enlevés du lycée, à l'heure où la Sainte Eucharistie en était bannie, et ils furent placés au couvent de Sainte-Marie-d'en-Haut dans le caveau de la chapelle, sous l'autel où s'offre chaque jour le saint Sacrifice.

1. Archives de l'évêché de Grenoble.

XIII

Lettre de Mme d'Herculais à M. d'Herculais [1].

Du dismenche au soir, 10 octobre.

Cher cœur,

Dieu soit labsolu mettre du tien et tinspire a le prier pour
moy et à venir pour le subiet q tu sais. Je tatendois au jour-
duy et encor demein; sy tu es invincible et que tu veulle des-
obliger Mr Guérin dens le mespris que tu feis de ses sentiments
pour ton retour en cette ville, je te suplie de prendre la
peine pour lamour de Dieu de me fere savoir les tiens au
reguart du subjet quy mavoit obligé de te demender ta
volonté pour mon despart de sette ville, nausent devent Dieu
le determiner dens loccasion que sa providence a fait nestre,
dans laquelle il semble exiger ma presence pour quelque
jours encore en sette ville pour sa gloire. Elle est assés inpor-
tente de sorte que je nause de mon choix y refuser se que
mon Dieu senble exiger de moy, creignent daler contre sa
volonté, sy ce nest que la tienne me dispence de cette secrette
obliguation, en mordonnent de me retirer. Je crois que mon
Dieu te fera faire se quil veut de moy en me donnent lieu
dobeyr pour son amour, en me retirent aupres de toy comm
je le souheitte de tout mon cœur, ou mordonnent daretter
ancette ville pour servir à la volonté de mon Dieu et a sa
gloire en sette occasion importente, alaquelle je ne puis denier
mon soin de moy mesme, sens interesser se me senble ma
consience. Dailleurs mon inclination et mon devoir me tirent
a Herculès; mon esprit se trouve dans linpuissence de pou-

1. Arch. du château de Moidière.

voir me resoudre moy mesme, et il ny a que ta volonté quy puisse faire en ce pouint la détermination de la mienne. Je te suplie de tout mon cœur pour lamour de mon Dieu de recommender tes santiments a son amour, devent le très Saint-Sacrement, afin que son saint-esprit tinspire en se pouint ce que tu dois mordonner, et a me fere savoir en suitte le plustot quil te sera posible, se quil te fera vouloir en sa presence : ou mon despart pour Herculès, ou ma presence a sette occasion alaquelle la providence de Dieu menguage pour sa gloire, sy elle permet que ta volonté ny soit pas opósé, et quil ny aye rien a Herculès quy exige ma presence comme tu le peus mieux savoir que tout autre. Je te suplie de ne pouint te gener pour me fere savoir tes santimens. Je prents en ce pouint absoluement la volonté de mon Dieu dans la tienne; et se que tu mordonneras me mest a couvert pour sette occasion pleinement; parceque je suis certeine que tu mescriras sinceirement, et je lespere insy, ce que mon Dieu te feracognoistre luy plus plairre. Demende luy avec confience seulement, et sy tu me veux plustot a Herculès, q cela ne te donne pouint de scrupule de menquer, en mapellent prontement aupres de toy. Dieu ma donné a toy pleinement avent qua sette occasion quil fait neittre; et je te suplie de me fere savoir se quil tinspirera estre plus pour sa gloire dens ton cœur. Je suis tousiours plus tienne et je te suplie encor de ne pas nesgliger de venir et de me faire savoir au plus tot ta volonté séur mon despart. Mon confesseur moblige de te presser de me lenvoyer, et Mr Guérin de mesme; fais le pour l'amour de mon Dieu au plus tot, puisque jatents tes ordres pour my soumettre aveuglement. Je te prie denvoyer ta responce demein à Md du faure, à tencin, quy me la fera tenir tot isy, mes il la faut donner à elle mesme.

Monsieur

Monsieur d'Herculès.

XIV

La Mère Constance de Bressand.

Dans l'histoire de la Visitation, la Mère de Bressand est considérée comme ayant eu les prémisses de la révélation du Sacré-Cœur, « vingt ans avant la Bienheureuse Marguerite-Marie [1] ». Les auteurs de cette histoire n'ont pas eu entre les mains l'autographe du *Journal de retraite* de la Mère de Bressand, qui est peut-être perdu, ni même des copies authentiques, car celles-ci portent toutes la date de 1637, qui manque en effet dans la notice biographique imprimée, que les auteurs de l'*Année Sainte* n'ont fait que reproduire en l'abrégeant. Il faut donc lire « trente-sept ans », et non « vingt ans », d'après les dates comparées, 1637 et 1674. La Mère de Bressand, en 1637, se trouve encore à Nantes et n'arrive à Grenoble que le 14 septembre 1647 [2]. La révélation faite à Mme d'Herculais se rapporte à l'an 1643 et a eu lieu à Saint-Vallier. Il n'y a donc aucune relation à chercher entre ces deux événements.

La Mère de Bressand, née à Grenoble en 1593, envoyée à Paris par saint François de Sales en 1620 [3], ne rentre dans le monastère de sa ville natale que 27 ans plus tard, et y rencontre alors pour la première fois Mme d'Herculais. Elle a sur elle la supériorité de l'âge, de l'expérience, d'une longue pratique dans les voies intérieures, et il paraît bien d'après les chroniques citées plus haut et un passage d'une lettre de M. Olier [4], qu'elle fut en effet pour sa sainte amie plus qu'une confidente, mais encore une conseillère aimée et écoutée. On retrouve en effet plus d'un écho des pensées de la Mère de Bressand dans le peu qui reste des écrits de Mme d'Herculais. Outre les

---

1. *Année Sainte*, X, p. 610. Voir cependant, Letierce, *ibid.*, I, p. 28, une note sur les Mères Anne-Marie Rosset et Anne-Marguerite Clément, qui auraient encore la priorité sur la Mère de Bressand.
2. *Vie de la Mère de Bressand*, p. 30.
3. *Ibid.*, p. 10.
4. Faillon, *Vie de M. Olier*, II, pp. 564 et 614.

exemples déjà cités, en voici un autre assez frappant, tiré de la biographie insérée dans l'*Année Sainte de la Visitation* [1]. Mme d'Herculais, lorsqu'elle supplie dans un transport de zèle les Visitandines de Sainte-Marie-d'en-Haut de se garder des amitiés particulières, est certainement l'interprète de la Mère de Bressand qui préside alors à l'entretien, et qui peut-être a chargé son amie, dont elle connaît l'autorité auprès de ses religieuses, de protester avec énergie contre ce défaut. Voici en effet, en quels termes cette sainte supérieure faisait ses adieux à la Visitation de Nantes : « Mes chères sœurs, soyez unies les unes aux autres, mais d'une union universelle. Qu'il n'y ait point de parti parmi vous. Ah! mon Dieu, accablez-moi des foudres de votre vengeance, plutôt que de permettre que ce désastre arrive en cette chère communauté. Oui, je vous en supplie, mon Dieu, par les mérites de Jésus-Christ notre Sauveur, votre fils, par sa passion, par son sang, par les mérites de sa sainte Mère : ne permettez pas que ce monstre entre parmi vos servantes. Ah! mes chères sœurs, je ne suis pas prophète, mais je vous assure que la ruine de cette maison de Nantes n'arrivera jamais que par cette porte. Fuyez donc plus que la peste toutes ces amitiés, ces préférences qui produisent les partis. Soyez unies ensemble et au corps de la communauté; mais spécialement à votre supérieure, pour éviter toute cabale qui serait votre perte et celle de la maison [2]. »

La Mère de Bressand, partie de Nantes, le 19 juillet 1647, ne commença à exercer la supériorité à Grenoble que le 14 septembre de la même année. A la fin du second triennat, en 1659, on lui proposa, par une interprétation large de la règle, de prolonger le temps de sa supériorité jusqu'à l'Ascension de 1654. Elle ne voulut jamais y consentir, et fut remplacée par la Mère de Chevrières. Lorsque Mme d'Herculais meurt en 1654, lorsque son cœur est porté au couvent de Sainte-Marie-d'en-Haut, la Mère de Bressand n'est plus supérieure; mais elle est présente avec la communauté qui reçoit ce précieux dépôt. Elle mourut en odeur de sainteté dans le même monastère en 1668 [3].

1. Cf. sup., ch. II, et *Vie de la Mère de Bressand*, p. 30 et 102.
2. *Année Sainte*, X, p. 601.
3. *Vie de la Mère de Bressand*, pp. 37 et 49.

BIBLIOTHÈQUE NATIONALE
R. F.
IMPRIMÉS

TABLE DES MATIÈRES

APPENDICES.

Laus Deo.

Typographie Firmin-Didot et Cie. — Mesnil (Eure).

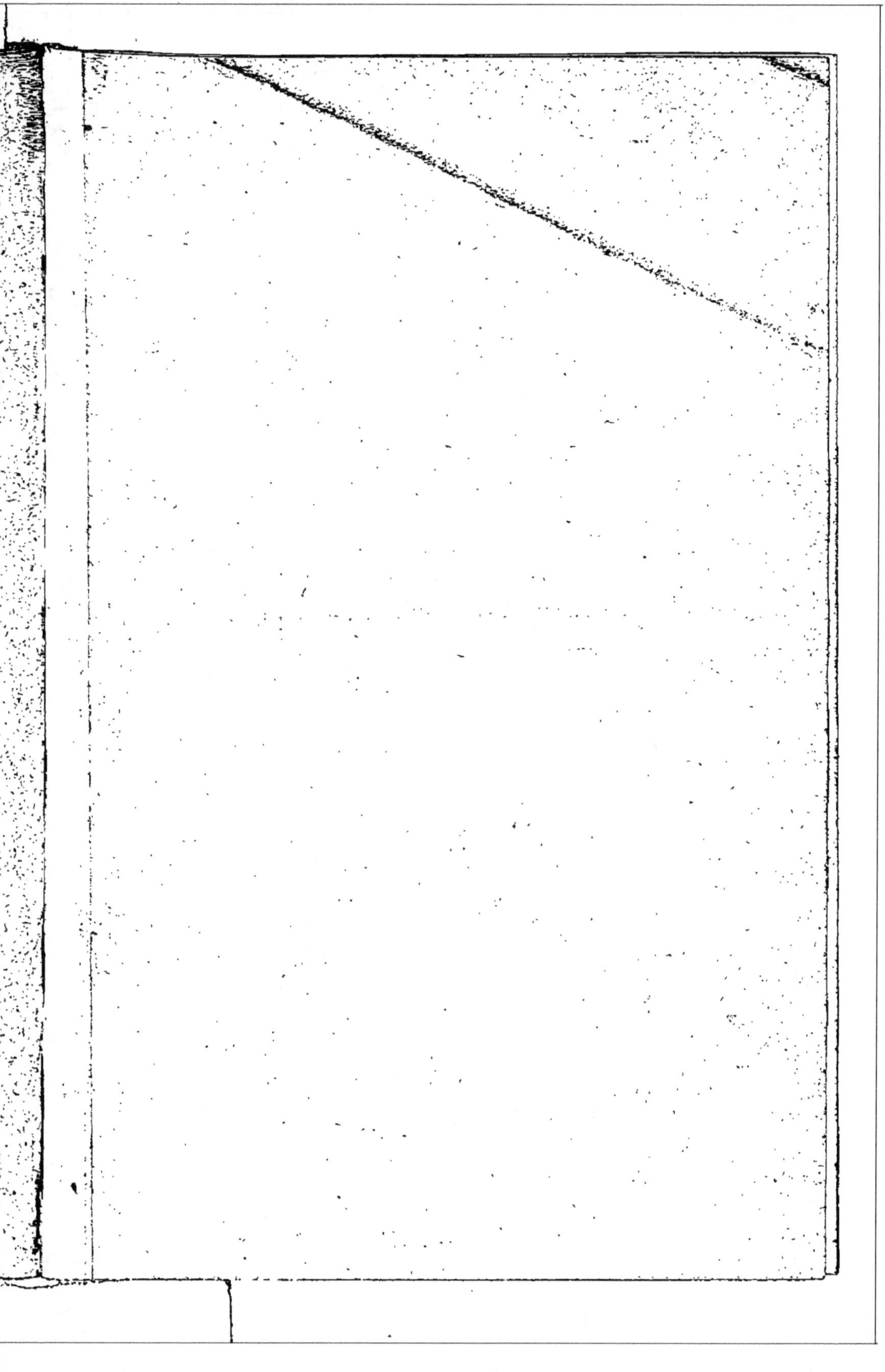

TYPOGRAPHIE FIRMIN DIDOT, ET Cie. — MESNIL (EURE).

www.ingramcontent.com/pod-product-compliance
Lightning Source LLC
LaVergne TN
LVHW020140070726

842527LV00017B/661